本书得到四川外国语大学科研基金、重庆市社科基金（2019YBYY131）以及国家社科基金项目（20BYY095）的资助。

An Exploration of L2
CONCEPTUAL COMPETENCE
A Conceptual Approach to SLA

第二语言概念能力探索
第二语言习得研究的概念进路

姜 孟 ◎著

北京大学出版社
PEKING UNIVERSITY PRESS

图书在版编目（CIP）数据

第二语言概念能力探索：第二语言习得研究的概念进路 / 姜孟著. —— 北京：北京大学出版社，2024.9
ISBN 978-7-301-34795-9

Ⅰ. ①第… Ⅱ. ①姜… Ⅲ. ①第二语言 – 语言学习 – 研究 Ⅳ. ① H003

中国国家版本馆 CIP 数据核字 (2024) 第 029171 号

书　　名	第二语言概念能力探索——第二语言习得研究的概念进路 DI-ER YUYAN GAINIAN NENGLI TANSUO——DI-ER YUYAN XIDE YANJIU DE GAINIAN JINLU
著作责任者	姜　孟　著
策划编辑	刘文静
责任编辑	刘　虹
标准书号	ISBN 978-7-301-34795-9
出版发行	北京大学出版社
地　　址	北京市海淀区成府路 205 号　100871
网　　址	http://www.pup.cn　新浪微博：@ 北京大学出版社
电子邮箱	编辑部 pupwaiwen@pup.cn　总编室 zpup@pup.cn
电　　话	邮购部 010-62752015　发行部 010-62750672　编辑部 010-62759634
印刷者	北京鑫海金澳胶印有限公司
经销者	新华书店
	720 毫米 ×1020 毫米　16 开本　20 印张　400 千字 2024 年 9 月第 1 版　2024 年 9 月第 1 次印刷
定　　价	89.00 元

未经许可，不得以任何方式复制或抄袭本书之部分或全部内容。
版权所有，侵权必究
举报电话：010-62752024　电子邮箱：fd@pup.cn
图书如有印装质量问题，请与出版部联系，电话：010-62756370

内容提要

近半个世纪以来的二语习得研究偏重语言的结构性、符号性、社会性和乔姆斯基所提出的语言的"生物性",重视语音、形态、词汇、语义、句法等"语词能力"(verbal competence)习得方面的研究,忽视语言的另一个重要属性——认知性。本研究从认知科学的大视域出发,选择语言的认知性作为整个研究的立足点,在此基础上提出语言认知工具论,进而论证并构建出二语习得概念能力理论模型和二语习得概念能力发展模型;然后,立足于此理论建构,以发展心理语言学最新研究成果为依据,首先,探讨了儿童语言概念能力的发展问题;其次,深入探讨了二语习得中学习者的概念能力发展问题;再次,从语言概念能力的全新视角,立足于实验研究,深入探讨了二语(外语)学习者的"隐喻能力"发展问题与"外语(二语)思维"问题;最后,同样立足于新构建的语言概念能力理论框架,基于反应时实验设计,深入探讨了二语学习者二语使用中经常发生的"隐性不地道现象"和"隐性概念迁移"问题。

首先,语言是人理解、认识和建构世界的工具,也是人设计未来世界以创造未来世界的工具。语言承担着为人类解读经验、赋予经验以意义并最终使经验获得言词表达的心理工具的功能,是人认知世界和表述世界的方式和过程,具有认知工具性。另外,根据心理语言学对言语产出过程的研究,在句法、形态—音位等语词结构介入前,言语的生成存在一个非语言的交际信息产生过程——概念合成环节,以为随后的形式合成(和发声过程)提供输入。再纵观二语习得研究文献,有不少学者都直接或间接论及了二语概念能力的发展问题。由此,在借鉴认知语言学有关人的概念化能力的研究成果基础上,本书提出了语言概念能力构想，认为：语言概念能力是言语主体运用所掌握的认知域资源及词汇概念资源，通过域映现、视角化、详略化、范畴化等心理操作过程，对意欲表达的内外部经验进行解读，将其转换为可用语言编码的概念结构的心理能力。

语言概念能力与语词能力、言语外化能力并列，是一种构建性的内部言语能力。语言概念能力的认知结构是由静态积累性认知结构和动态工作性认知结构组成的。静态积累性认知结构是个体所获得的关于语言的概念知识信息的总合，是一种后天获得的概念性知识构造形式，包括词汇概念和认知域两种概念性资源。动态工作性认知结构是个体所掌握的使用概念性知识的心理操作程序，是一种程序构造，是后天经验对心灵形成的心理倾向，包括域映现、视角化、详略化、范畴化等心理认知操作。学习者二语概念能力发展本质上就是其静态积累性的概念知识的发展和动态工作性的概念操作程序的发展。

由于不同语言的词汇概念、认知域资源以及域映现、视角化、详略化等心理操作程序具有跨语言差异性，语言概念能力具有语言特异性。学习不同的语言需要构建具有语言特异性的语言概念能力系统。此外，由于二语学习不同于母语学习的基本特点，二语概念能力在发展上存在三个不平衡：一是概念性知识与概念性操作程序发展不平衡，二是概念能力与语词能力发展不平衡，三是二语概念能力与母语概念能力发展不平衡，这些都会直接影响到二语学习的过程与表现。

本书还同时开展了七项实证研究，以验证语言概念能力构想的理论预测力与解释力。首先，从语言概念能力构想出发，"外语思维"是在外语产出过程中按照外语概念化模式的要求将所要表达的经验概念化，它不是一种随意、可选的外语使用策略，而是一种非随意的行为和过程。同时，在语言概念能力理论框架下，隐喻能力作为一种核心的语言子概念能力，对于我国英语学习者表现出以下特征：（1）隐喻子概念能力发展滞后于非隐喻子概念能力的发展，呈现出发展不足的特征；（2）隐喻子概念能力与英语水平呈正相关。

同样，在语言概念能力理论构想观照下，学习者二语使用中的"不地道现象"与"概念迁移"都是由于学习者的二语概念能力不足而其母语概念能力特别强大所造成的。具体而言,显性不地道现象与显性概念迁移是由于学习者在二语与母语的概念化方式存在绝对差异的地方误用母语的概念化方式所致;隐性不地道现象与隐性概念迁移则是由于学习者在二语允许多种概念化方式的地方偏好与母语相同或类似的那种概念化方式所致。不地道现象与概念迁移在本质上都是人的一种语言(母语)的概念能力(概念系统及其运作方式)对另一种语言(二语)的概念能力(二语概念系统及其运作方式)发生的影响,是一种语言的概念化模式对另一种语言的概念化模式发生的影响。

本书在外语界尝试提出了"二语习得概念观",提出了二语习得研究的"概念进路"。但本书总体上还是初步的,亟需今后更深入的研究。

关键词:语言认知工具论;语言概念能力;语言认知结构基础;语言概念能力发展

前　言

　　第二语言习得（下称"二语习得"）是在20世纪70年代成为一个独立的分支学科的。半个多世纪以来，二语习得学科发展高歌猛进，方兴未艾。不仅研究论题、研究范围、研究方法与手段不断扩大，而且研究路径也不断演进，推陈出新。有结构主义的研究路径（即对比分析、偏误分析与中介语分析），有普遍语法（UG）的研究路径，有心理学的研究路径（如学习者差异因素研究），有社会学的研究路径（如学习者外部影响因素的研究、二语学习社会化过程研究等），有认知心理学的研究路径（即信息加工视角的二语习得研究），有社会文化理论的研究路径（即基于维果茨基和列昂切夫思想开展的二语习得研究），有脑神经科学的研究路径（即联结主义以及采用脑神经成像实验范式开展的二语习得研究），等等。但从科学（二语习得是一门"科学"）与哲学的关系来看，这些研究路径都有一个共同的关于二语习得对象的"元假设"或"本体论承诺"，即认为"二语习得"实际上是习得二语的"语言能力"，而二语语言能力被预设为一套内化于学习者头脑中的关于二语的句法、形态、语音、词汇等的"语词性知识"（verbal knowledge）。从这一假设与前提出发，整个二语习得学术知识大厦都有意无意地按照"语词路向"被建筑成了"语词结构体"（好比"土木结构体"），而忘了它还可以按照其他路向被建筑成其他的结构体形式（好比"钢筋混凝土结构体"）。

　　事实上，哲学永远是统摄科学的"普照之光"（科学则是支持哲学的殊相之火）。任何科学研究实践都预设了一定的哲学本体论、认识论与方法论，它们构成了具体科学研究实践的意识形态，科学研究的理论路径、技术方法与整体范式都由此被无形选择与锚定。就好比身在地球，一切生活起居与活动都无不笼罩在地球的惯性引力之中，但却不觉不知。语言学研究也理应在哲学观照下进行。因此，倘要说今天的二语习得研究有何不足的话，那就是它"沉迷"于"语词性知识能力观"太久，根植于"语词性研究进路"（the verbal approach）太深，这一思维路向、研究取向、范式导向已经在事实上被奉为"圭臬"，很少有反观、反思与"换位"思考，其"红利"（至少那部分快捷的"红利"）已临近耗尽用竭。现实是，唯有打破惯式，另谋蹊径，方能开掘新的宝藏，为又一个50年的二语习得研究带来大红利、大动能。

换一个角度看，认知是人类心智的奥秘，语言是人类心智奥秘中的奥秘。作为"奥秘之奥秘"，语言一定存在着连通人类一般认知而超越纯语词向度的新向度。因此，从语词向度之外的非语词向度入手来探寻语言能力的本质，求索二语习得研究的新途径，一定是一个前景可期、值得一试的研究新定向。本书正是朝此方向的一次小努力。

本书从语言的认知工具功能出发，着眼于人类认知活动的概念系统基底，论证并深入阐述了"语言概念能力"的理论构想，将语言能力三分为"概念性能力""语词性能力"与"言语外化能力"，主张第二语言"三维能力"习得观与承诺。在此基础上，躬身语言概念能力的研究实践，探讨了外语思维、隐喻子概念能力、隐性不地道现象、隐性概念迁移等语词性研究进路很少触碰的论题与难题，倡导聚焦二语习得的概念能力维度，创建第二语言习得研究的概念进路。全书共十三章。第一章为导言，第十三章为结论，第二至十二章为主要章节，旨在构建语言概念能力新理论，提出二语习得研究新进路，例释其研究实践。其中，第二章为研究基础部分，从哲学、认知心理学与跨学科视角检视二语习得半个世纪来的研究现状与不足；第三、四、五章为理论建构部分，提出了语言认知工具论，构建了语言概念能力理论模型与语言认知结构理论模型；第六、七章为应用性论证与阐释部分，分别从儿童语言发展和二语习得角度对语言概念能力发展与运作的特点与机制进行了考察与揭示；第八至十二章为二语习得"概念进路"的应用实践部分，解析了外语思维的概念能力内涵，考察了学习者隐喻子概念能力的发展过程，实证了二语学习（隐性）不地道现象与概念迁移发生的语言概念能力机理。

本书是国内第一本探讨语言"概念能力"的学术专著，笔者在撰写中力求做到：视野开阔，立意广大，思想丰富，观点新颖，见解大胆，体用结合，基础与前沿兼顾，理论思辨与实证研究并重，富有跨学科启迪，未来指向开放。希望能为二语习得研究人员、跨学科研究人员、硕博士研究生、语言学爱好者以及相关人员提供一本有导向、有新点、有回味、有预见、厚实有益的学术专业书籍或案头参考书籍，不负读—作者之缘分。

但由于作者水平、能力、精力有限，加之，从"概念进路"探讨二语习得还是一个全新的尝试，可资参考的文献有限，也难有先例可循，书中的疏漏、瑕疵与不足在所难免，所引发的问题可能比所提供的启迪还多，敬请读者包容指正，期待将来改进！

本书得到四川外国语大学科研基金、重庆市社科基金（2019YBYY131）以及国家社科基金项目（20BYY095）的资助。

最后，感谢家人二十多年如一日的倾情支持与激励，感谢我的博士、硕士研究生团队多方面的、令人自豪的分忧解难，感谢四川外国语大学近二十年来营造的给人以"生逢其时"之感的学术氛围与育人之境，感谢各位领导、师长、同事、朋友多年来的关心、支持与帮助！辞不达谢，唯有加倍努力，产出更多货真价实的科研成果，方能答万谢于一二！

姜 孟

2023年10月

于重庆歌乐山下

目 录

第一章 导 言 ··· 1
 第一节 研究背景与意义 ··· 1
 第二节 研究目标、内容与方法 ·· 3
 第三节 本书结构 ··· 5

第二章 第二语言习得研究现状多面观 ································ 7
 第一节 语言习得研究历史概览 ······································· 7
 第二节 第二语言习得研究的哲学观照 ···························· 15
 第三节 第二语言习得研究的认知心理学观照 ·················· 22
 第四节 第二语言习得研究的跨学科观照 ························ 30

第三章 语言认知工具论 ·· 40
 第一节 从语言的思维工具功能看语言的认知工具性 ······· 40
 第二节 从语言的世界建构功能看语言的认知工具性 ······· 54
 第三节 从语言的定义看语言的认知工具性 ······················ 65
 第四节 语言认知工具论与语言习得 ······························· 66

第四章 语言概念能力理论模型 ··· 70
 第一节 心理语言学所揭示的人的语言概念能力 ·············· 70
 第二节 认知语言学所揭示的人的概念能力 ······················ 75
 第三节 第二语言习得界对概念能力的探讨 ······················ 87

第四节　语言概念能力理论模型 ··· 92
　　第五节　语言概念能力理论定位 ··· 98

第五章　语言概念能力的认知结构基础 ·· **101**
　　第一节　认知结构学说概述 ··· 101
　　第二节　认知结构思想追源 ··· 103
　　第三节　当代认知结构理论模型 ··· 115
　　第四节　语言认知结构理论模型 ··· 121

第六章　儿童语言概念能力的发展 ··· **124**
　　第一节　儿童个体概念的发生 ··· 124
　　第二节　儿童个体概念的发展 ··· 125
　　第三节　儿童语言概念能力的发生 ··· 135
　　第四节　儿童语言概念能力发生的基础 ·································· 139

第七章　第二语言概念能力的发展 ··· **142**
　　第一节　语言概念能力的语言特定性 ····································· 142
　　第二节　第二语言概念能力发展的内涵 ·································· 159
　　第三节　第二语言概念能力发展的特点 ·································· 161
　　第四节　第二语言概念能力运作的特点 ·································· 164

第八章　语言概念能力与外语思维 ··· **168**
　　第一节　外语界对外语思维的界定 ··· 168
　　第二节　对外语教学界外语思维定义的评析 ··························· 169
　　第三节　外语思维的概念能力内涵 ··· 175

第九章　第二语言隐喻子概念能力的发展 ································· **181**
　　第一节　隐喻子概念能力 ··· 181
　　第二节　隐喻子概念能力可学性问题 ····································· 183
　　第三节　中国英语学习者隐喻子概念能力发展实证研究 ········· 185

第十章　第二语言概念能力与第二语言产出中的隐性不地道现象 …… **194**

第一节　第二语言产出中的隐性不地道现象 …… **194**

第二节　隐性不地道现象发生的语言概念能力机理 …… **198**

第三节　隐性不地道现象：基于概念化视角的实证研究 …… **202**

第四节　隐性不地道现象：基于域映现视角的实证研究 …… **210**

第十一章　第二语言概念能力与第二语言使用中的隐性概念迁移 …… **223**

第一节　概念迁移 …… **223**

第二节　概念迁移发生的语言概念能力机理 …… **231**

第三节　外语句子理解中隐性概念迁移假设 …… **233**

第四节　中国英语学习者英语句子理解中隐性概念迁移实证研究 …… **236**

第十二章　语言概念能力视角下隐性不地道现象的ERPs研究 …… **245**

第一节　隐性不地道现象的研究现状 …… **245**

第二节　基于"域映现概念子能力"的研究假设 …… **249**

第三节　基于ERPs的实验研究（实验一） …… **252**

第四节　基于ERPs的实验研究（实验二） …… **261**

第五节　研究结果 …… **267**

第十三章　结　论 …… **271**

第一节　本书的主要发现 …… **271**

第二节　本书的创新性 …… **273**

第三节　问题与展望 …… **276**

参考文献 …… **278**

第一章 导 言

第一节 研究背景与意义

第二语言习得研究自20世纪70年代成为一门相对独立的学科以来，逐渐形成了以乔姆斯基普遍语法理论为基础的语言派、以认知心理学信息加工理论为基础的认知心理派、以社会语言学为基础的社会派以及以维果茨基历史文化理论为基础的社会文化派（Lantolf & Thorne 2006）。最近，又出现了混沌/复杂理论、动态系统理论、基于用法的理论等浮现论学说（Ellis 2008）和社会认知理论学说（Atkinson 2002）。过去几十年里，第二语言（包括外语）习得研究一方面可以说不同理论进路彼此映照，优势与不足互见，另一方面却也可以说各种理论学说纷杂斑驳、莫衷一是。

再来审视认知科学的概念图景，认知科学在经历了认知主义（或称计算主义）、联结主义两种经典研究框架后，正在朝着交互式认知（或称涉身认知、情境认知、生成认知）新进路迈进。交互式认知以身体取代以心灵为核心的传统认知主体，以可介入的环境取代传统认知活动中的孤立环境，以非表征计算的认知构架取代表征计算的传统认知构架。身体、环境和表征之于认知的作用成了区分两种认知科学研究进路的根本特征。语言学（与哲学、认知心理学、神经科学和人工智能一道）作为认知科学整体图景的组构学科之一，其发展无疑与认知科学鼻息相连。几十年来的二语习得研究与认知科学的发展究竟关系如何？认知科学从哪些方面影响了二语习得研究？二语习得研究中的个体与社会、机制与环境、身体与心灵、自足与互动、结构与建构之争在多大程度上反映了交互式认知科学发展的新进路？等等。这些问题无疑只有置身认知科学大背景下才能给予很好的回答。因此，以认知科学为观照，将有利于从学科全貌、历史全景的角度廓清二语习得研究近五十年的发展特点和规律，彰显其不足，把握其新走向，以开辟研究的新视角，促进二语习得研究自主理论构建。

纵观国内外相关论著，尚少有研究从认知科学大视域下来考察二语习得研究的进程，检讨其得失，并以此进行新的理论构建的。单就所着眼的语言属性而论，五十年来可以说二语习得研究偏重语言的结构性、符号性、社会性和乔姆斯基学派所主张的"生物性"，重视学习者语音、形态、词汇、语义、句法等"语词能力"（verbal competence）的习得，却忽视语言的另一个重要属性——认知性。很少有学者立足语言的认知性，从学习者如何逐渐获得运用二语识解世界、表达经验的能力的角度来探讨二语习得的本质与规律。近年来，基于涉身认知的语言研究以及心理语言学的研究越来越深刻地揭示：（1）语言是人认知世界和表述世界的方式和过程，不仅具有交际工具性，更具有认知工具性；（2）语言是客观现实与人的生理基础、身体经验、认知方式、知识结构等多种因素共同作用的产物，浸润着人的认知主观因素；（3）语言作为对底层概念结构的表征形式，它受制于产生概念结构的认知机制，如"范畴化""域映现""简化""图式化""角度摄取""意象创造""隐喻投射"等；（4）言语产出的一个关键能力是"概念化"能力。这一切，使得立足语言的认知性，从学习者如何逐渐获得运用二语认知世界、识解经验、表达自我的能力的视角来开展二语习得研究，变得更加迫切。

从研究实践来看，近几年，一批研究母语及二语习得的学者（如Slobin 1997，2000，2001；Danesi 2000）已经超越句法、词汇等语词维度的限制，着力从语言与认知的接口——概念层面来探讨语言习得中的一些问题，他们提出了"讲话思维"（thinking for speaking）、"概念迁移"（conceptual transfer）、"隐喻能力"（metaphorical competence）、"概念流利性"（conceptual fluency）、"概念能力"（conceptual competence）等概念，开展了一系列具有开创意义的研究。这使得立足语言认知性开展第二语言习得研究，具有了很好的基础和可行性。从现实需要来看，在第二语言教学实践中，一直存在一个"第二语言教学困境（SLT dilemma）"（Danesi 2000），即：很少有学习者在经历多年的学习之后能做到本族语者般自然、地道地使用目的语，其表达常常存在一个概念层面上的"不地道现象"。这也亟需换位思考和研究。

基于上述第二语言习得理论与实践研究的现状，本书拟以认知科学发展的新近概念图景为视点，通过全面审视第二语言习得研究的诸多理论流派，检视其不足，在采菁取长、融通吸收的基础上，从更宽阔、更前沿的视角进行新的理论建构和实证探索。本研究的开展有助于从新的视域来揭示第二语言习得的特点和规律；有助于开辟新的研究进路，促进本领域的自主理论构建；也有利于从新的视界来考察、评估我国外语教学、测试的现状与得失，为其提出新的富有启迪的建设策略。

第二节　研究目标、内容与方法

一、研究目标与内容

第二语言习得自Selinker（1972）提出"中介语"理论成为一门独立学科以来，相关研究从多视角、多域面展开，或关注二语习得不同的影响因素（如语言输入、母语迁移、个体差异、课堂环境等），或关注语言本身不同的结构层面（如语音、形态、词汇、语义、句法、语用等），或选择不同的理论视角来开展研究（如普遍语法理论、一般认知理论、物理学混沌理论等）。整个领域堪称硕果累累，成绩斐然。然而，着眼语言本身的属性，纵观近四十年来的二语习得研究，可以说它偏重语言的结构性、符号性、社会性和乔姆斯基所谓的"生物性"，重视学习者语音、形态、词汇、语义、句法等"语词能力"（verbal competence）习得方面的研究，却忽视语言的另一个重要属性——认知性。很少有学者立足语言的认知性，从学习者如何逐渐获得运用二语识解世界、表达自我的能力，即"概念能力"——的角度来探讨二语习得的本质与规律。近年来，即便有一些学者（如 Slobin 1997, 2000, 2001, 2003；

Danesi 2000，2003；戴炜栋、陆国强 2007）尝试超越句法、词汇等语词维度的限制，着力从语言与认知的接口——概念层面来探讨语言习得中的一些问题，提出了"讲话思维"（thinking for speaking）、"概念迁移"（conceptual transfer）、"隐喻能力"（metaphorical competence）、"概念流利性"（conceptual fluency）、"概念能力"（conceptual competence）等概念，但整体上这些研究还是零碎的，缺乏从"语言观"到"语言能力观"再到"语言习得观"的系统理论论证，更缺乏具有内在逻辑的理论建构，当然更无结合二语习得核心问题的实证研究。鉴于此，本书的具体研究目标如下：

（1）以认知科学发展进路为观照，全面梳理第二语言习得诸理论流派思想观点及研究实践，检视其不足，阐释提出第二语言习得"概念观"的意义。

（2）对语言的"认知性"进行阐释，提出语言认知工具论，并从理论上对第二语言习得概念观进行论证。

（3）借鉴认知科学、认知语言学、心理语言学等跨学科研究成果，阐释第二语言习得概念观的内涵，构建语言概念能力理论模型及语言概念能力认知结构基础模型。

（4）基于文献引证，深入探讨儿童语言概念能力发展以及二语学习者二语概念能力的发展。

（5）综合运用测验、反应时以及ERP、眼动等行为和脑成像研究手段，在语言概念能力理论框架下，对隐喻能力、外语思维、隐性/显性不地道现象以及隐性/显性概念迁移等与学习者二语习得紧密相关的重要问题开展实证研究，凸显二语习得概念观或概念研究进路的理论效度。

二、研究思路和方法

本书拟从认知科学的大视域出发，选择语言的认知性作为整个研究的立足点，在此基础上提出语言认知工具论，进而论证并构建出二语习得概念能力理论模型和二语习得概念能力发展模型；然后，立足于此理论建构，以发展心理语言学最新研究成果为依据，首先探讨儿童语言概念能力的发展问题，其次，探讨二语习得中学习者的概念能力发展问题；再次，从语言概念能力的全新视角，立足于实验研究，探讨二语（外语）学习者的"隐喻能力"发展问题与"外语（二语）思维"问题；最后，立足于新构建的语言概念能力理论框架，基于反应时实验设计，深入探讨二语学习者二语使用中经常发生的"隐性/显性不地道现象"和"隐性/显性概念迁移"问题。具体采用以下研究方法：

（1）文献分析法：采用文献分析法从认知科学视域检视第二语言习得不同理论流派，廓清提出第二语言习得概念观的背景、基础和意义。

（2）文献引证法与理论研究法：运用文献引证法对语言认知工具论进行论证，对儿童语言概念能力以及二语学习者二语概念能力的发展特点进行理论探讨；同时，综合运用文献引证法与理论研究法对语言概念能力以及语言概念能力的认知结构基础理论模型进行理论建构。

（3）行为研究法与脑成像研究法：运用问卷、观察、访谈、测验以及眼动仪、ERPs（脑电）等多种手段，对二语学习者隐喻能力发展的特点与模式、对二语学习者的二语（外语思维）的本质与内涵、对二语学习者二语使用中的隐性/显性不地道现象以及隐性/显性概念迁移等问题进行定性和定量研究。

第三节　本书结构

本书共由十三章组成。各章内容说明如下：

第一章为"导言"，主要介绍本书的研究背景、意义以及研究目标、内容与方法和全书结构。

第二章从哲学、认知心理学以及跨学科的视角检视第二语言习得研究的现状与不足，廓清提出第二语言习得概念观的背景与意义。

第三章着力从语言的思维工具功能、语言的世界建构功能以及语言的国内外定义三个角度论证语言的认知（工具）性，构筑提出语言概念能力构想以及二语习得概念观的学理基础。

第四章通过回顾、引证心理语言学、认知语言学以及第二语言习得界有关语言概念能力的探讨，尝试构建语言概念能力理论模型。

第五章基于对认知科学有关认知结构研究进展的回顾与讨论，构建语言概念能力认知结构基础理论模型。

  第六、七章基于第四、五章对语言概念能力及语言概念能力认知结构理论模型的构建，尝试分别对儿童语言概念能力以及二语学习者二语概念能力的发展情况进行探讨。

  第八、九、十、十一、十二章采用实证研究的方法，分别对二语学习者的二语（外语）思维、隐喻子概念能力发展、隐性不地道现象、隐性概念迁移、隐性不地道现象的ERPs研究等二语学习问题进行探讨，以此检验语言概念能力构想的理论效力（预测力与解释力）。

  第十三章为结论，总结和概括本研究的主要内容，指出研究的局限性，提出未来研究的设想。

第二章　第二语言习得研究现状多面观

第一节　语言习得研究历史概览

第二语言习得（简称SLA）研究早在20世纪40—50年代，语言对比分析兴起时就开始了（Fries 1945；Lado 1957）。Weinreich在他1953年出版的《语言的接触》（*Language in Contact*）一书中，就论及了"语言迁移""中介语"等今天二语习得研究的课题。在该书中，他明确提出母语会对二语产生影响，并把这种影响称为"干扰"（interference）；他分析了语言不同层面上的干扰，认为"干扰"导致学习者产生一种既不同于母语，又不同于目的语的特有语言临时体系。Thomas（1998）似乎就支持这种观点，他在批评一些学者将20世纪60年代视作二语习得研究的起点时，就毫不客气地指出：这是一种"不顾历史事实的做法"（ahistorical），它无视20世纪60年代以前学者们所做的大量工作。

尽管如此，多数学者还是倾向于将20世纪60年代末、70年代初作为第二语言习得研究的学科起点。其标志性事件有两个：一是Corder于1967年在*International Review of Applied Linguistics*第5期上发表"The Significance of Learner's Errors"一文，再就是Selinker于1972年在该杂志第10期上发表论文"Interlanguage"。这两篇文章的意义在于，它们表明一些学者开始超越语言对比分析时期将二语习得机制简单归结为二语与母语结构（或习惯）差异的做法，开始汲取转换生成语法理论思想，思索制约学习者二语学习更复杂、更深刻的内在机制，即二语学习者可能建构自己有独立地位的心理语法，这种语法既不同于学习者的母语语法，也不同于其正在学习的二语目标语语法。这一转变对二语习得研究是革命性的，它预示着二语习得研究将开始设定自己的研究目标和理论追求，建构自己的学科内涵和方法论体系，逐渐摆脱对二语教学的依附地位——单纯为二语教学提供学习理论支持，促进二语教学（Mitchell & Myles 1998：23）。Smith（1994）将20世纪60年代至90年代以前的二语习得研究划分为三个阶段：60年代后期及70年代中期的错误分析（error analysis）和中介语研究（interlanguage studies）；70年代中期至80年代中期，基于认知心理学、转换生成语法和语料库语言学的二语习得研究；80年代后期各种二语习得理论大量建构的阶段。Mitchell & Myles（1998）也做了类似的划分，他们将50年代和60年代划分为一个时期，70年代划分为一个时期，80年代划分为另一个时期。结合这两种划分方法，我们将自20世纪50年代起至今的二语习得研究划分为四个阶段。

一、20世纪50—60年代中期

这一时期的标志性事件是对比分析（contrastive analysis）的兴起、兴盛并逐渐衰落，所取得的成绩是语言迁移引发了二语习得研究，并成为今后二语习得研究的一个重要论题（尽管其重要性几经反复）。

20世纪50年代以前，居于支配地位的是结构主义语言学和行为主义心理学。受此影响，语言学习被视作养成一套刺激—反应习惯，即学会在不同的交际场景（刺激）中运用不同的语言表达做出反应（response）。相应地，二语习得被认为是用一套新的习惯去替代旧的母语习惯，但问题的复杂性在于，母语的习惯根深蒂固，它会对二语习惯的养成产生干扰，既可能促进这一过程，也可能阻碍这一过程。为此，一些学者认为，二语与母语在结构（相当于"习惯"）方面的相同或差异至关重要。相同的结构会使二语学习变得容易，不同的结构会导致二语学习上的困难，最有效的二语教学是集中于差异点上的教学。这样一来，就需要通过对比分析来弄清楚二语与母语在哪些方面存在共同点，在哪些方面存在差异点，对比分析也就应运而生。一般认为，Fries（1945）是最早从理论上提出将对比分析应用于教学的人，他主张教材的编写应在仔细比较学习者的母语和所学二语的基础上进行。Lado（1957）的《跨文化语言学：语言教师的应用语言学》（*Linguistics Across Cultures: Applied Linguistics for Language Teachers*）被认为是第一部探讨具体的对比分析方法的著作，他提出了后来被称为"强式的对比分析假设"（the strong version of Contrastive Analysis Hypothesis），即认为：母语与目的语相似的地方容易产生正迁移，差异的地方容易产生负迁移，两种语言的差异越大，干扰也就越大。后来，Lee（1968）甚至提出，外语学习中的困难和错误主要甚至全部来自母语的干扰。

然而，到了对比分析的后期，对比分析假设在理论上和实践上的问题开始暴露。从理论上看，语言的"差异"是语言学上的概念，学习的"难点"是心理学上的概念，语言上的差异并不能等同于学习上的难点，学习的"难点"无法直接从两种语言差异的程度来推测。从实践上看，依据对比分析确定的难点事实上并不必然导致错误。"差异—难点""难点—错误"成了两个虚假命题。同时，在20世纪50年代后期，Chomsky提出了其转换生成语法学说，先是在1957年出版了《句法结构》（*Syntactic Structures*）一书，后又发表了评述Skinner（1957）《言语行为》（*Verbal Behavior*）一书的论文（Chomsky 1959）。Chomsky指出，行为主义学习理论试图运用实验室条件下的动物学习来解释人类在自然条件下的语言学习是毫无意义的，"刺激—反应"的简单公式无法解释人类语言学习的复杂性，模仿与强化的概念也无法对人类语言学习的创造性做出合理解释。此外，Piaget（1970）发生认识论思想也向人们揭示，儿童认知的发展是内部认知机制和外部环境因素互动的产物。对比分析研究开始走向衰落，后来被错误分析所替代（Mitchell & Myles 1998）。

从对二语习得学科发展的意义看，对比分析研究将二语学习视作是"刺激—反应"式的习惯养成，它将二语学习的过程过分简单化，完全忽视了这一过程中学习者内在的认知机制和各种复杂的内、外部因素的作用。它几乎未给二语习得未来作为一个独立研究领域的发展留下什么空间。

二、20世纪60年代后期—70年代后期

这一时期二语习得研究经历了两大标志性事件，取得了二语习得理论建构方面的重要成果。这两大标志性事件一是"错误分析"（error analysis）的诞生，二是"中介语"（interlanguage）研究的开展。二语习得理论建构方面的成果是Krashen提出的监察理论、Schumann提出的文化适应模型等。

第一个标志性事件"错误分析"是伴随着对比分析的衰落而诞生的。1967年，Corder发表了"The Significance of Learner's Errors"一文，该文被Seliger称为心理语言学领域里的里程碑。学者们认识到，学习者的错误代表着学习者的学习进程，透过学习者错误比对比学习者的两种语言能更直接地窥测学习者的语言学习状态。对学习者错误的大量分类研究表明，有不少错误既不能归结于母语，也不能归结于二语，它们应追溯到学习者内部（learner-internal in origin），即可能与学习者对语言规则的内化过程"形成假设—试错—修正假设"有关。

在错误分析的基础上，一些学者把眼界超出了学习者二语使用中的错误，开始考察学习者二语使用的整个特征。1969年，Selinker发表了论文"Language Transfer"，首次提出了"中介语"（interlanguage）的概念。1972年，他正式发表了题为"Interlanguage"的论文，他将中介语定义为"第二语言学习者的一种独立的语言系统，这种语言系统在结构上处于母语与目标语的中间状态"（the separatedness of a second language learner system, a system that has a structurally intermediate status between the native and target languages）。在该论文中，Selinker分析了中介语和潜在结构之间的关系，分析了第二语言习得中与中介语能力形成有关的主要过程，并着重论述了第二语言习得中的僵化现象。在同一时期，还有一些学者也关注学习者的二语使用特征。Nemser（1971）将学习者独特的语言系统称为"近似系统"（approximative system），提出了三重性假设，给出了二语习得阶段系统性的证据，分析了研究中介语的三个理由。Corder（1971，1978）将学习者使用的语言称为"特异方言"（idiosyncratic dialect）或"学习者的语言"（language learner's language），并阐述了在不同

方言接触时的个人方言规则、目标语社会方言和个人特异方言之间的关系以及母语、目标语和中介语之间的关系,讨论了个人特异方言的显性和隐性特征。Adjemian(1976)论述了中介语的系统性、可渗透性、僵化现象和反复性等特点。Tarone(1979)则将中介语看作一种自然语言,认为它遵守同样的语言普遍性限制,可以通过标准语言技术来分析。(cf. 杨连瑞 张德禄等 2007:289-290)

应当指出的是,错误分析和中介语分析都受到了当时母语习得研究结果的激发。在20世纪70年代初期,不少母语习得研究者(e.g. Klima 1966;Slobin 1978;Brown 1973)发现,全世界的儿童语言习得都经历大致相同的阶段,他们母语的发展呈现出一种受规则支配的(rule-governed)、系统的特征(Mitchell & Myles 1998)。这启发二语习得研究者,二语学习可能具有与母语学习可比的特征。正是如此,20世纪70年代中介语研究的一个重要内容便是在儿童语素习得研究基础上发展起来的二语语素习得研究。在母语习得界,Brown 1973率先对来自不同母语背景的3名儿童习得14个英语语法形素(grammatical morphemes)的情况进行了纵向考察,结果发现他们都有一个一致的习得顺序。de Villiers & de Villiers(1973)的研究也证实了这一研究结果。后来,Dulay & Burt(1973,1975)和Bailey,Madden & Krashen,(1974)开始对二语学习者习得语法形素时的顺序进行研究,他们采用横向研究设计,选择的是Brown(1973)研究中的一些形素,受试涉及不同母语背景的儿童和成年人。这些研究得出了与Brown(1973)类似的结论。在语法形素习得顺序研究的基础上,二语习得顺序研究也扩展到了否定式、疑问句、关系从句和德语语序(German word order)等句法领域的研究,研究结论大都支持习得顺序假说(Ellis 1994b:99-105)。

错误分析和中介语分析的意义在于,人们不再将学习者语言看作是一个有缺陷的目标语翻版(a defective version of the target language),或者是一个母语与二语的混杂物,而是开始把它看作一个有着自己内在结构的有机系统(an organic system with its own internal structure)。这就使学者们将研究的注意力转向了二语学习内在的心理过程，即学习者大脑中的"黑箱"。此外，这两种研究的意义还在于，他们为二语习得研究提供了通过外在的语言表现分析探测潜隐的学习过程和机制的手段。

在中介语尤其是形素习得顺序研究的基础上，Krashen（1977a，1977b，1978）发表了一系列论文，逐渐形成了他的监察模型（the Monitor Model）。该模型主要由5个假设构成：①习得—学习假设，②监察假设，③自然瞬息假设，④输入假设和⑤情感过滤假设（后文详述，此处从略），它被视作是二语习得研究历史上提出的第一个综合型的理论模型。此外，Schumann（1978a，1978b）在70年代后期提出了文化适应模型（the Acculturation Model），该模型认为，学习者与目标语言之间的社会距离与心理距离决定第二语言习得的成败，距离越近，第二语言越容易习得。这两个模型构成了70年代二语习得研究的一个重要理论成果。

可见，这一时期是形成二语习得研究问题、目标和学科内涵的时期。它遵循"先研究后理论"的模式，以描述性研究为主，出现了解释性研究。

三、20世纪80—90年代中后期

这一时期最大的特点有两个：一是研究领域的扩大，二是二语习得理论的大量建构，解释性研究大大发展。

从研究领域来看，二语习得研究扩及二语学习的内在机制、母语的作用、心理因素的作用、社会因素和环境因素的作用、讲授（instruction）的作用等话题，涵盖了差不多现在二语习得研究的所有论题。在语言习得的内在机制方面，出现了两种不同的观点和两条不同的研究路线。一是乔姆斯基语言学思想影响下的心灵学派，他们从具有语言特定性的普遍语法（universal grammar，UG）概念出发，着力考察二语习得的过程和机制与母语习得的过程和机制有什么不同，具有语言特定性的普遍语法是否仍在发挥作用，如何运用理论模型来构拟这些机制。另一派可以认为是坚持皮亚杰（Jean Piaget）传统和受认知心理学影响下的认知学派，他们从语言是一般人类认知的一部分因而不具有语言特定性的立场出发，着力考察二语学习与其他复杂技能学习在学习过程和加工过程方面的相同之处和差异点。在母语作用方面，几乎无人再置疑语言迁移对二语习得的影响，但对于迁移的规律和内在机制却仍然知之甚少，研究的一个重点致力于弄清楚哪些母语特征会迁移，哪些母语特征不迁移。在心理因素方面，学习动机、态度、个性、语言学能等学习者个体差异因素受到关注，由过去的冷门研究开始融入了主流的二语习得研究。学者们期望通过对这些因素的研究，来找到导致二语学习相对于儿童母语学习在学习速度、学习路线以及学习结果方面更大变异性的原因。对于社会因素和环境因素的作用，学者们重点考察二语学习过程与皮钦语（pidgins）和克里奥尔语（creoles）的相似点和差异点，探讨二语学习者整体的社会化过程（socialization）与语言学习过程的相关性。（Mitchell & Myles 1998：40-41）此外，与学习者个体心理因素一样，也正是在这一时期，课堂二语学习成了二语习得研究的一个重要次领域，这方面的研究致力于探讨输入、输出、课堂互动、教学干预对二语学习过程或结果的影响。（Ellis 1994b：Part Six）

在理论建构方面，这一时期各种二语习得理论层出不穷。根据Larsen-Freeman & Long（1991/2000：27）的统计，研究者们提出了不下四十种二语习得理论。Long在1993年也估计，各种理论、假设、模式、框架、观点等总计在40—60种之间（杨连瑞 张德禄 2007：35）。对于具体的理论模型，我们将在后文细述。

四、20世纪90年代末至今

对于这一时期二语习得研究的状况，我们主要基于R. Ellis 2008年出版的新版 *The Study of Second Language Acquisition* 进行概括。该书是作者1994年版本的一个修订版，在原书基础上调整了很多内容，并增添了不少新内容。我们认为最近二十余年二语习得研究最突出的发展有以下几项：

（1）社会文化视角的二语习得研究影响力日益扩大。运用苏联心理学家维果茨基和列昂切夫的思想学说来解释二语习得早在20世纪90年代以前就已经出现，但一直处于边缘、非主流的地位。最近二十余年，开始成为与认知心理取向的二语习得研究分庭抗礼的一个流派。这一视角的二语习得研究认为，二语学习和其他形式的高级学习活动一样，既发生在个体心理之内（intramentally）也发生在个体心理之间（intermentally）。新的语言形式和功能必须首先出现于由社会互动"中介"（mediate）的言语产出活动中，然后才可能内化（internalization）。这一流派在承认语言是心理现象的同时，更强调语言学习活动的社会性和文化性。这与认知取向的"输入—互动—输出模型"（Block 2003）迥然相异。

（2）联结主义（包括其他浮现论）视角的二语习得研究获得了至关重要的地位。联结主义（connectionism）心理模型出现于20世纪80年代晚期（Rumelhart, Hinton & McClelland 1986），大约在90年代初一些学者开始用该模型来解释母语习得和二语习得。最近二十余年，N. Ellis（1996a，1996b，2002a，2002b，2003，2006）发表了一系列论文，大大推动了联结主义视角的二语习得研究，扩大了这一研究取向的影响，增强了其重要性。联结主义认为，学习过程是缓慢、渐进、突现的，它把语言学习看成和其他类型的学习一样，都依赖于一套共同的神经机制。它认为，学习在本质上是内隐的，受所接触到的输入中的语言顺序（sequences of language）的驱动，并受所获得的反馈信息的微调。语言在心理并不表征为一套抽象规则，而是一张联结权重依据经验不断获得调整的复杂网络。它强调"程式性的语块"（formulaic chunks）在语言学习中的重要性。

（3）研究工具或手段获得了新发展。最近二十余年间，语料库检索工具被广泛应用，大批学习者笔语和口语语料库建立起来，催生了一种新的研究范式——"对比中介语分析"（contrastive interlanguage analysis）（Granger 1998b）。这一研究范式致力于考察学习者语言的特征，学者们对不同背景的学习者的中介语、对同一学习者中介语的不同变体，进行对比分析，揭示其差异性和共性。除检索工具外，神经认知科学的神经成像手段，如功能性核磁共振成像（functional Magnetic Resonance Imaging，fMRI）、事件相关电位（Event-related Potenials，ERPs），也开始应用于二语习得研究。借助于这些非侵入性手段，研究者可以对学习者理解或加工二语时的脑活动情况直接进行考察。这无疑将为研究传统的二语习得问题另辟蹊径，也必将开掘二语习得研究的新领域。

（4）语用、语音、词汇层面的二语习得研究获得很大发展。从语言内部结构层面看，20世纪90年代以前，二语习得研究重心在形态句法习得上。最近二十余年，语用、词汇、语音习得得到了很大关注（Kasper & Rose 2002；Leather 1999；Nation 2001），出现了与形态句法齐头并进的势头。

（5）语言迁移领域出现了"概念迁移"研究。从90年代末开始，Jarvis（1998，2000，2002）、Jarvis and Pavlenko（2008）、Von Stutterheim（2003），Von Stutterheim and Carroll（2005）等开始从概念层面探讨了母语对二语使用的影响，他们发表了一系列论文，出版了一些专著，这使人们开始重新审视萨皮尔-沃尔夫假想（the Sapir-Whorf Hypothesis），思考其对语言迁移的启发意义。Odlin（2005）对这方面的研究做了评述。

第二节　第二语言习得研究的哲学观照

一、科学与哲学

第二语言习得（简称"二语习得"，SLA）作为一个独立学科，诞生于20世纪70年代。五十余年来，第二语言习得研究的领域不断扩展，研究的热点不断转换，所建构的理论与学说不断推出，学科发展成就十分显著。但二语习得作为一个新兴的人文科学知识探究领域，还颇缺少来自形而上的反思与检视，缺少来自哲学视域的启迪与引领。

对于科学与哲学的关系，国内著名哲学学者张全新（1996：4）指出："形而上是统摄形而下的普照之光，形而下是支持形而上的殊相之火。科学离不开形而上的统摄，哲学离不开形而下的支持。"第二语言习得作为年轻的认知科学的分支学科（Doughty & Long 2008：4；Long 1993），不仅以"对形而下的探究"为己任，更需在哲学的导引下更好地探究形而下。奥地利理论物理学家薛定谔（Erwin Schrödinger）也曾指出，"当我们在知识的道路上迈进的时候，我们必须让形而上学的无形之手从迷雾中伸出手来牵引我们"。他把哲学的作用比作建筑中的"脚手架"，认为如果没有它，科学知识的大厦就难于建造，因为"哲学观点"是在认识世界过程中的普遍知识和特殊知识的不可缺少的"支柱"（Schrödinger, 1983）。在语言学界，王寅先生（2014: 3）也一直倡导："语言学家应坚持走与'哲学'紧密结合的道路"，因为语言学家的哲学站位决定其研究的思维站位。"

我们认为，任何经验科学的研究，都离不开对活动客体、活动主体、活动过程/状态等经验事件要素以及对科学研究活动本质的认识论选择与哲学预设，都无法摆脱来自当代哲学与科学主流意识形态的惯性和引力。就二语习得而论，它还天生地罩在语言学、心智哲学、语言哲学、认知科学的思想影响之下。"不识庐山真面目，只缘身在此山中"，这就需要发挥哲学"对概念说事"、对问题进行"二阶思考"的独特优势（陈嘉映 2006），来对二语习得的研究与发展状况进行哲学审视，以期获得哲学观照下的第二语言习得研究的现状。

二、第二语言习得研究中的"三大承诺"与"四大元假设"

在论述二语习得研究的核心论题时，Gass & Schachter（1989: 3）认为，二语习得学科着重探讨4个问题：①第二语言被习得的内容是什么；②第二语言不被习得的内容是什么；③习得（习失）那种知识的机制是什么；④根据二语习得成败对习得过程进行解释。R. Ellis（1994b: 15-17）也认为，二语习得学科主要围绕以下4个问题开展研究：①二语学习者习得什么？②学习者怎样习得一门二语？③个体学习者习得二语的方式有什么不同？④教学对二语习得有何影响？此外，Jordan（2003: 260，转引自Ellis 2008: 930）在讨论什么是合格的二语习得理论时也指出：一个合格的二语习得理论应该对以下3个问题做出回答：①二语能力是什么？②二语能力是如何获得的？③二语能力是如何使用的？从这三位学者的论述中可以看出，二语习得学科主要针对以下几类因素开展研究：

（1）习得客体（对象）

（2）习得机制

（3）习得过程

（4）学习者内部因素（习得主体因素）

（5）学习者外部因素（习得环境因素）

在上述诸问题中，Gass & Schachter的问题①与②、Ellis的问题①以及Jordan的问题①均涉及二语习得的客体（对象），即二语习得究竟要习得什么？Gass & Schachter的问题③、Ellis的问题②以及Jordan的问题②与③均涉及二语习得的机制，即学习者在面对二语输入时凭借一个什么样的心脑装置（机制）去学习掌握二语？Gass & Schachter的问题④以及Ellis的问题③均涉及二语习得的过程，即学习者对二语的掌握要经历哪些环节、步骤或阶段？有什么内在规律和外在特点？此外，Ellis的问题①—③还涉及了二语习得的主体，尤其是内在于学习者主体的个体差异因素，如年龄、情感、动机、智力、学能、学习策略、母语迁移、学习者身份等（称为"学习者内部因素"）；Ellis的问题④还涉及了外在于学习者的二语习得环境因素，如教学干预（teaching intervention）、目标语类型/声望、输入、互动、习得环境（二语 vs.外语）、民族身份、社会阶层等（简称"学习者外部因素"）。当然，Ellis的问题④只提到了教学干预因素。这五大类因素的相互作用关系，可图示如下（图2.1）：

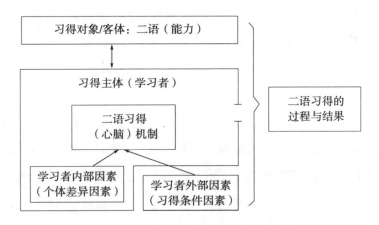

图2.1　二语习得研究的五大类因素相互作用图

可以看出，学习者内部因素与学习者外部因素均通过"二语习得（心脑）机制"来发生作用，它们实质上是二语习得的两类条件性因素，即内在条件因素与外在条件因素。由于根据定义，条件性因素处于二语习得活动的边缘范围，加之这些因素相对而言更具体或实体性特征更突出，它们可以划归"形而下"的范畴。若排除这两类"形而下"的条件性因素，则可以说二语习得主要研究的是以下三类更具"形而上"特征的因素：

（1）习得对象/客体

（2）习得（心脑）机制

（3）习得过程

以上三类因素，从心智哲学"心物关系"（mind-matter relation）的角度来看，"习得对象/客体"属于"心物关系"中"物"（matter）的范畴，"习得机制"属于"心"（mind）的范畴，而"习得过程"则属于"心物关系"本身（因为它牵涉"心物关系"中的"物"如何投射到"心"中的问题）。研究者在开展研究时，对二语习得的"对象/客体"（即"物"）以及对"习得机制"（即"心"）所做的理论预设与假定，可以看作二语习得研究的"本体论承诺"；对"习得过程"（即"心物关系"本身）所做的理论预设和假定，可以看作二语习得研究的"认识论承诺"。这两大承诺，实质上蕴含了三大"元假设"。第一，对于"习得对象/客体"问题，一般认为二语习得的目标是要获得"二语能力"，而对"二语能力是什么？"的理论假定，就构成了二语习得研究的第一大"元假设"，可以称作"语言能力元假设"。第二，对于二语习得的心脑机制问题，学习者究竟是在一开始就备好了一颗成熟完备的、能有效地进行二语学习的"先天之心"？还是经过后天学习经验的缓慢刺激才逐渐发展起来一颗能有效地进行二语学习的"后成之心"？对该问题的理论预设与假定，构成了二语习得研究的第二大元假设，可称作"习得机制元假设"。第三，对于"习得过程"问题，二语习得在本质上究竟是一种什么样的认知活动？是一种信息加工过程（认知主义）？还是一种大脑神经结构的矩阵计算过程（联想主义）？抑或是别的什么过程？对于该问题的理论预设与假定，构成了二语习得研究的第三大元假设,可称作"认知本质元假设"。

除此之外,我们认为,二语习得研究者在研究实践中还必须对以下问题做出理论预设与假定:二语习得科学研究活动的本质是什么?是否是为了发现二语习得的客观真理(规律)?对该类问题的理论预设与假定,构成了二语习得研究的第三大承诺及第四大元假设,分别可称作二语习得研究"方法论承诺"和"科学真理元假设"。我们认为,这"三大承诺"和"四大元假设",构成了二语习得学科开展研究的哲学认识论前提与意识形态,决定着二语习得研究的技术方法、理论路径与整体范式,堪称建筑整个二语习得学术知识大厦的根基和擎天大柱(如图2.2所示)。

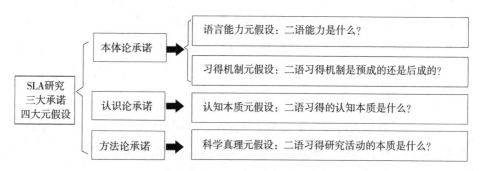

图2.2　SLA学科三大承诺、四大元假设

三、从"本体论承诺"和"语言能力"元假设看第二语言习得研究的现状

以上"本体论承诺"之"语言能力元假设"关涉二语习得的客体/对象即"二语能力"是什么的问题。在二语习得研究文献中,几乎所有的研究者都自觉不自觉地先设"二语能力"为内化了的学习者大脑中的"二语知识",他们将二语知识的获得完全等同于二语能力的获得。这即是说,二语习得研究者往往持一种个体的、内在表征主义的、知识性的"语言能力"观,他们是以乔姆斯基"能力/表现"二分的"语言能力观"为出发点来开展二语习得研究的。

在1965年出版的《句法理论的若干问题》(*Aspects of the Theory of Syntax*)一书中,乔氏首次区分了"语言能力"(competence)和"语言运用"(performance)。根据他的定义,"语言能力"是人关于语言规则系统的内在知识，是一套可以使"讲话人说出一种语言里无限多的句子"并使讲话人"能够区分形式不合格的句子与形式合格的句子"的内在的语言能力系统；"语言运用"则是人使用语言知识的外在行为表现，是讲话人产出实际话语的行为，诸如说话、书写、口译等具体的语言使用行为。乔氏做出这一区分的要义在于，他认为语言能力是对语言运用的抽象，是排除了实际使用中记忆限度、精神涣散、注意力和兴趣转移等一切非语言因素的理想化产物。语言能力与语言运用的不同在于，前者是长久的，后者是瞬时的；前者是内在的，后者是外显的；前者与人脑中相应的子系统——语法有关，同一语言社团成员的语言能力几乎是相同的，后者与语言内外众多因素交织，因人因时因地而异。当然，乔氏的"语言能力"概念还有生物性、器官性、普遍语法性、认知结构性、模块性等方面的含义。但语言能力作为语言使用者"个体大脑内部的一种知识表征、一种认知结构"的内涵却被广为接受，几乎被奉为语言学界的"圭臬"。必须指出的是，乔氏用以界定"语言能力"的"知识"是指句法、形态、语音、词汇等具有语言特异性的知识（可称作"语词性知识"），而非一般性的非语言知识（如有关物质世界存在方式与状态的各种概念性知识）。

乔氏对"语言能力"所做出的"语词性知识性承诺"，也深刻地影响了二语习得学科广泛的理论建构与实证研究。从20世纪70年代Krashen提出的"监察模型"（the Monitor Model）以及Bialystok提出的"第二语言学习策略模型"，到20世纪80年代Anderson提出的"思维的适应性控制模型"（ACT模型，the ACT Model）、Ellis & Widdowson提出的"语言能力可变模型"（Variable Competence Model）、McLaughlin提出的信息加工模型以及Gass提出的"二语习得整合模型"（An integrated model of L2A），再到20世纪90年代Skehan提出的"双模式系统理论"（the Dual-mode System）、Pinker提出的"双机制模型"（Dual-Mechanism Model）以及Pienemann提出的"可加工理论"（Processability Theory），也包括第二语言习得的"普遍语法理论"，这些理论与模型几乎都无一例外地假定：学习者二语能力的发展与增长，实质上是大脑内部个体的二语语词性知识表征的内化与重组；学习者对二语的使用，实质上是对大脑中个体的二语语词性知识表征的调取与使用。同时，有大量的实证研究都是以这些理论模型为概念框架而开展的，它们代表着当前二语习得实证研究的主体。很难想象，以语言能力"语词性知识承诺"为认识论前提所开展的二语习得研究，能够摆脱语言能力"内在语词性知识表征观"的烙印。

尽管语言能力"内在语词性知识表征观"已经成为二语习得研究的认识论公设，但从哲学尤其是后现代哲学"颠覆权威、摧毁正统、否定客观"的眼光来看，这一假定并非就是铁定的"真理"，它有可能仅为"多元认识"之"一元"，远非"绝对真理"。事实上，二语习得界新近出现的"动态系统理论"（Dynamic Systems Theory，DST）就对乔氏的"语言能力"概念提出了挑战。该理论认为，不存在语言能力和语言运用的区分，语言永远是也只能是语境中的运用（转引自姜孟 2017）。以时间标尺做参照点，"语言运用"可看作一种"瞬时的语言加工"（moment-to-moment language processing），"语言能力"则可看作一种"长时的发展进程"（the longer timecourse of development）。两者看似不一样，但实际上是"同一现象从不同的时间标尺所作的观察而已"（the same phenomenon simply viewed on different timescales）。也就是说，一个人在一定时间阶段所表现出的语言能力与他真实的语言使用（加工）是同质的语言现象，其差别是由观察所采纳的时间标尺大小所造成的。"语言能力"是从"数周、数月、数年"甚至"数十年"等较大的时间标尺的角度来观察的，而"语言运用"则是从"数秒、数分钟、数小时"或顶多"数天"这样较小的时间标尺的角度来观察的。二者在时间标尺上所存在的"循环因果关系"（circular causality）使它们可以在时间标尺上获得统一，两者也完全可以看作一个时间连续体。

在此，我们无意于去深入探讨并否定乔氏的"语言能力知识观"，但它却给了我们一个重要启迪：乔氏以"内在语词性知识表征"为核心特征（之一）的语言能力观并非唯一正当的认识论假定，其对语言能力的认识论承诺也只是代表了一种"游戏方式"。由是观之，当前立足于"语言能力元假设"所开展的二语习得理论与实证研究，也只是众多可能研究路向中的一种，是一个视点所看到的"风景",第二语言习得研究完全可以立足于"语言能力"的深刻内涵,开展更深入的研究。

本研究将着眼于语言背后的概念系统,着眼于人类认知活动的概念系统基底,在乔氏"语词性单知识语言能力观"的基础上进一步提出包纳语词性知识与概念性知识的"双知识语言能力观";在当前第二语言习得研究仅注重"语词性能力"习得的"单能力习得观"的基础上进一步提出同时兼顾"语词性能力"习得与"概念性能力"习得的"双能力习得观"。当然,我们将凸显第二语言习得的概念能力维度,倡导第二语言习得"概念观"。

第三节 第二语言习得研究的认知心理学观照

一、第二语言习得研究的概念框架

第二语言习得学科自20世纪70年代诞生以来,其研究领域与范围不断拓展。Ellis(1985)和Ellis(1994b)分别描述了80年代初和90年代初的二语习得研究的核心课题与范围。最近,Ellis(2008)对Ellis(1994b)进行了修订,并描绘出了一个新的二语习得研究框架,这一框架较好地概括了二语习得研究的新近领域和范围(见表2.1)。

表2.1 二语习得研究框架(Ellis 2008:34)

一般性二语习得(General SLA)					讲授性二语习得(Instructed SLA)	
中介语描述	学习过程解释					
领域1	领域2	领域3	领域4	领域5	领域6	领域7
学习者语言特征	学习者外部因素	心理语言过程	学习者间的变异	大脑与二语习得	"黑匣子"之内	对中介语的直接干预
错误	输入与互动	母语迁移	二语学习者个体差异	二语习得神经语言解释	课堂互动与二语习得	形式教学与二语习得

（续表）

一般性二语习得（General SLA）			讲授性二语习得（Instructed SLA）		
习得顺序和发展次序	二语学习的社会解释	二语习得认知解释			
变异性		二语使用认知解释			
中介语语用特征		二语习得社会文化解释			
		二语习得语言解释			

可以看出，二语习得研究整体上可划分为两大领域，一是一般性二语习得研究，二是讲授性二语习得研究。前者对所有学习者的二语习得问题进行研究，包括处于自然条件下学习者和处于讲授条件下的学习者。后者则只对处于课堂环境条件下的学习者的二语习得进行研究。

一般性二语习得研究包括两大次领域：对中介语的描述性研究和对二语学习过程的解释性研究。中介语描述性研究旨在对学习者语言的基本特征进行分类描写，发现学习者二语学习的一般"事实"，以供研究者建构理论，提供解释。中介语描述性研究重点关注学习者语言4个方面的特征：①表达中的错误，②习得顺序和发展次序，③语言形式或模式使用上的变异性，④语用特点。

对语言学习过程的解释性研究比较复杂，总共包括4个不同的解释视角。第一个是学习者外部因素视角，它致力于考察学习中的各种外部因素如何影响二语学习过程。这些外部因素既包括狭义的语言环境因素，如输入和互动；也包括广义的社会环境因素，如学习者性别、社会阶层、种族身份等。第二个是心理语言过程视角，它致力于探讨二语学习的内在心理过程或机制。在这方面，存在3种基本观点。第一种是认知的观点，它重点探讨下面几个问题：①学习者的母语知识如何影响二语学习的过程，②学习者的输入如何转化"吸收"（intake），③学习者现有二语知识如何重组，以及④二语产出过程中二语知识是如何使用的。第二种是社会文化的观点，它将二语习得看作是既发生在学习者头脑之内也发生在学习者头脑之外的过程，力图从学习者外语因素和内部因素如何交互作用的角度来解释二语习得。第三种观点是语言学的观点，它设想人生而具有天赋的语言普遍性知识，并着力从这种普遍性知识来解释二语习得。另两个解释视角是学习者变异（learner-internal variability）视角和学习者脑视角。前者着力从学习者动机、学能、学习策略等个体心理因素方面来解释为何学习者在二语学习的方式、过程和结果方面存在个体差异。后者致力于从学习者储存、提取二语知识时哪些脑部位激活的角度来解释二语学习的发生过程。

与一般性二语习得研究不同，讲授性二语习得研究采取了两个特有的研究路向。一是走进课堂这个"黑匣子"内，考察课堂内语言使用的方式，尤其是互动过程如何对二语学习的路线和最终结果发生影响。二是对"形式教学"（form-focused instruction，FFI）对中介语发展过程的干预效果考察，重点有两方面：①"形式教学"是否能直接影响二语学习，②如果能，什么类型的形式教学更有效。

可见，二语习得研究共涉及七个微领域：中介语、学习者外部因素、心理语言过程、学习者间的变异、大脑与二语习得、课堂互动与二语习得（"黑匣子"之内）以及形式教学与二语习得。相比Ellis（1994b）所给出的研究框架，增加了大脑与二语习得、课堂互动与二语习得、形式教学与二语习得三个领域。这实际上反映了最近二十余年二语习得研究领域和范围变化的两个新特点：讲授性二语习得研究的重要性增加；脑成像手段催生了基于脑活动部位的二语习得研究。

然而，Ellis（2008）概括的研究框架重在描绘目前二语习得研究的领域和范围，其特点是描述性有余而解释性不足，即未能很好地反映当前各研究领域之间的内在逻辑关系。为此，我们在此基础上提出如下二语习得研究的概念框架（图2.3）：

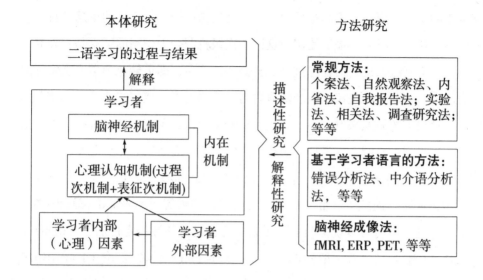

图2.3　第二语言习得研究的概念框架

图2.3将整个二语习得研究划分为二语习得本体研究和方法研究两大部分。方法研究比较简单，主要包括3种类型的研究方法：常规的方法（即一般定性、定量研究方法）、基于学习者语言（learner language）的研究方法、脑成像研究方法（具体方法示例见表格内）。对二语习得方法的研究，目前还比较少，但任何一个学科的发展都必然要求方法论方面的创新与拓展。二语习得方法研究服务于对二语习得本体的研究。

二语习得本体研究从研究的性质看，包括描述性研究和解释性研究。描述性研究可以针对方框内的任何一个成分。第一是学习者外部因素，即任何与学习者相关但外在于学习者的影响二语习得过程与结果的因素，如语言环境因素（输入、互动、课堂讲授等）、功能语用因素（如交际目标、需求等）以及社会环境因素（如性别、阶层、种族、身份等）。第二是内在于学习者的各种影响因素，包括学习者心理因素和二语学习的内在机制。前者即学习者心理因素是指目前研究比较多的学习态度、动机、学能、人格、焦虑、学习信仰、学习策略等。后者即二语学习的内在机制又可分为过程和表征两个次级机制。过程次级机制主要承担着对学习过程中新输入的语言刺激信息进行接受和加工的功能，而表征机制则承担着对过程机制接受和加工后的信息进行储存和管理的功能，以方便提取使用。这两个次级机制合力作用的结果是：外界输入的是语言刺激信息，但在经过这一机制的处理后，即可转化为学习者实际的语言能力。因此，心理认知机制蕴含着对"二语能力"或"二语习得本质"的定义。就当前的研究来看，不少二语习得理论模型都预设了这一前提，但它们或者描述过程次机制，或者描述表征次机制，很少有将二者结合起来的（见后文讨论）。我们的这一划分，赋予过程次机制认知心理学上一般信息加工机制承担的职责，而赋予表征次机制（特别的，如果需要）表征语言知识/能力的职责。这一划分可以统摄目前关于语言究竟是"领域特定性的"（domain-specific）还是"领域一般性的"（domain-general）的争论（Karmiloff-Smith 1986），因为这一机制的作用可以视语言相对于一般认知的实际情况而定。

内在机制中的脑神经机制是指支持心理认知机制的脑活动过程，因为"心理是由脑中的处理过程所构成的""任何心理层面上的事件同时也都是神经层面上的"（Solso, Haddock & Fiore 2008/2009: 32），而且目前已有了这方面的一些研究，如Gullberg & Indefrey（2006）就出版了一个论文集，称为"第二语言习得认知神经科学"。除了学习者外部因素和学习者本身外，描述性研究还可针对二语学习的过程与结果，当前有关"错误分析""中介语"的研究就可视为此类研究。

再来看解释性研究。解释性研究立足的是描述性研究发现的"事实"，即学习者二语学习中的各种过程性特征（如阶段性、顺序性、动态性、变异性特征）和最终结果，包括不同学习者在学习结果上的差异。从图2.3来看，能够直接对二语学习的过程和结果产生的影响的因素有三类：一是内在机制，包括心理认知机制和脑神经机制；二是学习者内部心理因素；三是学习者外部因素。学习者内部因素直接作用内在机制中的心理认知机制（可能无法直接作用于脑神经机制），学习者外部因素既可直接作用于心理认知机制，也可通过影响或改变内部心理因素而间接地作用于心理认知机制（单向箭头所示）。心理认知机制与脑神经机制之间可能存在互动关系（双向箭头所示）。

我们认为，任何一个学习者的二语学习过程和结果都是由这三类因素决定的，它们构成了二语学习的三个条件。其中，内在机制是二语学习的前提条件，另两个因素是二语学习现实的内、外部条件。图2.3所表示的解释性研究的含义可以简单概括为：前提条件+现实条件（现实条件=内部条件+外部条件）=过程与结果。

二、从二语习得研究的概念框架看第二语言习得研究的现状

基于上述概念框架，可以看出第二语言习得研究的主要任务是对作为第二语言学习"前提条件"的内在机制和对作为第二语言学习"现实条件"的学习者内、外部学习因素的研究。鉴于无论是学习者内部因素还是学习者外部因素，都要通过作用于学习者的内在机制（尤其是心理认知机制）才能对二语习得的过程和结果发生影响，学习者的二语学习内在机制堪称二语习得研究的首要问题和第一难点，其研究进展决定着对学习者内、外部因素的研究进展，对它的突破是二语习得一切研究真正取得突破的前提。换言之，二语学习内在机制问题堪称制约整个学科发展的瓶颈，这一问题构成了二语习得研究的根本性问题，对该问题的探讨具有优先性。

此处，"二语习得内在机制"作为第二语言习得研究的根本性问题包含以下三个核心内涵：

①二语能力是什么？
②二语能力是如何获得的？
③二语能力是如何使用的？

以上三个问题原本是Jordan（2003：260，转引自Ellis 2008：930）提出的判断一个二语习得理论是否合格的标准，他认为一个合格的二语习得理论必须对这三个问题作出回答。在此，我们认为这些问题很好地概括了"二语习得内在机制"的内涵。根据我们对内在学习机制的定义，问题①与②都是与二语学

习内在机制的功能紧密相关的,其意旨是二语内在学习机制如何将所接触到的外在的、非二语知识(能力)性质的信息转化为学习者内在的、二语知识(能力)性质的信息,即如何将生产的原材料加工成产品。问题②侧重于加工过程,问题①侧重于产品的形态。问题③可以看作与问题①的关切相同。清楚了什么是"二语能力"就能回答"二语能力是如何使用的?",因为我们可以说:二语能力的使用是相应二语知识表征(如程序性知识)在主体意志下的自动运作。只要主体实施了"要使用"这些知识表征的意志,这些知识表征就可自动运作起来。当然,对这一问题的回答还可深入到知识和运作程序究竟是如何结合的,即程序性知识的内部机理。但无论如何,问题③已经被囊括在了二语内在学习机制的内涵之中。可见,"二语能力是什么"的问题构成了"二语习得内在机制是什么"问题的核心。倘若说"二语习得内在机制"对于第二语言习得研究具有优先性,那么也可以说"二语能力是什么"问题对于"二语习得内在机制"研究也具有优先性。

然而,纵观当前的研究,对学习者的二语学习内在机制的研究还十分薄弱,对二语能力内涵的深入探讨就更少,几乎未见有对"二语能力是什么"的专题理论探讨。我们统计了自20世纪70年代以来提出的在第二语言习得界比较有影响的27种理论,其中有17种属于对SLA内在机制的探讨,下面将其列表(表2.2)如下(有关这些理论的详细统计见下一节):

表2.2 27种二语习得理论中聚焦于SLA内在机制的17种理论模型

心理认知机制	1.早期中介语理论	2.监察理论	3.本土化模型	4.学习策略模式	5.二语习得整合模型	6.思维的适应性控制（ACT）模型	7.信息加工模型	8.双模式系统理论	9.多元发展模型和可加工理论
	10.普遍语法理论	11.竞争模型	12.联结主义模型	13.社会文化理论	14.认知语言学模型等	15.可变能力模型	16.社会心理语言模型		
脑神经机制	17.神经功能理论								

以上这些理论模型对二语习得内在机制的探讨从多角度展开，有的从宏观层面阐释二语习得社会认知本质（如社会文化理论、本土化模型），有的从微观入手构拟二语习得的心理运作过程（如信息加工模型、联结主义模型）；有的着眼于二语习得的学习者内、外部条件（如监察模型、竞争模型、策略模型、多元发展模型和可加工理论），有的着眼于二语习得内部知识表征的方式变化过程（如双模式系统理论和ACT思维适应性控制模型）；有的聚焦于语言学习的领域独特性（如普遍语法理论），有的从一般认知学习出发试图构拟全面的二语习得心理过程（如二语习得整合模型）。此外，也有少量模型从脑神经角度探析二语习得的脑活动特征和机制。这些理论模型，使我们对二语习得本质的认识获得了前所未有的深入。然而，尽管这些理论模型都以"SLA内在机制"（"心理认知机制"或"脑机制"）为核心点，但它们几乎都无一例外地预设了"语言知识=语言能力"的乔氏语言能力观，以此为前提，从未尝试质疑或突破这一观点。

因此，当前对第二语言习得内在机制的探讨还颇为不够，在对"内在机制"的探讨中有关"语言能力"的本质的问题几乎还无人问津。在本研究中，我们将基于认知心理学的新近研究成果（Anderson 1983），提出：人的"能力"（包括"语言能力"与"非语言能力"）在本质上是一种由内在的知识性表征与程序性表征构成的双分叉认知结构，其知识性表征相当于一个可检索的标准语料库的文本库，其程序性表征则相当于该语料库的检索软件，二者的合力与协同产生了人现实的语言能力。

第四节　第二语言习得研究的跨学科观照

一、对现有二语习得理论的归类梳理

我们分类的标准有六个：理论最初的提出时间、学科基础、着眼的语言属性、着眼的二语习得方面、解释因素、所属研究领域。学科基础主要是指语言学（包括功能语言学、转换生成语言学等流派）、社会语言学、神经语言学、认知心理学、人本主义心理学、心理学（维果茨基社会文化理论）。我们将心理语言学排除在外，主要是因为它与认知心理交叉很多，很难截然分开。语言的属性范围包括：语言的交际工具性、社会性、心理性、社会文化性和生物性。语言的交际工具性侧重于语言的功能、语用特征，社会性强调语言使用者的种族、年龄、性别、身份等因素以及社会场景、语言声望等因素对语言使用的影响。心理性则是指语言学习和使用受个体心理特征（如动机、态度、年龄、个人偏好等）影响的特征。社会文化性是专指苏联心理学家维果茨基关于语言是心理中介工具，其学习必须在社会、文化因素参与下才能实现的特征。语言的生物性无疑是指乔姆斯基学派所说的语言"天赋性"。由于"天赋性"与"后天性"属知识性质的范畴，故我们依据乔氏学派最近倡导的生物语言学思想，而将这一属性称为"生物性"。尽管赋予语言这一属性会有很大争议，但考虑到普遍语法框架下的二语习得研究的庞大数量和现实影响力，我们认为出于研究方便这么做仍是合适的。"所解释的因素"根据模型实际的特点确定。所属的二语习得研究领域参考前述Ellis（2008）的二语习得研究框架确定。

表2.3 27种理论按六个标准的分类

理论名称	提出时间	学科基础	着眼的语言属性	着眼的二语习得方面	解释因素	所属研究领域
1. 二语习得整合模型（Gass 1988, 1997）	1980s	认知心理学	心理性	内在过程	语言输入	
2. 话语理论（Hatch 1978）	1970s	语言学（功能主义）	交际工具性	外在过程	功能语用因素	
3. 文化适应模型（Schumann 1978a, b）					社会/心理距离因素	
4. 社会教育模型（Gardner 1985）	1980s	社会语言学	社会性	条件	社会环境、个体差异、习得场合	学习者外部因素
5. 群体间模型（Giles & Byrne 1982）					民族身份、态度等	
6. 社会化模型（Ochs 1988）Kramsch 2002	1980s				社会化过程	
7. 社会身份模型（Norton 1997）	1990s				社会身份	

（续表）

理论名称	提出时间	学科基础	着眼的语言属性	着眼的二语习得方面	解释因素	所属研究领域
8.早期中介语理论（Corder 1977b）	1970s	语言学（TG理论学）	心理性	内在过程		
9.能力连续理论（Tarone 1979）		社会语言学	社会性	外在过程	知识表征形式	心理语言过程
10.可变能力模型（Ellis 1985）						
11.社会心理语言模型（Preston 1989）				内在过程		
12.功能-类型学理论（Givón 1985）	1980s	语言学（功能主义）	交际工具性	外在过程		
13.思维的适应性控制（ACT）模型（Anderson 1983）						
14.信息加工模型（McLaughlin 1987）		认知心理学	心理性	内在过程	信息加工	
15.双模式系统理论（Skehan 1996）					知识表征形式	

（续表）

理论名称	提出时间	学科基础	着眼的语言属性	着眼的二语习得方面	解释因素	所属研究领域
16. 本土化模型（Anderson 1979, 1980）	1970s	社会语言学	社会性	内在过程	知识表征控制	心理语言过程
17. 多元发展模型和可加工理论（Meisel, Clahsen, & Pienemann 1981）	1980s				信息加工策略	
18. 联结主义模型（N.Ellis 1994a, 1996a, 1996b, 2002a, 2002b）	1990s	认知心理学	心理性	神经过程	脑活动模式	脑神经心理
19. 竞争模型（Bates & Mac-Whinney 1982）	1980s			内在过程	信息处理过程	心理语言过程
20.（二语习得）社会文化理论（Frawley & Lantolf 1985; Lantolf 2006）	1980s	心理学（维果茨基理论）	社会文化性（维果茨基的看法）	内在过程	学习中介过程	心理语言过程

（续表）

理论名称	提出时间	学科基础	着眼的语言属性	着眼的二语习得方面	解释因素	所属研究领域
21.（二语习得）普遍语法理论（White 2003；Bley-Vroman 1989）	1980s	语言学（转换生成语言学）	生物性（TG学派的看法）		UG的作用	
22. 第二语言学习策略模型（Bialystok 1978）	1970s				学习策略	
23. 社会心理模型（Lambert 1967）	1960s	人本主义心理学	心理性	条件	动机、态度等	学习者内部因素
24. 学习者个体差异研究模型（Ellis 1994b）	1990s				学习信仰、情感状态、年龄、学能等	
25. 神经功能理论（Lamendella 1979）	1970s	神经语言学	脑神经性	神经功能	语言功能的神经相关物	脑神经心理
26. 监察理论（Krashen 1978, 1985）		语言学、人本主义心理学、认知心理学	心理性	内在过程	心理语言过程、学习者内部、外部因素等	跨领域

（续表）

理论名称	提出时间	学科基础	着眼的语言属性	着眼的二语习得方面	解释因素	所属研究领域
27. 二语习得综合模型（Spolsky 1989）	1980s	社会语言学、人本主义心理学	社会性、心理性	条件	学习者内部、外部因素等	跨领域

注：上表中有些理论模型的类型特征比较模糊，划分时最终依据了研究者对其侧重点的主观判断，因而具有一定的主观性。例如，同是二语知识变异模型，我们根据各模型对变异的解释特征或方式，将Tarone（1983）的能力连续理论划分为"外在过程"模型，而将Ellis（1985）可变能力模型和Preston（1989）社会心理语言模型划分为"内在过程"模型。

从表2.3可以看出，27个理论中有8个理论是基于认知心理学的，有1个理论是基于心理学的（维果茨基社会文化理论），有5个理论是基于人本主义心理学的，有5个理论是基于语言学（包括功能语言和普遍语法）的，有10个理论是基于社会语言学的，有1个理论是基于神经语言学的。可见，就理论建构而论，语言学科对二语习得理论建构的影响最大（共16个理论），其次是心理学科（含认知心理学、人本主义心理学和维果茨基理论）（共14个理论）。语言学科中，社会语言学的影响最大（10个），这说明社会语言学视角的二语习得研究是一个热点。心理学科中，认知心理学的影响最大（8个），其次是人本主义心理学，说明了认知心理取向的二语习得研究举足轻重。两者相结合，确实如部分学者所言，清晰地展现出二语习得研究领域内认知维度与社会文化维度并行的二分路径。

再来看，这些理论所着眼的二语习得方面。有14个理论着眼于二语习得的内在过程，有8个理论着眼于二语习得的条件，有3个理论着眼于二语习得的外在过程，另有2个理论分别着眼于二语习得的神经过程和神经功能。这说明二语习得的研究重点是二语学习的内在过程和条件，换句话说，对二语习得内在机制和学习者的各种内、外在影响因素的探讨是整个二语习得研究的主流。

另外，再从理论建构所解释的因素和所属的研究领域看，有13个理论针对的是心理语言过程，如知识表征、信息加工过程、信息加工策略、学习中介过程、脑活动过程、UG的作用等；有7个理论针对的是学习者外部因素，如输入、功能语用因素、社会心理距离、社会环境、习得场合、学习者身份等；有3个理论针对的是学习者内部因素，如学习策略、态度、动机、年龄、学能、学习信仰、情感状态等；有2个理论针对的分别是语言学习的神经活动模式和语言功能的神经相关物，属于脑神经心理的研究范畴。还有2个理论涉及了心理语言过程、学习者内外部各种因素，属于跨领域研究。这再次说明对二语习得内在机制和各种内、外部影响因素的研究是当前二语习得研究的重点和主流，对二语习得的脑神经心理的研究在当前则还属于前沿性的、探索性的研究。

最后，我们要着重凸显的是建构这些理论所着眼的语言属性。从这一视角看，有13个理论着眼于语言的心理性，有10个理论着眼于语言的社会性，有2个理论着眼于语言的交际工具性，另有3个理论分别着眼于语言的生物性、社会文化性和脑神经性。这说明几十年来二语习得研究主要立足于语言的心理性、社会性、交际工具性、生物性，最近开始关注语言的社会文化性和脑神经性，但对语言的其他属性（如"认知工具性"）却还缺少关注。

以上统计结果，可总结于下表（表2.4）：

表2.4　27种理论按5个方面的统计结果

提出时间		学科基础		着眼的语言属性		着眼的SLA方面		所属研究领域	
名称	数量	名称	数量	名称	数量	名称	数量	名称	数量
1960s	1	认知心理学	8	心理性	13	内在过程	14	心理语言过程	13
1970s	7	心理学（维氏）	1	社会性	10	条件	8	学习者外部因素	7
1980s	16	人本主义心理学	5	交际工具性	2	外在过程	3	学习者内部因素	3
1990s	3	语言学（功能、TG理论）	5	生物性	1	神经过程	1	脑神经心理	2
		社会语言学	10	社会文化性	1	神经功能	1	跨领域	2
		神经语言学	1	脑神经性	1				
合计	27	合计	30	合计	28	合计	27	合计	27

二、从SLA学科的理论建构看SLA研究的现状

基于以上归类梳理，可以看出，在过去的六十多年里，二语习得研究的领域不断扩展，研究的热点不断转换，各种理论与学说不断提出和更新，研究方法与手段日益多样化和科学化，二语习得研究的跨学科特色更加明显，人们对二语习得过程与本质的认识不断获得新的洞见。

然而，在纷繁复杂的各种理论研究和应用研究中，二语习得研究最核心的关切是什么？如何在"百花齐放"的研究中为整个学科划定一条中轴线，使整个学科能一路聚力，尽可能沿着一条直线径直向前？这种必要性，可见于最近一些学者的呼吁之中。戴炜栋（2008/2007：V）在评述二语习得理论建构的现状时就指出，"目前国内外的二语习得理论研究普遍存在着理论繁多，目标不一，不同领域理论自相矛盾的局面""在理论建设方面，涉及具体方面的微观研究较多，缺乏宏观理论建构的研究"。造成这种局面的原因固然很多，它可能是一个学科发展轨迹中的必经阶段，但一个最重要的原因无疑是二语习得研究尚缺乏一个清楚、统一、指向明确的核心目标体系。在国外，一些学者主张对二语习得研究"清理门户"（circumscribe the field of inquiry）以消除"不必要的纷争和分割"（unwanted tensions and fragmentation）（Ellis 2008：xxii）。Long（1993）和 Beretta（1991）就认为，二语习得理论研究鱼龙混杂、泥沙俱下，是一个问题。对现有理论进行去粗取精、去芜取菁，成了当前研究中的一个"必要任务"（a necessary goal），只有这样二语习得学科才能向前发展。Long 进一步指出，目前有一些二语习得理论是互补的，但有不少理论却是完全对立的。从科学史的发展来看，凡是存在对立理论的地方，就应当进行"甄别"（culling）；所有"成功的科学"（successful sciences）都是受一种"主宰理论"（dominant theory）引导的科学。在 Handbook of Second Language Acquisition 一书的结束语中，Doughty & Long（2008）更加明确地提出，应当通过将二语习得牢牢地划定在认知科学的范围之内，以便为所有的研究者设定一个"共核目标"（a common focus）。尽管这些学者直接针对的是二语习得理论研究中的问题，但理论建构作为学科发展的基础与核心，它反映的无疑是整个二语习得学科发展中的问题。[①]实际上，第二语言习得理论建构的上述局面与第二语言习得学科独立以来，实际的研究重心和所遵循的理论建构目标有关。从20世纪60年代末、70年代初开始，在相当长的时间内（甚至包括今天），中介语研究一直是二语习得研究的一个重头戏。中介语研究集中于对学习者二语表现中的错误、习得顺序、

[①] 也有学者批评二语习得研究过分认知心理化，应当走出认知心理主义的樊笼（Johnson 1990）。

发展次序、变异性和语用特征等进行描述。从对中介语的这一描述性研究出发，相应地，二语习得理论构建的目标是为这类研究所确立的二语习得发展过程和发展过程方面的特征提供解释。对中介语进行研究无疑是必要的，对研究中所获得的规律性认识进行解释更是必要的，但二语习得理论构建却还需承担更大的责任，它还需引领本学科的建设与发展。再从国际二语习得研究的发展动态来看，研究的重心正在发生从描述型向解释型的转变。为此，就需要根据二语习得学科发展的阶段性特点，应时确立起与特定阶段相适应的二语习得研究的优先目标和首要问题，以便为导引二语习得理论建构提供支持。

以上情况无疑反映了当前SLA研究的一个不足：SLA学者亟需厘清SLA各研究领域之间的内在关系，描拟出SLA研究的整体构架，划定SLA学科研究的核心（或称"本体"）范围，尤其需要清晰地界定出该学科研究的根本性问题。从本研究的角度，我们认为这一现状突出地表明，"SLA内在机制"对于SLA研究的"根本性问题"的地位还有待加强，尤其当前有关"SLA内在机制"的大多数理论都是基于语言的社会性、交际工具性与生物性所做的建构，尚无理论从语言的"心理/认知工具性"的角度来揭示SLA的内在过程与机制，这制约了SLA研究理论上的创新与突破，使当前对SLA的研究局限于"语词性能力"的习得研究。

实际上，也正是由于对语言认知工具属性的忽视，使得当前林林总总的几十个理论模型中尚缺乏理论模型从人一般概念认知能力发展的角度来探讨二语习得的特征和规律。我们接受认知语言学的基本观点，认为语言是人的一般认知能力的一部分，语言习得不仅受人的一般概念认知能力发展规律的制约，它更是以概念能力的发展为实质内容和基本目标的，二语习得的奥秘可能不仅在于学习者如何逐步掌握了目标语的语词结构，更在于学习者掌握语词结构背后的概念能力发展实质。因此，本研究将着眼于语言的心理/认知工具属性（特点），尝试提出"语言认知工具论"，倡导从概念角度研究二语习得，着力在关注二语习得语词维度的基础上关注其概念维度，致力于揭示二语习得的概念能力发展本质。为表述方便，我们将这一语言习得观称之为"SLA概念观"。以后各章我们将对二语习得研究的这一新路向进行深入探讨。

第三章 语言认知工具论

第一节 从语言的思维工具功能看语言的认知工具性

一、从语言的定义看语言的思维工具功能

"语言是最重要的人类交际工具",这是马克思主义经典作家列宁(1916:822)给语言所下的简明定义。古今中外也有不少学者、语言学教材或权威工具书着眼于语言的交际功能,来给语言下定义,如:

(1)王力:"什么是语言?语言是表达思想或情感的工具。……。"(王力1943:21)

(2)胡明扬:"语言是一种作为社会交际工具的符号系统。"(胡明扬1985:5)

(3)张静:"语言是音义结合的全民交际工具。……"(张静1985:1)

(4)《语言学辞典》:"语言是人类最重要的交际工具,由语音、词汇、语法构成的体系。"(陈新雄1989:291)

(5)《语言学百科词典》:"语言:作为人类交际工具的音义结合的符号系统。"(戚雨村1993:4)

(6)陈原:"语言是一种社会现象。语言是人类最重要的交际工具。语言是人的思想的直接现实。"(陈原1984:3)

(7)辉特尼:"语言是获得的能力,文化的组成部分,为人类普遍具有,也只有人类才有。语言与人类其他表达手段的区别:语言需要产生的直接动因是交际，这是语言史上自觉的、并起决定作用的因素。"
（Whitney 1875：291）

（8）布洛克、特雷杰："语言是社会集团内部用来协调一致的一个任意的有声符号系统。"（Bloch & Trager 1942：5）

（9）波特："有效的语言总是交互的，它首先是一种交际工具，由一套任意性的语音系统或模式组成，用来传递、并与他人分享自己的思想、感情和愿望。"（Potter 1960：12）

（10）赵元任："语言是习惯性的声音行为形成的一个约定俗成的体系，社团成员用来彼此进行交际。"（Chao 1968：1）

（11）《哥伦比亚百科全书》："语言：声音符号的交际系统，是人类具有的普遍特点。"（NE 1975：1527）

（12）《拉鲁斯百科大辞典》"语言（Language）：1.人类具有的普遍能力，先用声音符号系统，后来又用文字系统，来表达思想，进行交际；2.用声音符号实际交际功能的结构体系。"（EL 1984：6119）
"语言（Langue）：各个社团内部用来表达思想和进行交际的声音符号系统及后来的文字系统。"（EL 1984：6119）

（13）麦克米伦教育图书公司编《科里埃百科全书》："语言：人类用来交流思想感情的声音和书写符号系统。"（CE 1991：299）

（14）《牛津英语手册》："语言：（1）一种交际系统，它使用成体系的语音或其转化的其他媒介，如书写、印刷或身体符号；目前多数语言学家认为语言能力是人之所以为人的根本特征。……"（McArthur 1992：571）

（15）《语言与语言学百科词典》："语言：人类社会用来交际或自我表现的、约定俗成的声音、手势或文字系统。"（Crystal 1992：212）

（16）《路德里奇语言与语言学词典》："语言：表达或交换思想、概念、知识与信息的工具，也是凝固与传递经验与知识的工具。"（Bussmann 1996：253）

（17）《大英百科全书》："语言：人类作为社会集团的成员及其文化的参与者，所用来交际的约定俗成的说话和书写系统。"（EB 1997：147）

（18）《美国百科全书》："语言：正常人类所具有而为其他物种所不备的能力，能通过口头或书面方式，来表达精神现象或事件。其根本点是在语音与思想、概念、头脑中的形象之间建立联想关系，并能用重复方式发出和理解这些语音。语言的主要功能是进行人与人之间的交际。"（EA 1996：727）

（19）《剑桥语言百科全书》："语言：1.人类社会用来交际或自我表现的、约定俗成的声音、手势或文字系统。2.一种特别设计的信号系统，以为计算机进行编程与进行人机对话。3.动物用来交际的手段。4.语音学（常包括音系学）以外的语言符号。"（Crystal 1997：430）

语言的交际功能性特征可谓最显而易见，然而不少学者（包括工具书）给语言所下的定义中都包括了语言的另一特征——思维工具性特征，尽管他们有时将这一特征视为语言交际工具性特征的派生物或第二位的。试将相关定义列举如下：

（1）北京大学《语言学纲要》教材："语言是人类最重要的交际工具。……语言是思维工具，也是认识成果的贮存所。"（叶蜚声、徐通锵 1981：15；16）

（2）王希杰："语言是一种社会现象……语言区别于其他社会现象的专门的特点是：①它是作为人们交际的工具、作为人们交流思想的工具来为社会服务的；②它是作为人们的思维工具来为社会服务的。……就语言自身而言，它是由语音和语义结合而成、由词汇和语法所构成的符号系统。……"（王希杰 1983：116-117）

（3）铎查："语言是思维的工具；语言是社会产品；语言是语音的集合；

语言是用文字记录的。"（Dauzat 1912：9）

（4）高名凯、石安石："从语言本身的结构来说，语言是由词汇和语法构成的系统……这个系统中的每个成分即每个语言成分都是由声音和意义两个方面构成的。""就语言的基本职能来说，语言首先是交际工具……而且是思维工具。"（高名凯、石安石 1963：16-17；28-34）

（5）高等师范《语言学概要》教材："交际功能是语言基本的社会功能，其他如思维工具的功能，表情达意的功能，都是交际工具的派生物。"（刘伶等 1984：18）

（6）房德里耶斯："语言是工具，同时又是思维的辅助形式，它使人类既能了解自己，又可彼此交流，从而形成了社会。"（Vendryes 1925：1）

（7）赛厄斯："语言既表达思想，又创造思想，因而一部语言史同时也就是一部人类思想史。"（Sayce 1953：卷一，57）"语言是有意义的声音，思想的体现和外在表现，尽管是不完备的"（ibid. 132 -- Sayce, A. H., 1880. Introduction to the Science of Language, London: C.Kegan Paul & Co.）

（8）叶尔姆斯列夫："语言是人类形成思想、感情、情绪、志向、愿望和行为的工具，是影响他人和受他人影响的工具，是人类社会最终和最深层的基础，同时也是人类个人最终和不可缺少的维持者，使他在孤独的时刻、在因生存和搏斗而心力交瘁的时刻，能独自沉浸在诗歌或思考中得到解脱。"（Hjelmslev 1961：3）

（转引自 潘文国 2001）

对于语言的思维工具性功能最鲜明、最经典的表述莫过于斯大林在《马克思主义与语言学问题》中就语言与思维的关系所作的论述：

有些人说，思想是在用语言表达出来之前就在人的头脑中产生的，是没有语言材料、没有语言外壳、可以说是以赤裸裸的形态产生的。但是这种说法完全不对。不论人的头脑中会产生什么样的思想，以及这些思想什么时候产生，它们只有在语言材料的基础上、在语言术语和词句的基础上才能产生和存在，没有语言的"自然物质"的赤裸裸的思想，是不存在的。"语言是思想的直接现实。"（马克思）思想的实在性表现在语言之中。只有唯心主义者才能谈到同语言的"自然物质"不相联系的思维，才能谈到没有语言的思维。（斯大林 1979：527）

此外，巴甫洛夫（1955）也指出了语言对于思维的作用，他说，语言"是现实的抽象化，它可以加以概括，它组成了那种附加的，即为人类所特有的高级思维——人类在周围世界及其本身之间的高级的定向工具。"（p.177）

可见，语言是思维赖以发生的一种重要工具。实际上，思维在本质上是符号性质的，它是大脑借助于符号系统对客观世界的反映，它必须借助符号中介才能进行。所谓符号，包括语言、各种符号（如数学符号、音乐符号、化学符号、地图符号）以及图形、图像、身体语言、行为动作等符号形式。这些符号，就其与所标志的对象的关系来说，既包括类象符号（Icon）（如照片、画像、雕塑、电影形象、施工草图、方程式和各类图形等）、"指示符号"（Index）（如路标、箭头、指针等），也包括"象征符号"（Symbol）（如自然语言和各类标记系统）。符号的功能是将主、客观联系起来，因此思维的发生要以主体对符号的掌握为前提。尽管多种符号都能成为思维的工具，但语言因其独特的概括性、抽象性、社会性和对于人的种系特定性（species-specific）而成为思维最主要的工具。语言对思维独特的心理工具作用表现在，一个人所掌握的言语结构，成了他思维的基本结构；一个人终身的思维的发展在很大程度上要取决于他对语言这种思维的社会方式的掌握。

二、从思维的个体发生看语言的思维工具功能

发展心理学的研究表明，语言作为人的思维工具是个体心理机能发展到一定阶段的产物，儿童并非一开始就是以语言作为自己思维的心理工具的。

从个体发生来看，儿童思维的发展经历了一个从"动作思维"到"表象思维"（也叫"形象思维""意象思维"）再到"概念思维"（也叫"抽象逻辑

思维""符号表征思维""形式运算")的过程(王振宇2000),也就是以语言为特征的概念思维是个体心理机能发展到高级阶段才出现的。

根据皮亚杰(Jean Piaget,1982)发生认识论,人的思维起源于动作,动作是思维的源点。新生儿一出生,便带有先天的反射能力,如吸吮反射、抓握反射、惊跳反射、瞳孔反射等。这些先天的反射动作,对儿童特别重要。以吸吮反射为例,它不仅是儿童汲取营养维持生命体存在和发展的手段,也是其探索环境、认识世界的手段。对儿童来讲,整个世界都可以吸吮。他吮手指头、吮被角、吮脚丫;他吃奶时吮吸,不吃奶时也吮吸。正是在大量重复、练习一些先天反射动作的基础上,儿童先天反射动作发展到了智慧动作。他们的行为与效果开始分化。儿童开始把几个动作协调、组合起来,以一些动作作为手段,去达到某个目的。例如,婴儿学会推开一个已经放好的玩具,使自己能拿到另一个放在它下面、只露出一部分的玩具;儿童学会自己去抓住并拉摇篮顶上的一根绳子,发出拨浪鼓的咕隆声。智慧动作的大量发生与操练,使儿童获得了实践智慧。他们的动作逻辑开始发展。例如,儿童在协调几个动作时形成了序列逻辑,在重复一个动作时先做的动作与后做的动作之间形成了对应逻辑,为完成一个大的行为动作(皮亚杰称之为"格式",scheme)而必须完成包含于这个行为动作的几个小的行为动作(皮亚杰称之为"子格式")形成的包含逻辑,等等。动作逻辑的充分发展使儿童发展起了动作思维。

动作思维是指依据实际行动来解决具体问题的思维过程,它是思维的初级形态,其特点是在头脑中尚未形成独立的思维元素,思维过程缺乏中介工具。动作思维必须借助外部动作的刺激,才能产生思维的目标和材料,引起简单的思维活动。也就是外部动作成为引起主体思维活动的主要动因,外部动作停止,思维活动也将停止。例如,幼儿在玩积木时,他们不是先想好了再行动,而是一边摆弄手中的积木,一边想接下去怎样摆;此时,幼儿只能考虑自己的动作和动作对象,而不能在动作之外进行思考,更不能计划自己的动作、预见动作的效果;同样,幼儿在数数时,他们也只能通过一边做掰手指的行为动作,一边才能思考计数。

动作思维有许多局限性。在这一思维阶段，儿童与物体之间的关系是实际的、具体的、狭窄的，儿童只能利用知觉对物体产生动作来影响它，以达到自己的目的。然而，现实并不总是人们所知觉到的那个样子，主体要适当地反映它，就必须要了解它。为此，就必须把关于现实的各种不同观点协调起来，而这种协调只可能发生在心里内部，在表象中，否则就无法实现协调的目的。只有在表象中才能考虑到别人的观点，并把自己的观点与别人的观点相比较。因此，动作思维的局限性，使儿童才产生了进行表象性思维的需要。

表象思维是人们利用头脑中的具体形象（表象）来解决问题的思维过程。从个体思维发生来看，表象性思维是在感知—运动智慧发展的基础上，随着儿童的动作逐渐内化而产生的。它是一种智力活动的内部形式。表象的作用在于它可以使儿童的动作离开对具体客体的直接操作，而移到头脑内部来进行，因而表象性思维比感知—运动智慧有较大的灵活性。在感知—运动智慧中，事件按它们的真实存在彼此联系起来，而表象性思维则可能立即把握整串连续事件。在动作思维阶段，动作是一个接一个地完成的，而在表象性思维中，儿童可以在头脑中出现两种运动。因此，表象性思维使儿童的思维开始离开实物，摆脱对当前情境的依赖性，从而变得灵活、较广阔、较丰富。表象性思维被认为是个体思维发展过程中的必经阶段。

根据皮亚杰的理论，儿童在感知运动（动作思维）的晚期便开始获得了心理表征能力（或象征性思维能力），其标志性事件是儿童出现了延迟模仿、象征性游戏、绘画、心理映像等心理活动。据皮亚杰的观察，他的一个孩子在一天饶有兴趣地静观另一个孩子大发雷霆后，第二天，她也模仿这个孩子大发雷霆的样子。另外，皮亚杰的女儿雅克琳娜在18个月时能够一边说"肥皂"，一边搓双手假装在洗手；在20个月时，她假装在吃纸团和其他不可食的东西，一边说"好吃"。心理表征能力的获得，逐渐使儿童有可能在想象的情景中完成某种动作，它是在儿童发展进程中现实对象与符号手段之间的第一次分化。儿童开始学会使用心理符号、物体甚至词语代替或表征一些不在眼前的东西。例如，学龄前的儿童懂得一辆小的玩具车能够代表真正的汽车，因此没必要跟在一辆真的汽车轮子后面弄懂它的基本作用和用途；他们将汽车钥匙看作是开车的象征；他们甚至能够使用表示汽车的语词"汽车"来代表一辆没有出现在眼前的汽车。应当指出，符号不同于表象。表象与对象一般是相像的，但符号不一定。它既可以是对某个对象的形象表示（如儿童绘画和心理映像），也可以与其所表示的对象之间没有共同之处（如象征性游戏），甚至可以纯粹靠社会约定俗成（如语言）。一般认为，3—7岁儿童的思维以表象性思维为主，比如跟男童提及"儿子"一词，他就认为"儿子"一定是小孩，因为他所理解的"儿子"就是自己与同龄幼儿的形象，他还没有形成作为关系概念的"儿子"概念。如果是把"儿子"一词和一个白发老人联系起来，他就感到不可思议，因为在他的心目中那应该是"爷爷"的形象。有时学龄初期的儿童，甚至年龄更大的孩子，也未能摆脱具体意象的干扰。例如，有的儿童能计算2块糖+3块糖，乃至2元+3元等等，却不会计算2+3。

表象性思维相对于动作思维虽然有很多优势，但它还"只是感知—运动格式的延伸，而没有真正在理智方面达到协调"；表象"一方面作为认识的工具推动了思维的发展，一方面又由于其直观性束缚了思维的深化"。（王振宇2000：202）表象性思维在皮亚杰的儿童心理发展时间表上还处于前运算时期，儿童思维还需进一步发展到概念思维阶段（皮亚杰称之为"形式运算"阶段）。

概念思维顾名思义是以概念为心理工具的思维形式。人们进行科学推理、从事一般文化知识学习活动等，都需要借助概念中介才能进行。可以说，概念思维是人类思维的典型形式。在表象性思维阶段，虽然儿童开始善于在内部表征事件，更少依赖直接的感觉活动来理解周围的世界，但是他们还不能进行运算，即不能进行有组织的、形式的、逻辑性的心理过程。随着儿童智慧的进一步发展，儿童掌握了大量关于世界的概念，包括"可逆性"（reversibility）、"客体守恒"（object permanence）等概念。例如，他们认识到，一块被挤压成蛇一样长的黏土可以恢复成它原来的状态；他们也开始理解：如果3+5等于8，那么5+3也等于8。这时，儿童慢慢发展起了逻辑运算能力。一开始，他们只能把逻辑运算运用于具体的问题之中。例如，给这一时期的儿童演示并让他判断从一个容器倒入另一个形状不同的容器中的液体是否总量不变时,他们能运用认知和逻辑过程去进行正确的推理:因为液体没有漏出,所以液体的总量不变。当被问及:"伊迪丝的头发比莉莉的头发黑些,而伊迪丝的头发又比苏珊的头发淡些,请问谁的头发最黑?"这样的虚拟问题时,他们一般会回答说:既然伊迪丝和莉莉的头发比较黑,而伊迪丝和苏珊的头发比较淡些,那么莉莉的头发最黑,苏珊的头发最淡,而伊迪丝的头发则在两者之间。但是,如果用三个真实的人的实例向这些儿童提问,则他们回答起来要容易得多。(参阅 王振宇 2000:204)

随着儿童符号表征能力的增强,他们开始把逻辑运算应用于抽象或假设的问题,并能从纯粹的假设去得出结论而不仅仅只能从实际的观察去得出结论。当儿童再被问及上述"黑头发"的问题时,他们一般都能正确地回答。至此,儿童发展起了抽象的逻辑思维(皮亚杰称之为"形式运算")能力。抽象的逻辑思维是以概念为基本细胞结构的,它是一种概念思维。由于概念与语词或数理等各种符号密不可分,而语词又是概念最方便的栖居场所和最大量的存在形式,因此语词成了抽象逻辑思维最主要的心理工具。语言的思维工具性特征便由此形成。

以语词为心理工具的概念思维具有独特的优势。首先,语词概念不是个体的概念,它是一种社会化的存在,用爱弥尔·涂尔干(1999)的话说,"概念所对应的乃是社会这种特殊存在依据其自身经验来看待事物的方式"。概念的这种社会性使人与人之间的思想交流、知识沟通成为可能。同时,语词概念具有高度的抽象性和概括性,它使人的思维操作过程变得简便、快捷、富于创造性。随着人类认识的不断发展,许多概念的内涵和外延也不断深化和拓展,同一个概念可以概括更多的对象,涵盖更丰富的内容,所包容的信息不断增值,从而成为更加便捷的思维工具。在现代科学里,把大量概念、事实和观察综合在一起的科学概念,是屡见不鲜的。例如数学上"群"、生理学上"新陈代谢"和"条件反射"都是内涵极为丰富、概括力极强的概念。人们只有运用越来越抽象的概念进行思维,才能不断地向知识的广度和深度进军。

以上从个体思维发生的角度,分析了语言的思维工具性特征的形成过程。但有必要指出的是,尽管从个体发生来看,儿童思维的发展经历了动作思维→表象思维→概念思维的过程,但不能由此认为思维发展中的阶段和时期是一个更替和取代的机械过程。实际上,这三种思维形式可能会相伴我们一生,只是它们对于成年人与儿童的内涵不会完全相同。维果茨基的话能很好地表达此意,"发展的情况要复杂得多,各种形式都是共存的……人的行为总是处在同一高层的或者最高级发展层次上。最新的、最年轻的、人类历史刚刚产生的形式能在人的行为里和最古老的形式肩并肩地和平共处。""……这里儿童正在掌握最高级的思维形式——概念,但他决不与较为基本的形式分手。这些基本形式还将长时期地继续在数量上占优势,是一系列经验领域里思维的主导形式。就连成年人,也像我们曾指出的那样,并非始终都用概念思维的,他的思维经常是在复合思维的层次上进行的,有时甚至降到更为基本的、更为原始的形式。"(维果茨基 2005)

另外,也必须指出的是,尽管概念思维是现代人类思维的主要形态,但它不是思维的唯一形态,即存在没有概念及其外在形式语言的思维(如:意象思维)。例如,柴可夫斯基曾说,要想用文字来描述音乐思维的过程简直是"胡说八道",他引用海涅的话说:"话语停止的地方,就是音乐的开始。"法国数学家雅克·哈达马(Jacques Hadamard)在其著述《论数学领域中的创造心理》一书中引述了爱因斯坦描述自己思维活动的一段话:"在我的思维机制里,书面的或口头的文字似乎不起任何作用。作为思维元素的心理的东西是一些符号和有一定明晰程度的意象,它们可以由我'随意地'再现和组合……这种组合活动似乎是创造性思维的主要形式。它进行在可以传达给别人、由文字或别的符号建立起来的任何逻辑结构之前。上述这些元素就我来说是视觉的,有时也有动觉的。通用的文字或其他符号只有在第二个阶段才能很费劲地找出来,此时上述的联想活动已经充分建立,而且可以随意地再现出来。"(克雷奇等 1980:210;爱因斯坦 1976:416)这说明爱因斯坦在进行科学创造活动时首先借助于意象思维,然后为了表述和传达自己的思维成果,又利用概念思维

（由文字或别的符号建立起来的任何逻辑结构），因此，在他那里是多元思维并用。正是由于语言是思维的主要形式，但不是唯一形式，维果茨基在讨论思维与言语的关系时，用两个相互交叉的圆来表示。一个圆代表思维，一个圆代表言语，两圆相交处表示着"言语思维"的范畴。言语思维既不能包含一切的思维形式，也不能包含全部的言语形式（王振宇 2000：248）。

三、从思维的种系发生看语言的思维工具功能

从整个人类思维历史演进来看，以语言为物质外壳的概念思维也是人类发展到文明阶段的自然选择。刘文英（1996）通过对原始思维和原始文化的考证发现，在原始思维时期，意象思维是主要的思维形态。她指出："原始思维就其基本功能来说，就是原始人把握对象、处理信息的一种特殊系统，而意象则是构成这个系统最基本的要素。如果说文明人可凭借概念来实现这种功能，那么原始人只有以意象为工具才能实现这种功能。意象是"意"和"象"的统一，它既有生动具体的形象性、又具有不同程度的概括性，它既作为信息的载体、又作为感情的载体，因而是原始人所固有的一种特殊的思维形式。"（刘文英 1996：134.）伴随着人类思维活动的缓慢进步，原始人的思维形态经历了一个从"意象—动作"到"意象—意象"再到"意象—概念"的发展过程。正是从这一缓慢发展过程中，孕育了文明人的思维系统，产生了文明人的逻辑型思维。首先是思维的基本要素发生了新的变化，类化意象上升到抽象概念或受到抽象概念所制约，随之思维结构也发生了变化，从前逻辑走向了逻辑化。同时，原始思维系统也分化出了其他结构十分复杂的思维类型。最终，人类思维从早期以意象为主的思维形态发展到现在意象与概念并用，而以概念为主的思维形态，即概念思维。

由于概念思维主要以语词为心理工具，因此，可以说思维以语言为元素和载体乃是人类思维种系发生过程中的自然选择，即语言的思维工具性特征是在人类思维种系发生过程中形成的。

四、语言思维工具功能的内涵

（一）思维的定义

"思维"是哲学、逻辑学、心理学、认知科学和思维科学的研究对象，但至今人们对思维仍然没有一个统一的定义。下面将不同辞书、不同学科学者从不同角度给思维所下的定义呈现于下：

（1）苏联《简明哲学词典》：思维，是物质——脑——的最高产物，通过表象、概念、判断等等来反映客观现实的一种能动活动。

（2）我国《哲学大辞典》：思维，人脑对现实世界能动地、概括地、间接地反映过程。包括逻辑思维和形象思维，通常是指逻辑思维。（傅季重1984）

（3）《现代汉语词典》：思维是在表象、概念的基础上进行分析、综合、判断、推理等认识活动的过程。（《现代汉语词典》，1983，第2版，第1085页）

（4）北师大等四所高校所编高校教材《普通心理学》：思维是人脑借助于语言而实现的，以已有的知识为中介的，对客观解释的对象和现象的概括的、间接的反映。（彭耽龄，2012）

（5）朱智贤、林崇德主编的《思惟发展心理学》：思惟作为一种心理现象，也是一种反映；思惟是心理这种能动反映的高级形式。思惟具有概括性、间接性、逻辑性、目的性和问题性、层次性、生产性等六大特性。（朱智贤、林崇德主编1986：7）

（6）认知心理学之父奈瑟（Ulric Neisser）著的《认知心理学》（1967）：思维是人脑的信息加工活动或过程。（Neisser 1967）

（7）欧阳绛（1990）：思维是人接受信息、存储信息、加工信息以及输出信息的全过程。（欧阳绛1990）

（8）黄浩森、张昌义（1989）：思维的过程，就是一种信息转换、加工、分析、存储、输出的过程。（黄浩森、张昌义1989）

（9）赵仲牧（1992）：思维是秩序化的意识活动。即运用符号媒体，依据一定的思维程序并通过描述和解释各种秩序去解惑释疑和解答问题的意识活动。

（10）田运（2000）：思维是"在特定物质结构（脑）中以信息变化的方法对对象深层远区实现穿透性反映的、可派生出和可表现为高级意识活动的物质运动"。简单地说，思维即是"脑对对象深层远区的穿透性反映"（田运 2000：31-34）。

（11）马正平（2002）：思维，就是人类在精神生产的过程中，反映客观现实世界、创构未来理想世界、应变现实环境的（秩序化）意识行为。（马正平 2002：2-59）

（12）汤建民（2005）：思维是"人脑凭借已有的知识为中介去认识和把握客体的一种具有类比性质的加工过程"。（汤建民 2005：11-15）

（13）周农建（1988：19）：人类的意识（相对于"思维"，笔者注）有两种功能：一是"认识"，一是"设计"。"发现是一种认识，发明是一种设计；它不是为了去获得知识，而是为提出一张蓝图。这种设计活动，与认识活动是有本质的不同的，意识的能动性主要表现在这种设计上。"

以上对思维定义的列举不可能是穷尽的，但人们对什么是思维的看法可谓仁者见仁，智者见智，这一点很清楚了。贺苗（2009）在对不同学科对思维的不同认识进行一番考察后，总结道：

> 从脑科学和细胞生物学来看，人脑是思维的重要器官，思维活动与大脑皮质相关区域的功能密切相关，思维的传递可以理解为人脑无数神经细胞之间复杂而精密的信息编码过程。从心理学来看，思维是人类在精神生产的过程中，反映、认识和改造世界的一种高级心理活动。从思维科学角度来看，思维是人脑运用已有的知识储备去认识和把握客体的信息加工过程。从哲学的高度来看，思维更主要的表现为人类从整体上把握世界

的特有的方式,是一个时代、一个民族、一个群体内在文化精神的体现。(*pp*.26-27)

我们认为,当前对思维的定义主要可分为三大类:反映论的思维观、认识论的思维观和信息加工论的思维观,其他定义均是以这三类定义为基础,突出思维的某些功能和特性形成的。在这三大类定义中,反映论的思维观着眼于思维发生的根本动力源——客观世界,认识论的思维观着眼于思维的认识和创造功能,信息加工论的思维观则着眼于思维的内部心理过程和环节。但不管哪类定义,都不否认思维的认识、把握世界的功能。因此,我们可以结合三者,大致给思维下这样一个定义:思维是人凭借已有的知识,借助语言、表象或动作中介,通过分析、综合、判断和推理,去理解、认识、把握主客观世界,设计未来世界,应变现实环境的信息加工活动,它是人的一种高级心理机能。

(二)语言作为思维工具的内涵

从以上关于思维的定义中可以看出,语言作为思维工具,有两个基本的内涵。一是语言是人理解、认识和把握世界的工具,二是语言是人设计未来世界以创造未来世界的工具。

前者是人们立足于世界的现实状态,为了在现实世界中很好地生存,而需要认识现实世界,获得世界的意义。在这一过程中,语言主要体现为一种解读世界、让世界变得有意义的工具的作用(至于语言如何让世界变得有意义,下一章将详细讨论),这就是语言的认知工具性功能。

后者是由于人们不满足于世界的现实状态,而力图提出新的构念方案并借此创造一种新的世界状态。在这一过程中,语言发挥着一种设计或创造工具的作用,所体现的是人能动地作用于世界的能力,它可以称作语言的创造工具性功能。

可见,语言的思维工具功能中蕴含着语言的认知工具功能,它表现为人凭借语言来对世界进行理解和阐释,世界靠语言来赋予意义。

第二节 从语言的世界建构功能看语言的认知工具性

一、人的符号本质

长期以来,人被定义为理性的动物。然而,随着19世纪末、20世纪初弗洛伊德的"潜意识"学说对人的理性本质的消解,人们开始从符号功能上来解读人的本质。法国哲学家卡西尔提出,人并非生活在一个单纯的物理宇宙之中,而是生活在一个符号宇宙之中。只有从人运用符号创建人类文化世界的无限性活动中,人才成为真正意义上的人。符号活动是人之为人的关键所在。卡西尔(1988b:35)指出:"符号化的思维和符号化的行为是人类生活中最富于代表性的特征,并且人类文化教育的全部发展都依赖于这些条件。"他认为,"人的符号活动能力进展多少,物理实在似乎也就相应退却多少"(卡西尔1985:41)。符号的作用在于它促进了人的自我意识形成,推动了人的认识发展,维系了人与人之间的社会交往,促进了人的实践活动。

符号具有三个显著的特点:普遍适用性、语义多变性以及抽象性(卡西尔1985)。"普遍适用性"是指在人类视野范围内,"凡物都有一个名称",而且这个"名称"在一定社会中被大家普遍认可并运用着。以儿童为例,儿童只有认识到符号的普遍性、认识到符号的功能并不局限于特殊的情况时,他才真正达到了符号的运用。"符号互动论"的创始人米德(2005)也指出:"我们的符号全是普遍的。你所说的任何话都不会是绝对特殊的;你说的任何有意义的话全都是普遍的。你说的话引起其他某个人的一种特别反应,只要那一符号在他的经验中存在,犹如在你的经验中存在一样"(p.117)。符号的普遍性使人能以"最贫乏最稀少的材料建造他的符号世界",获得了"打开特殊的人类世界——人类文化世界大门的秘诀",因为"正是言语的一般符号功能赋予物质的记号以生气并'使它们讲起话来'。没有这个赋予生气的原则,人类世界就一定会是又聋又哑。有了这个原则,甚至聋、哑、盲儿童的世界也变得比高度发达的动物的世界还要无可比拟的宽广和丰富"。(p.46)

符号的多变性是指符号作为意义的载体是历史性的,总是处于流变之中。

卡西尔（1988a）指出，"在意义的世界和在语言的世界中，我们总是看到我们称作'意义之转换'这种典型现象。……人们借以表现其观念和情感、情绪和欲念、思想和信条的那些符号，不许多时就会变得不可理喻"。索绪尔（1980：112）也说，"语言根本无力抵抗那些随时促使所指和能指的关系发生转移的因素"。语言符号的多变性使人能够随时适应不同的环境，随心所欲地处理各种情况，而不必像动物那样只能生存在一种特定的环境中，时刻处于被动之中。同时，也使人自身可以不断地得到发展，而不像动物那样一成不变。

符号的抽象性是指符号具有概括性。凭借符号的抽象性，人能够超越各种具体的关系，在抽象的意义上考虑各种关系。这使人能够从漂浮不定的感性之流中抽取出某些固定的成分，从而把它们分离出来进行研究。动物由于没有符号，不具有分析抽象关系的能力，所以它不能超越经验去生存、去思考。可以说，人与动物的区别在于人具有符号系统，动物只有实践的想象力和智慧，而只有人才有符号化的想象力和智慧。动物只能对信号作出条件反射，只有人才能够把信号改造成有意义的符号。

信号与符号是不同的。根据卡西尔（1985）的观点，它们分属于两个不同的论域。"信号"是一个物理事实，是物理世界的一部分。相反，人的"符号"不是"事实性的"而是"理想性的"，它是人类意义世界的一部分。信号是"操作者"（operators），而符号是"指称者"（designation），信号有着某种物理或实体性的存在，而符号则仅有功能性的价值。"动物是以获得信号去适应所属的环境，而人则是以创造符号去把握世界。在前一种情况下（有机体的反应），对于外界刺激的回答是直接而迅速地做出的，而在后一种情况下（人的反应），这种回答则是延缓了的——它被思想的缓慢复杂过程所打断和延缓。"（卡西尔 1985：40）所谓的"缓慢、复杂的思想过程"实质是就是指外界刺激在人的思维中被符号化的过程。在这个过程中，人一方面把杂多的感性经验形式化，结晶为符号；另一方面又以这种形式化了的符号去统摄所表述的外部对象。正是由于人类有了符号的特殊功能，才不仅仅是被动地接受世界而且能对世界作出主动的创造与解释。因此，符号赋予人主动阐释世界的能力。若没有存在于脑的现在的关于世界的符号表征，则人无法主动阐释世界，只能被动地、镜像般地、手忙脚乱地反映世界。

从现实来看，人作为有生命的个体，其生存和活动受时间和空间的限制，不可能事事都亲自实践和体验，其认识和知识的很大一部分必然要取自包围着他的语言符号（包括口语和书面语）的世界（戴昭铭 1995）。恰如卡西尔（1988b：35）所指出的那样，"如果没有符号系统，人的生活就被限定在他的生物需要和实际利益的范围内，就会找不到通向理想世界的道路。"

海然热（1999）对语言的论述也深刻揭示了人的符号本质。他说，"语言是世界的一种再现"（p.180）。话语通过把事物变成词语，豁免了事物的任何出现义务；与此同时，也取消了它所借以参照的时间和空间。语言对时空的占有仅凭在自身的时空内把两者说出来就能办到。不仅如此，语言还能够表达非实在的事物，如独角兽（Licorne）、蛟龙、玉皇大帝、判官、阎王、狐狸精，等等。语言也能使人自由自在地进入"不可能"的世界，我们可以说出诸如"他明天死""他的寡妻给他做了一顿丰盛的饭菜""他头一生活了150岁"之类梦呓般的话。这一切都是符号（语言）的神奇之处。我们很难想象离开了符号的人会是什么样子。

维果茨基也论及了人的符号本质。他说，人生活在一个符号世界之中，人的行为不是由对象本身决定的，而是由与对象连结在一起的符号决定的，我们赋予客体意义并按照那些意义行动。他深刻阐述了符号对于人的革命性作用："符号的使用为人类带来了一种完全新型的特殊的行为结构，挣脱了生理发展的束缚，首次创造了一种新型的以文化为基础的心理过程"（引自Veresov，1999：4）。

再从个体成长的角度来看，符号界先于主体而存在，人毫无选择地降生于现在的符号界，受到符号界各种"法规"的控制和摆布。根据拉康的主体理论，语言是先于主体的一种存在，主体的确立过程就是掌握语言的过程，这个过程逐渐将儿童引入社会文化关系之中。语言既是我们表述生活经验和进行思考的工具,也使我们不断"压抑"着自己的生活经历,使思维与我们的生活经验分歧越来越大。儿童通过掌握语言,明确了"我"在家庭中应有的地位。伴随着俄狄浦斯情结的衰退,儿童在符号界中的主体性地位得以确立。语言产生了"我",语言创造了人的主体性。人成为真正的人的那一刻,就是他(她)进入符号界的瞬间。(拉康著 褚孝泉译 2001)

正是在上述意义上,可以说人是符号的动物,正是符号使得人超越了动物的本能生活。人的特点就在于人能以符号来解释和把握世界。因此,只有从人运用符号创建人类文化世界的无限性活动中,人才成为真正意义上的人;人的本质在于人是以符号(特别是语言)为其内化工具的。

二、语言的世界建构功能

物质世界是客观存在的,但人所生活的现实世界无法与客观的物质世界完全等同。只有借助语言符号进入人的意识后才能成为现实世界。往往会出现这样的情形:客观世界是否有认识论上的意义,并不取决于是否有物质"存在",而取决于是否有相应的语言符号"存在"。

假设宇宙中存在某个距离地球亿万光年的天体,该天体固然是一种物质"存在",但是如果该天体尚未被编入人类的概念体系,没有被赋予一定形式的语言符号,因而尚未进入我们的语言世界,那么这样的"存在"也就不能进入我们的主观世界,成为我们世界观的一部分。相反,客观世界中并不存在的许多事物、现象和事件(如上帝、神仙、鬼怪及有关故事,天堂地狱的传说,谎言和谣言,文艺作品中虚构的人物和情节,等等),由于已经构成了概念(尽管是虚假概念)和叙说,成了人类语言世界的一部分,却很容易进入人的主观世界,成为世界观的构成因素。这种现象发生的根本原因,就是在人们认识世界的过程中,除了以实践为基础、以客体本身为直接起点外,还有一个重要起点就是语言符号。(戴昭铭 1995)

海然热(1999:159)也认为,世界之所以成为现实存在,那是因为人类语言给人的感官和机能所感受的事物起了名字。对事物本身来说,自己有无名称并不重要，然而对于生活在事物当中的人来说，事物非得有名称不可。童趣小说《爱丽丝漫游奇境记》的一段对话便深刻地阐述了这个道理。用海然热的话来说，"这部最富语言学意义的小说作品，把道理讲得跟理论文章一样明白无误"（p.225）：

"昆虫对它们的名字有反应吗？"毛毛虫大大咧咧地问道。

"我从来没觉得有。"爱丽丝答道。

"要是没有的话，它们干嘛要有名字呢？"毛毛虫又问。

"这对它们没有什么用，"爱丽丝说，"可我觉得对命名它们的人倒是有些用处。要不，事物干嘛要有名字呢？"

（L. Carrol, *Alicés Adverntures in Wonderland*, Londeres Macmillian 1896, reed. New York, Potter, 1960, p.225.）

古往今来，有不少中外哲人也都论及了语言建构世界的功能。老子曾说："无名，天地之始；有名，万物之母。"庄子也有言："道行之而成，物谓之而然。"这里，老庄之语均可理解为：世界上的事物只有经过人的命名之后才成为我们所认识的那个样子，我们所认识的世界其实就是语言所描绘的世界，自在的世界本身对人并不能直接发生意义。在西方，维特根斯坦也说过：语言之外没有世界，语言的限界意味着世界的限界。伽达默尔也说得明白：能被理解的存在就是语言，在语词破碎处，无物存在（伽达默尔 1999：575；579；633）。言下之意，语言是理解的普遍中介，一切客观的事态及其与一切个体、社会的、人类历史的主体之间的关系都包含在语言之中。人与世界的一切关系表现在语言之中，人的每一个有意义的行为方式都有语言的基础。人不仅拥有语言，而且是依赖语言才拥有了世界。人不可能站在语言的世界之外看世界，不可能把世界作为脱离语言的自在对象来认识。（转引自 申小龙 2001）可以说，世界是语言组织起来的经验整体，世界在语言中存在，世界只有进入语言的表现才是有意义的世界，语言世界是人类唯一的世界。海德格尔也有一句名言："语言是存在的家园"。人永远以语言的方式拥有世界，哪里有语言，哪里才有世界。语言表达了人与世界的一切关系，世界就是语言的世界。

萨丕尔（1946）说得更明白："……'现实世界'在很大程度上是无意识地建立在一个社团的语言习惯基础上的……我们看到、听到以及我们经历、体验的一切，都基于我们社会的语言习惯中预置的某种解释"（萨丕尔 1946，转引自 申小龙 2002）。"实际上，所谓'真实世界'在很大程度上是靠不同文化群体的语言习惯构筑起来的"（Sapir 1951：165）。卡西尔（1988）也明确说："在整个人类世界中，言语的能力占据了中心的地位。因此，要理解宇宙的意义，我们就必须理解言语的意义。"（*p*.143）他将人类生存的基本公式概括为：人——符号（语言）——世界（文化）。

系统功能语言学创始人韩礼德对语言的世界建构功能阐述得更充分。他说，语言不是被动地反映现实，而是能动地作用于现实并赋予现实以意义（转引自 高丽佳、戴卫平 2008），语言的根本性质之一就在于帮助人类建构一幅有关现实的心理图画，从而使人类认识自身的外部经验和内部经验。可以说，世界是语言组织起来的经验整体，世界在语言中获得意义。

当代社会建构论也认为，语言不是反映现实的工具，而是建构世界的活动形式。每一种知识的生成都是人在社会交往中，用特定社会文化历史背景下的语言，结合自己已有的知识经验和理论观点积极建构的结果。

国内不少学者也认识到了语言的世界建构功能。申小龙（2001）就明确指出，在认识活动的两个主要角色——人和客体之间，存在着第三个特殊的、独立的角色——语言。它就像一个检验员，在积极的中介活动中核准哪些东西可以成为类或范畴，可以成为意识的财富。它不以自身为目的，而始终作为一种塑造力——精神的塑造力量，渗透于人的行为之中。

可见，从世界关乎人的意义上来说，世界于人是间接的，它必须以语言的形式呈现，才能为人所认识。人与世界之间隔着一座语言的桥梁，语言成了人类出入物质世界的根本通道。我们所生活的实际世界是由语言所建构的。如果模拟仿拟普罗泰戈拉的话，我们可以说：语言是万物的尺度，是存在的事物存在的尺度，也是不存在的事物不存在的尺度。这便是语言的建构功能所在。客观存在、语言与现实世界的关系可以图示如下：

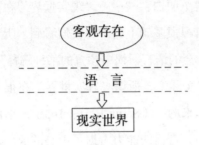

图3.1　语言的世界建构功能

三、语言的认知工具性

世界于人是间接的，人无法直接认识物质世界，他必须通过语言来认识和把握物质世界，这就决定了语言对于人具有认知工具的功能。语言、世界与人的关系可以表示如下：

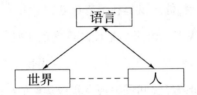

图3.2　语言、世界与人的关系（引自戴昭铭1995有修改）

语言的认知工具作用体现在人要靠语言来阐释经验、解读世界这一点上。我们可以借用维特根斯坦所举的一个例子来说明语言的经验阐释功能。设想有人画了一个三角形，并指着说："看，这是顶点，那里是基点"；然后又说："再看，那里是顶点，这里是基点"；然后又说："再看，那里是顶点，这里是基点"。听话人会发现自己因此产生不同的经验，虽然眼睛的条件是完全相同的。但是，如果听话人不知道一点几何用语（概念），就不可能有这些不同的经验。例如，动物就不会有这些经验，倒不是因为它缺乏视觉器官，而是因为它缺乏语言，缺乏概念智能（申小龙1999）。

再如，我们可以将漫天星辰划分为大熊星座、小熊星座、金牛星座、天蝎星座、双子星座、猎户星座等。然而，星空这一格局并非客观的物理存在，它更多的是一种精神格局，是人由其地面视野将星辰分布的某种形状语词化的结果。同一星座的星相互之间其实并无内在联系，甚至可能相距数百光年，运行轨道也不相同。这就正像维斯格贝尔所指出的那样：语言把世界"语词化"，把世界转化为精神和思想。语言就像一张网，对由外部世界作用于人的感官获得的材料进行过滤和规划。规划之后的内容成了人的意识内容，而认识的"规划性"体现了清晰的"语言性"（参阅 申小龙 2001）。又如，地球上的植物本身相互之间并无价值差别，但由于其满足人的需要的不同，而被人为区分为杂草、草药、野菜、青菜、水果、蔬菜、庄稼等。此处，语言的阐释功能明明白白。

语言的阐释功能与人的理解特性是紧密相连的。人是理解的动物，可以说，理解活动是人存在的最基本的模式，理解的现象遍及人和世界的一切关系，理解的过程发生在人类生活的一切方面。人的理解特性源于人总是试图将新旧事物相连，将前后事件相关，总是试图将一切活动纳入自己已知的心理内容体系之中，以便掌控之、驾驭之，能为自己的活动服务。

与此同时，人的理解特性是建立在人的范畴化能力之上的。所谓范畴化是对事物进行归类、区分的能力。要想在新旧事物之间、前后事件之间建立种种联系，就必须对感知内容进行比较、甄别、分类，以发现共性，建立依据。范畴化可能是包括人在内的绝大多数（如果不是全部）动物的一种本能。对动物而言，需要区分同类与天敌、物之可食与不可食；就人而言，需要区分敌友、有害与无害、个体与群体，等等。丧失了范畴化的能力，人将时时碰壁，处处栽跟头，无法生存于这个世界。可以说，范畴化是人生存的必要手段。此外，范畴化作为生物的一种本能还表现在范畴化活动大多是自动、无意识的，它不需耗费多余的生物成本，对生物不是一种额外的负担。

人对世界或经验的阐释是依靠语言的词汇（概念）资源库来实现的。德国哲学家康德很早就指出，人对外界的反映受主观世界中先验的思维逻辑范畴的影响；先验的纯形式，就像生来戴着一副永远摘不掉的有色眼镜来看东西，眼镜是蓝的，看到的一切东西也是蓝色的；眼镜是红的，看到的一切东西便是红色的。我们虽不赞成康德关于人生而具有"先验的逻辑范畴"的主张，但是他关于人是以头脑中的逻辑范畴作为认知工具的观点是富有洞见的。图尔敏在《预见与理解》（Toulmin，1961）一书中也指出，人们实际上是通过基本科学概念而看见世界的，若无这些基本科学概念，我们就会忘记世界是什么样子的。

最近的概念相对主义者也提出，概念是观察者和实在之间的媒介，无论人们要做观察还是描述一个观察到的事实，都需要在观察者和实在之间引进一个概念系统。只有基于一定的概念系统，世界才被纳入一定意义系统，才能获得实际的意义。可以说，人所认识的世界是概念系统所建构的世界。

经验主义哲学家洛克似乎也认识到了概念对于人认识世界的作用，只不过他走得更远。他说，物种的本质、事物的分类，都只是理解的产品。因为理解在事物中概括出相似性，形成抽象观念，立下名称，从而成为事物的模型或形式。因而"本质"不属于事物，而属于类和种这种人为组织（洛克 1981）。魔幻的反实在论（Magical Antirealism）（Carter & Bahde 1998：305）也持类似激进的看法。它认为，世界上的事物是由我们的概念活动构造的。世界在概念活动之初，只是一片没有任何形式、处于混沌状态的质料。是人用概念把世界切割成各种各样丰富的个体和个体的类，才使世界于人变得有了现实的意义。

我们虽不赞成以上两种观点否认存在一个自在的客观世界的观点，但其中所隐含的关于"概念介入世界理解"的思想无疑与我们的看法是一致的。可以说，谁也无法否认存在一个自在的客观世界，但是同样无法否认的是：人对客观世界的认识离不开概念框架，概念的配置方式直接影响人对自然之物的观察、理解和认识。一切活动经验，在被置于一定的概念框架、赋予一定的结构之前，是毫无意义的。

假如，我们看见了一只被称为"猫"的东西，它是我们所直接觉知到的一块芜杂的视斑（Patch）：一个有一定颜色、形态、纹理和尺寸的图案。但是，如果我们脑子里没有"猫"的概念或无法将"猫"的概念应用于这一视觉经验，则这一"芜杂的视斑"对我来说将毫无意义。再设想哥白尼和托勒密一起观察日出，他们看的结果有什么差异？按照汉森的说法，哥白尼和托勒密看到了不同的东西：一个是动态的太阳，另一个是静态的太阳。从纯视觉感知的角度来看，他们两人无疑都看到了相同的东西——一个橘红色的圆形物体，即太阳在他们的视网膜上留下了相同的"印痕"。但是，相同的视觉经验为何产生了不同的观察结果呢？差异就在于他们将各自拥有的不同的"太阳"概念应用到了相同的视觉经验上，从而使相同的视觉经验对他们获得了不同的意义。对托勒密来说，太阳是一个叫作行星的东西；对哥白尼来说，太阳是太阳系的中心。然而，不管他们的太阳概念有多么不同，如果不是他们在看到太阳时将自己拥有的太阳概念应用于经验，我们又何以说他们看到了不同的东西呢？人总是倾向于将自己掌握的概念应用于源源不断获取的经验，它是成年人通过后天教养形成的特有的一种能力。可以说，任何经验都是由于其被概念"浸泡"，才获得了意义。（王华平 2008：89）

语言之所以具有认知工具的功能，就在于语言是人类认知现实的编码体系，是感觉经验的分类和组织。每一种语言都是一个庞大的概念（词汇）资源库，这一概念资源库内蕴着错综复杂的关系（可能与句法有某种联系）。这些无数的概念及其无尽的关系组合，构成了组织世界的一种特别的"概念系统"。这种概念系统就是特定言语社团解读世界的概念蓝图。凭借这个概念蓝图，无声无息、无意义的世界获得了对于人的特定意义，也变得可用言语交流起来。

德国语言学家洪堡特就论及了语言所代表的概念蓝图在认知世界中的作用。他说，语言的本质可以界定为一种精神格局，这种精神格局将特定民族的人所感知的经验材料分类或范畴化、将世界纳入一种特定的秩序。操一种语言就相当于戴着一副特定的"内蕴形式"的眼镜来观察、看待世界。

沃尔夫的论述更加直接，他认为语言代表着一种对自然进行切分的方式，一种言语社团的人就生活在按这种方式切分的世界之中。沃尔夫说：

我们将自然进行切分，用各种概念将它组织起来，并赋予这些概念不同的意义。这种切分和组织在很大程度上取决于一个契约，即我们所在的整个语言共同体约定以这种方式组织自然、并将它编码固定于我们的语言形式之中。当然,这一契约是隐性的,并无明文规定,但它的条款却有着绝对的约束力;如果我们不遵守它所规定的语料的编排和分类方式,就根本无法开口讲话。(Whorf 1956:212-213)

我们都按自己本族语所规定的框架去解剖大自然。我们在自然现象中分辨出来的范畴和种类,并不是因为它们用眼睛瞪着每一个观察者,才被发现在那里。恰恰相反,展示给我们的客观世界是个万花筒,是变化无穷的印象,必须由我们的大脑去组织这些印象,主要是用大脑中的语言系统去组织。(Whorf, 1956)

我们靠语言所建立的符号将自然界加以剪裁(……),任何人都做不到绝对客观地、自由地描写自然;正相反,人们自以为最自由,实际上不得不遵从某些解读模式。(Whorf, 1956)

一种语言的认知蓝图是该语言社团长期认知实践的沉积和固化,代表着特定的世界秩序和世界格局。这种认知蓝图涵盖了世界生活的方方面面(但不是全部的方面),具有全民性和规约性。全民性和规约性十分重要,它保证了全社团成员之间的语言认知活动结果具有互通性,可以彼此交流、相互沟通。缺乏这种全民性和规约性,将意味着每位社团成员的语言认知实践是互相隔绝、彼此阻断的。但是认知蓝图的全民性和规约性并不排斥其具有一定的灵活性和自由度。个人在运用语言认知世界和表达世界的过程中可以打破常规,对本社团语言基本认知蓝图做某些调适或改变,以满足个人语言认知实践的特定需要,它表现为语言使用者个人用语中的特异性和创造性。但是这种调整必须以现有的概念蓝图为基本理据,不能行之太远。否则,其对世界的解读和表达就将丧失本社团的可理解性,语言的认知功能便被错置和误用。另外,一种语言的现有认知蓝图涵盖了广阔的世界生活领域,它可以便捷地用于解读世界生活经验的方方面面。但是,任何语言的现有认知蓝图都无法涵盖生活的全部方面。对新的生活方面的探索与解读,需要对现有认知蓝图进行延展,增加新的概念范畴,创设新的概念组合关系。这便是语言的认知功能,这一认知功能(区别与解读功能)用于探索新的生活领域,创造新的知识。但是这种延展也是立足于认知蓝图的现有方案的。

第三节 从语言的定义看语言的认知工具性

语言是一个复杂的社会、心理现象。古往今来，人们对语言见仁见智，给出过不少定义，有的强调语言的符号性、社会性和结构性，有的则强调语言的生物性；有的强调语言的交际工具性特征，有的则强调语言的思维工具性特征（参阅后文），但语言作为人"掌握世界"和"重构世界"的工具（海然热1999：177），它还具有认知工具性特征。下面拟从一些学者给语言的定义来看语言的认知工具性特征。

（1）沃尔夫："每种语言都是与他种语言各不相同的型式系统，其形式与范畴都由其文化所规定，人们不仅利用语言进行交际，还利用它来分析外部世界，对各类关系、现象或关注或漠视，从而理清思路，并由此建立起他自身的意识大厦。"（Whorf, 1941：252）

（2）洪堡特："从真正的本质上来看，语言是一件持久的事物，在每一个瞬间都稍纵即逝，即使通过文字保存下来的，也只是不完整的、木乃伊式的东西，只在描述当前话语时才重新需要。语言本身绝非产品（Ergon），而是一个活动过程（Energeia）。……把语言表述为'精神作品'，这个术语完全正确，非常充分，因为这里所说的精神只是指，而且只能理解为一个活动过程。"（Humboldt & Wilhelm, 1836：49）

（3）克洛克洪："每一种语言都不仅仅是交流信息和观点的手段，都不仅仅是表达感情、泄发情绪，或者指令别人做事的工具。每种语言其实都是一种观察世界以及解释经验的特殊方式，在每种不同的语言里所包含的其实是一整套对世界和对人生的无意识的解释。"（Kluckhohn, C. 1949. *Mirror for Man.* New York: McCraw-Hill Book Co., Inc, in Anderson & Stageberg, 1962：53）

（4）《语言与语言学词典》："语言是人类交际最重要的工具。语言是语言学研究的主要对象，语言学家在什么是语言的问题上观点各不相同……除了语言学家的贡献之外，其他学科也有所建树，如人类学家认为语言是文化行为的形式；社会学家认为语言是社会集团的成员之间的互相作用；文学家认为语言是艺术媒介；<u>哲学家认为语言是解释人类经验的工具</u>；语言教师则认为语言是一套技能。"（Hartmenn & Stork，1972：123-124）

（5）潘文国："语言是人类认知世界及进行表述的方式和过程。"（潘文国，2001：106）

（6）徐通锵："从语言的性质来说，它是现实的一种编码体系；从功能来说，它是人类最重要的交际工具，而所谓'交际'，<u>其实质就是交流对现实的认知</u>。"（徐通锵，1997：21）

（7）申小龙："说到底，语言不仅仅是一个交际工具或符号系统，<u>语言本质上是一个民族的意义系统和价值系统，是一个民族的世界观</u>。"（申小龙，1990：76）

从这些定义可以看出，语言不仅是一种重要的交际工具，它更是人认识世界、解读世界的认知工具。正是凭借语言，人才得以阐释经验、理解经验并从中获得意义。可以说，认知工具是语言的定义特征之一。

第四节　语言认知工具论与语言习得

如上所述，语言的认知工具作用表现在语言为人提供了一幅解读世界的概念蓝图，人凭借这副概念蓝图来认识世界。

从生命个体成长的角度来看，一个人从出生之日起，便毫无选择地面临学会按这种蓝图来解读世界的任务。儿童只有学会按既定的概念蓝图来获得世界的意义，才能与他人进行正常的交往、沟通与协作。否则，他将囿于自己怪异、狭隘、冷寂的世界之内，而无法生存于这个共享的世界。儿童学会按语言提供的既定概念蓝图来解读世界，获得世界意义的过程，便是儿童概念能力的发展过程，也即是儿童的概念能力之源。

儿童概念能力的发展是以儿童语言的发展为条件的。在学会语言之前，儿童处于一种前概念能力阶段。这时，儿童也能辨别不同的事物、获知事物的某些属性以及发现事物与事物之间的联系。比如，儿童能发现妈妈今天买回来的某个东西（如苹果）与他昨天吃的那个东西很相似，都具有颜色、味道、形状、重量方面的某些感知特征。但儿童却无法将昨天和今天的这两个东西进行准确归类，无法建立起两者之间的全面联系（即将两者都识别为苹果）。掌握语言的核心是要掌握语言组织经验世界的方式，包括将世界划分为单个客体、将活动划分为单个事件、将事态划分为单个特征以及在所划分的客体、事件、特征相互之间建立整体的联系。可以设想，在初期阶段，儿童对世界的划分是完全基于他个体的感知认识水平的，与语言所反映的全社团的规约相去甚远。这表现在两个方面：一是儿童在生活世界中所确立的客体、事件、特征和关系是表浅的、低水平的，是完全基于感知、不够深入的；二是儿童所划分的世界范围有限，相当多的世界内容尚处于他的感知范围之外，仍属于未"开垦"之地。只有在学习、使用语言的实践活动中，儿童才获得了本社团组织、划分世界的范围、通用标准和目标，也才获得了达致这种范围、标准和目标的途径。因此，概念能力是以语言的介入为根本特征的能力，其目标指向是获得按照社团规约的方式组织和表达世界的能力。

从二语习得的角度看，语言作为思维工具与语言作为交际工具对探索二语习得的本质具有不同的内涵。从语言的交际工具性出发，二语习得本质可能在于如何获得关于目标语的交际能力，包括词汇、语法、语用等能力，二语习得研究就应当将重心放在学习者的这些语词能力（verbal competence）上，这也正是目前所重视的。但从语言的思维工具性出发，二语习得本质则可能是如何学会按照目标语要求的方式来观察、认识、解释和思考世界，二语习得研究就应当将重心放在学习者的这些概念能力（conceptual competence）上。道理很简单，一个真正掌握了二语的人必然意味着他具有较高的二语思维水平，而一个人思维水平的高低在很大程度上要依赖于他的概念发展的水平，这就要求二语学习者必须通过学习第二语言来学习二语本族语者所形成的关于世界的范畴和概念，包括他们运用这些范畴和概念来观察、认识、理解和思考世界的方式。可见，语言的思维认知工具性特征要求我们从学习者概念能力发展的视角来研究二语习得的目标、过程和内在机制。然而，目前，这方面的研究还很少。正如宁春岩所一针见血指出的，"迄今为止的第二语言研究中，尚没有研究者按照语言是思维的工具，从语言交际和语言思维的区别意义上，基于第二语言习得者不能像第一语言习得者那样用第二语言进行思维的事实出发，提出和研究第二语言习得中的问题"。（宁春岩 2001，*p.3*）

再换一个角度看，语言的认知工具作用意味着学习者是以语言所代表的认知蓝图来解读世界的，但是由于语言之间存在差异，不同语言所提供的解读世界的概念蓝图是不尽相同的。就是同一种语言，在不同的历史时期，其组织世界的概念蓝图也存在很大差异。例如，中古高地德语将动物划分为家畜（vihe）、奔跑动物（Tier）、飞禽（Vogel）、爬行动物（Wurm）、浮游生物（Visch）等。这种分类不仅与动物学分类不同，而且与现代德语的规划也不同。在现代德语中Wurm只指软体虫，而中古高地德语中Wurm泛指蛇、飞龙、蜘蛛、毛虫。现代德语中Vogel只指飞禽，而中古高地德语Vogel还包括蜜蜂、蝴蝶、苍蝇等（转引自 申小龙 2001）。因此，着眼于语言之间的差异性，可以认为，二语学习的关键任务在于学会按照目标语所预设的概念蓝图来解读经验、表达世界。可以设想，这一过程是缓慢、渐进、费力的，远不是一蹴而就的。困难之一，在于学习者首先需在自己的大脑中建构起二语的概念系统，这包括学会大量单个的（词汇）概念，建立起词汇概念与词汇概念之间的复杂关系，构筑出全局性（词汇）概念关系结构体，等等。困难之二，在于母语概念蓝图的干扰。尽管母语概念蓝图可能由于其与二语的相似性而使学习者早期对二语概念蓝图的建构省时省力，但其差异性却往往使后期的学习磕磕绊绊，迈不开步子。这既包括学习者在构建二语概念蓝图过程中的干扰，也包括学习者在实际运用二语概念蓝图解读世界、表达世界过程中的干扰。前者使学习者迟迟建立不起类似本族语者的二语概念系统，后者则使学习者即使在建立二语的概念系统之后也时不时地调用母语的概念蓝图来解读和表达世界，因而达不到本族语者般的熟练程度。当然，还有其他困难，如学习者还必须掌握语言作为符号系统所必须具有的语音系统、句法系统，等等。可以设想，学习者二语概念蓝图的建立以及对这种概念蓝图的熟练运用，都必须以大量的语言学习和语言使用实践为基础。不论怎样，二语学习的本质在于发展起按照二语的概念蓝图来解读世界、表达世界的能力。这一能力可以称作二语习得概念能力。

同样，对二语教学而言，既然语言的一个核心功用是作为认知的工具，那么二语教师也就不仅应当将目标语当作交际工具来教，还应将其当作认知工具来教。二语学习者就不仅应当把目标语当作交际工具来学，还应将其当作认知工具来学；二语教学的根本目标就不仅仅是教会一个不会用二语学习的人用二语来交流思想、传达感情，还应教会一个不会用二语思维的人学会用二语来认知世界、思考世界。同时，二语学习成功与否的标志就不仅在于学习者能否用二语进行交际，还应在于他能否用二语作为思维的工具和认识世界的工具。然而，目前，二语教学界主要关注语言的交际功能，主要从语言功能主义的定义出发来进行二语教学与研究。不少教材、大纲、教学法的设计都主要立足语言的交际功能，很少有教材、大纲、教学法是从语言的思维功能的角度来设计的。教学实践中这种对语言思维功能的忽视在某种意义上割裂了第二语言所具有的与第一语言相同的、完整的语言属性，即语言不仅是"交际"的工具，也是"思维、认知"的工具。怪不得宁春岩说，"单凭一个人是否能够用第二语言进行交际来断定这个人是否具有使用第二语言或外语的语言能力，显然忽略了语言作为思维工具的本质内容。这种只会用来交际而不会用来进行思维的第二语言不是完整意义上的语言"。（宁春岩 2001，$p.3$；宁春岩，宁天舒 2007）

因此，从语言的认知工具性功能出发，学习者学习一种语言不仅面临着掌握该语言的语音、语法、词汇等系统的任务，更重要的是他面临着掌握目标语的概念系统，学会按照目标语概念系统所预设的概念蓝图来划分世界、组织世界、理解世界和表达世界的任务。这无疑蕴含着二语习得存在一个概念能力的发展问题。

第四章 语言概念能力理论模型

第一节 心理语言学所揭示的人的语言概念能力

人的语言概念能力首先可见于心理语言学家对言语产出过程概念合成环节的描述中。

言语产出与言语理解过程相对,是心理语言学研究的核心领域之一。众多的学者对言语产出的基本过程进行了探讨并提出了各种各样的理论模型。尽管不同学者所提出的言语产出理论模型各有侧重,彼此有很大不同,但大多数模型都认为话语的产生涉及三大类过程:概念合成(conceptualization)、形式合成(formulation)和发声(articulation)(e.g., Bock & Levelt 1994; Caplan 1992; Garrett 1976; Kempen & Hoenkamp 1987; Levelt 1989; Levelt, Roelof & Meyer 1999; Bock & Griffin 2000)。概念合成是前语词交际信息(preverbal message)的产生过程,它规定讲话者话语的基本内容,执行讲话者的交际意图。形式合成是根据概念合成环节所产生的前语词信息,从心理词库中提取相应心理词条,为话语构建句法和形态-语音结构的过程。发声则是以形式合成过程所提供的话语句法和形态—语音结构为基础,提取、执行相应发声计划,产生实际话语的过程。下边以影响较大、公认度较高的Levelt(1989)言语产出模型为例,重点对言语产出的概念合成环节进行阐述(见图4.1)。

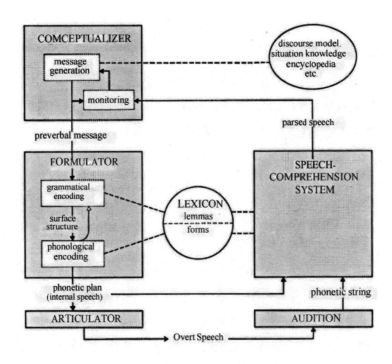

图4.1　言语产出模型（Levelt 1989）

图4.1假定言语产出过程共包括三个基本组件：一是概念合成器（conceptualizer），二是形式合成器（formulator），三是发声器（articulator）。这三个组件分别负责前语词信息的生成、句法和形态——语音结构（the syntactic and morpho-phonological structures）的构建以及发声计划的执行的功能。另外，该模型还假定，在言语产出的过程中，存在一个言语理解系统（speech comprehension system），用于对前语词信息的合成和实际外部言语的自我监控和调节。

Levelt's（1989）设想，概念合成过程是以讲话者大脑中的话语模型（discourse models）、情景知识（situational knowledge）和百科知识（encyclopaedia）等为基础的。离开了这些知识，概念合成将缺乏工作的条件和内容，产生前语词信息的功能将无从发挥。他认为，概念合成过程由宏计划（macroplanning）和微计划（microplanning）两个基本过程构成。宏计划的任务是先将交际意图（communicative intention）细化为一系列的次目标（subgoals），然后从意欲传达的信息中选择部分恰当的信息供言语表达，来实现这些次目标。Levelt认为,言语交际遵循着"以点带面"(pars-pro-toto)原则(Herrmann 1983),我们并不需要表达我们意欲传达的每一个细节信息来实现我们的交际目标,而只需要表达其中一小部分信息就可以了。他认为,交际双方是按照格莱斯所提出的合作原则中量的准则来进行交际的,讲话人总是意图在提供过量信息(overinformative)和不足信息(underinformative)之间求得一种平衡。对于那些属于交际双方共享知识、百科知识或话语模型因而可借此推断出的信息,讲话人不需要明言表达,他可以通过会话含义来传达。例如,给人指路,我们只需说"在前边教堂处右拐",而不需多此一举地说"在前边教堂处有一条岔路,在那儿往右拐",因为关于"教堂处有岔路"的信息是正常的听话人都能毫不费力地推断出的。除此之外,宏计划还负责对讲话者意欲表达的信息进行合理组织,即负责信息的"线性化问题"(linearization problem)。例如,对于以下两个命题:(1)SHE MARRIED和(2)SHE BECAME PREGNANT,表达上孰先孰后会让听话人做出不同的含义推断。宏计划将决定哪一个命题先表达,哪一个命题后表达:

She married and became pregnant.

She became pregnant and married.

Levelt认为,概念合成过程中的大多数注意力资源都耗费在宏计划上,因为选择要表达的信息意味着进行大量的心理计划、记忆搜寻和心理推断工作(1989:158),讲话者的注意力往复徘徊于这些工作和最后确定要表达的交际信息之间。

紧随宏计划之后的是微计划。微计划执行几个重要功能。第一个功能是为听话者标示话语指称物的信息地位(marking the information status of referents),即确定信息的"已知"(given)或"未知"(new),分派"话题"(topic)与"焦点"(focus)等等。第二个功能涉及信息的命题化(information propositionalization)和视角分配(perspective assignment)。Levelt认为,人有好几种心理语码(mental codes)或思维语言(language of thought），如空间表征、动觉表征（kinesthetic representations）、音乐表征、命题表征，等等。人可以根据任务的需要，在这几种心理语码之间进行自由转换，但是只有命题表征是类似自然语言的语义或概念性质的表征，它们可以用语言来表达。由于讲话者在很多情况下要传达的信息都是非命题格式的（如指路时的"空间—时间意向"），他需要将其转换为命题格式（propositional format），因而将非命题格式的信息命题化是微计划的一项基本功能。

与命题化紧密相连的功能是视角分配。根据Levelt的看法，讲话者出于自己的交际意图，不仅需要决定一个场景或事件中哪些要素需要表达，还需要决定哪些要素置于前景，哪些置于后台。换句话说，他需要给予一个场景中不同要素以不同的重要性、突显度或中心性（centrality）。以下面两组句子为例：

（1）a. Martin received the pen from Tanya.

b. Tanya gave the pen to Martin.

（2）a. I hit the stick against the fence.

b. I hit the fence with the stick.

（Levelt 1989：97）

第一组两个句子都表达了同一事件，但是所选择的视角却不一样。1-（a）是从接受者的角度来描述该场景，而1-（b）则是把施事作为出发点。第二组两个句子也类似，它们都是对同一场景的等效描述，但是2-（a）突显的是"我"（讲话者）和"棒"（STICK），而2-（b）突显的则是"我"（讲话者）和篱笆。

后来，Levelt（1999）用"视角化"（perspective-taking）术语代替了"视角分配"，但其基本含义仍然不变。他举了一个含有"一把椅子"和"一个球"的场景的例子来加以说明（如图4.2所示）：

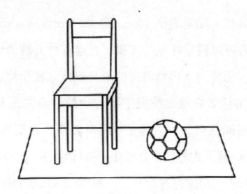

图4.2 椅子—球场景描述（Levelt 1999：79）

对于上述视觉场景，我们可以从不同角度进行描述。首先，如果我们采用指示参照系（the deictic system），即以讲话者为中心的相对参照系统（a speaker-centered relative system），则我们可以将椅子视作参照点（Levelt 称之为"相对物"，the relatum），从而将这一场景描述为：I see a chair and a ball to the right of it（我看到了一把椅子和一个球，球在椅子的右边）；如果采用相同的指示参照系但把球看作参照点，我们可以将这一场景描述为：I see a ball and chair to the left of it（我看到一个球和一把椅子，椅子在球的左边）。其次，我们还可以采用内在视角系统（the intrinsic perspective system），即认为椅子有一个内在的正面、背面、左面和右面，指称物的位置可以通过相关物的轴（the relatum's axes）来表达，则我们可以将这一场景描述为：I see a chair and a ball to its left（我看到一把椅子和一个球，球在椅子的左边）。另外，我们还可以采用绝对参照系（an absolute system），假定球和椅子根据某一固定轴（a fixed bearing）而恰好处在某一南北维度上，我们可以将这一场景描述为：I see a chair and a ball north of it（我看到一把椅子和一个球，球在椅子的北面）。

除命题化和视角分配两个功能外，微计划还负责为意欲使用的目标语言提取特殊的概念信息，如该语言时态系统所需要的时间信息（temporal information），以此保证微计划结果所产生的前语词信息能够满足具有语言特定性的形式合成器的要求。

可见，在Levelt看来，人的概念能力就是一种生成非语词的交际信息的能力,它主要由交际意图详述（communicative intention elaboration）、工具性信息选择（instrumental information selection）、信息线性化、非命题信息命题化、视角选择以及语言特定性信息提取等心理操作过程构成,其最主要的功能是生成一种能被形式合成器赋予语词结构（句法和形态—音位结构）即能用语词编码的概念信息（conceptual messages）,它解决的是话语生成过程中说什么、从什么角度说、按什么顺序说即话语内容的问题。相比之下,人的形式合成能力相当于人的一种特别的语词能力,它对非语言的概念信息进行编码,使讲话者的概念信息能够通过语词符号传达给他人,它所解决的是话语生成过程中以什么样的句法结构和形态语音结构来表达话语内容的问题。形式合成能力与概念能力紧密相连,但属于一种不同的能力,具有相对独立性。

第二节 认知语言学所揭示的人的概念能力

认知语言学是20世纪70年代末、80年代初兴起的一种语言流派,它选择从语言与认知的接口即概念层面来研究语言,其研究实践上的概念取向,从多个方面强调或揭示了人所具有的概念层面上的能力。这里主要讨论四种能力:范畴化、域映现、视角化和详略化。

一、范畴化

范畴化（categorization）是进化赋予动物的一种基本能力。几乎可以说,对于世界上的任何动物来说,范畴化活动都是不可避免的,即使是阿米巴虫也把它看到的东西分成食物和非食物两个范畴。就人而言,Lakoff & Johnson（1999）指出:"范畴化在很大程度上不是有意识的推理的产物,我们范畴化是因为我们拥有我们现今所具有的大脑和身体,是因为我们以已有的方式与世界打交道……它是我们的生物学结构的一个不可避免的结果"。认知科学研究表明,人的大脑有一千亿个神经元和一百万亿个突触联结。信息通常是通过相对较少的神经联结组从一个密集的神经元集群传达到另一个集群,在此过程中,分布在第一个神经元集群上的激活模式太过庞大,不可能在相对稀少的突触联结组上——对应地再现，因此，相对稀少的联结组就必然要对输入模式进行分组，然后映射到输出组群。一个神经元集群获得不同的输入，却提供相同的输出，这就是神经的范畴化。例如，人眼有一亿个感光细胞，但只有一百万条神经纤维通向大脑，因此每个进入大脑的意象就被简化了99%，这就是说，每根神经纤维上的信息大约是一百个神经细胞中的信息的范畴化。这种神经系统的范畴化在整个大脑中都存在，直至我们意识得到的最高层的范畴。这便是范畴化的神经基础。

认知科学还表明，只有一小部分范畴是靠有意识的范畴化活动形成的，而大多数则是自动、无意识地形成的。虽然人经常学到新范畴，但人不可能通过有意识的重新范畴化活动来大规模地改变自己的范畴系统。人没有、也不可能有意识地完全控制自己的范畴化的方式，即使我们自以为在有意识地形成新范畴。因此，范畴化堪称人的一种概念本能，它在日常生活中几乎不耗费多少生物成本。

二、域映现

域映现（domain mapping）是近年来认知语言学所揭示的人的一种重要的概念层面上的能力，无论是Lakoff（1987，1993）还是Fauconnier（1997），都将其作为其理论的一个核心概念。它包括"域"和"映现"两个子概念。

Langacker（1987：147）如此给"域"（domain）下定义："用于描述某一个语义单位的语境被称作域"（A context for the characterization of a semantic unit is referred to as a domain）。根据Langacker的观点，绝大多数概念都以别的概念存在为前提，否则这些概念将无法得到充分定义。以"指节"（knuckle）这个词为例。对【指节】（KNUCKLE）这个概念的定义预设存在指头。如果不唤起指头这个整体的实体形象，要解释什么叫指节几乎是不可能的。然而，一旦有了【指头】（FINGER）这个概念，【指节】的概念就可以得到简单明了地描述。可见，【指头】为描述【指节】提供了必需的语境，前者就构成后者的域。以此类推，[HAND]是[FINGER]的域，[ARM]是[HAND]的域，[BODY]是[ARM]的域。在所有的概念构成的概念复杂层级中（hierarchies of complexity），上一层级的概念都构成紧接它们的下一层级概念的域。Croft（2002：166）的定义也类似。他指出，域是指"为至少一个概念轮廓（concept profile）——通常是多种轮廓（typically many profiles）——充当基底的语义结构"。例如，"圆"（a circle）相对于"弧""直径""半径""弦"等概念是一个域；二维的空间（实际上是形状）相对于"圆"的概念是一个域。

Langacker区分基础域（basic domain）和抽象域（abstract domain）。基础域是不能化简为更为基础的概念结构的域。就上述例子而言，[BODY]就是一个基础域，因为[BODY]这个概念是三维空间里的一个构造（至少就形状来看是这样）。在Langacker看来，一个三维空间是不大适宜作为一个根据其他更基础的构想（conception）来定义的概念。相反，把一个二维或三维空间看作是根植于由人类有机体遗传所决定的物理特征的基本表征场（a basic field of representation），看作是属于人生而具有的认知装置（cognitive apparatus）的一部分，更为可信。与基础域相对，任何非基础域（non-basic domain），即为定义上一层级概念充当域的概念或概念复杂体（conceptual complex），都是抽象域。在Langacker的眼中，所有人类概念化都立足于基础域中，但是在大多数情况下，这种立足都是间接的，受到一系列中间概念的中介（being mediated by chains of intermediate concepts）。一个概念一旦是相对于一个基本域来做出描述的，该概念便为大量高一级概念的出现创造了潜力（creates the potential for an array of higher-order concepts），也就充当了它们的域；后边的这些概念反过来又为进一步的概念出现提供了域，如此无限类推下去。由此，抽象域包括各种错综复杂的概念复合体（intricately complicated conceptual complexes），它实际上就是一张彼此间由各种内部关系联系起来的一组概念实体或概念所构成的概念网络。Langacker（1987：150）就特别指出："抽象域在根本上相当于Lakoff（1987）所说的ICM（理想化认知模型）或其他人称之为框架、场景、图式或脚本（至少在某些用法上）的东西。" Y. Shen（1999）也认为，域和图式概念相当："'域'这一概念的主要特征……在于，它就是一种图式，即一种知识组织形式，其构成成分之间存在某种空间—时间相邻性，因而是通过因果、时间、题元和空间关系发生关联的。"（The main characteristic of the notion of "domain" … is that it is a kind of schema, namely, a knowledge-organization whose components have a certain spatio-temporal contiguity, and are therefore related via causal, temporal, thematic, and spatial relations.）Y. Shen以"*A plant stem is like a drinking straw*"一句中涉及的［DRINKING STRAW］（【吸管】）域为例，进行了阐述。这一域主要包括以下典型概念实体：'a drinking straw'，'the user of the drinking straw'，'the liquid being used，'the receptacle from which the liquid is drawn'，等等。这些实体相互间通过诸如因果、空间和题元关系关联在一起。比如，吸管使用者和吸管之间存在题元关系；容器与吸管之间以及液体和容器之间存在空间关系；吸管使用者和液体之间存在因果关系。此外，该域还包括吸管的某些非关系性特征，譬如吸管是管状的、很薄，等等。这种知识结构被认为是以命题形式表征的，它由类似"吸管是管状的""吸管很薄"这样的谓词和论元所构成的一组命题组成。总之，Y. Shen所描述的域的每一个细节都和图式相当。除此之外，域也被认为涉及意向图式（image-schema）。比如，Lakoff & Johnson（1993：215）所揭示的概念隐喻的实质是"将源域的部分意象图式结构投射到目标域"，如［JOURNEY］域就包含一个路径图式，如果将这一域的图式结构投射到［DEATH］域，则可以产生这样的表达：*He passed away/departed*。简言之，域是一个由各种概念实体及其关系所构成的概念结构体，是人脑中的一种知识组织形式。

映现（mapping）原本是指称两个集合之间对应关系的一个数学术语，即将一个集合中的元素一一分派给另一个集合中的元素，使其对应。从这一基本含义出发，认知语言学家借用这一术语来描述人的一种认知操作能力，即将一个认知域的结构投射到另一个认知域上，以便用前一个认知域来组织和理解后一个认知域。它被视作是人的隐喻能力和转喻能力之源。Fauconnier（1997：1）明确指出，"域之间的映射处于产生、转移和加工意义这一人类独一无二的认知官能的核心"（"mapping between domains are at the heart of the unique human cognitive faculty of producing, transferring, and processing meaning"）。Fauconnier（1997：9-11）区分了三种类型的映现。第一类是投射映现（projection mappings），其含义是将一个域的部分结构投射到另一个域，大多数隐喻映射都属于投射映现。第二类是语用功能映现（pragmatic function mappings），其含义是一般相当于两个范畴的客体的两个相关域通过一种语用功能映现到彼此之上。例如，机构与他们所占据的建筑匹配，顾客与他们所点的食物匹配。Fauconnier认为，转喻映现就属于语用功能映现。第三类映现是图式映现（schema mappings）。这类映现是指运用一个一般性的图式、框架和模型来对处于某一语境中的情景进行组织（a general schema, frame, or model is used to structure a situation in context）。Fauconnier认为，Lakoff's（1987）提出的概念化认知模型（ICM）起着组织我们知识基础（organize our knowledge base）的作用，就是一种形式的图式映射。

域映现作为人的一种概念性能力，其重要性不仅为认知语言学家所承认，也为认知心理学和认知人类学家所承认。最近的神经生物学也强调，不同脑区在物理层面上的各种映现与关联是十分重要的。

三、视角化

"perspective"（视角）一词源于拉丁词"perspectiva"，其含义是"透视"（looking through）。作为一个专用术语，它是从艺术理论尤其是绘画理论借过来的，意指"一种用于在二维平面上表征三维世界的纯几何程序"（Kubovy 1986：21），或一种根据某一视点的观察结果来表征物体的艺术（the art of representing objects as they appear to an observer seen from a particular vantage point）（汪少华 2004）。以后，这一术语广泛应用于心理学、社会心理学、现象学、叙事学等领域，并获得了不同的含义。根据Uspensky（1973）所做的梳理，这一术语至少包括四个层面的含义：

（1）时—空视角：呈现故事的时—空源头，可以是属于某一人物的立场，也可以是外在于某一人物的立场。

（2）心理视角：相当于内、外部视角的差别，即人物的经验是否从人物自己的意识内部来呈现，或者该人物是否从外部来观察。

（3）意识形态视角（The ideological perspective）：对世界做概念观察的一般系统，或者借以呈现故事的观点和价值观系统。

（4）措辞学视角：对标识不同讲话者的言语风格进行区分，借此演绎出参与某一事件参与各方之间的关系。

（转引自 汪少华 2004）

在语言学中，"视角"这一概念也被赋予了多种含义。在传统语言学理论里，视角是在硬性语言限制条件（hard linguistic constraints）获得满足后而发生作用的次级语用过滤器（pragmatic filter）（Kuno 1987）。在心理语言学中，视角分配（perspective assignment）被看作是言语产出概念合成环节微计划不可或缺的一部分（如前所述）。近年来，随着认知语言学所倡导的语言分析的概念研究法（the conceptual approach to language analysis）的广泛采用，视角化（perspectivization，或者perspective taking）被看作是人的一种基本认知操作能力，体现了"人是万物的度量""全世界都在观察者眼中""人永远不能以完全的中性来看待、描绘一个情景""视角化是语言表达和高级认知的核心"等理念（汪少华 2004），因而获得了前所未有的重要性。

Talmy（2000a：68）给视角化下的定义是：关于何处放置"心理之眼"（mental eyes）进行观察（look out）。目前，认知语言学文献中有关视点选择、心理扫描、图形/背景分配、视角模式选择等论述均可看做属于人的视角化能力。

（1）视点选择（choice of vantage point）

视点是指人观察某一场景的立场。Langacker（1987，1991，1999）认为，人具有从心理上转换或变换视点的能力。他说，"在为语言表达目的而识解一个场景的过程中，讲话人可以不管他实际的视点如何，而对不同视点情况下场景所呈现的样子进行概念化，并做相应描述。"（1987：140）例如，某一位讲话人在上海给一位北京的朋友打电话，他既可以以自己实际所处的位置（上海）为参照点，对朋友说："I will go to Shanghai tomorrow"，也可以以听话人所在的位置（北京）为视点，对朋友说："I will come to Shanghai tomorrow"。再如下面两个句子：

1. a. Smoke slowly filled the room.
   b. The room slowly filled with smoke.

它们描述的都是同一情景，然而，对于（a）句，观察者似乎是骑坐在不断上升的烟雾顶端看烟雾逐渐弥漫整个房间；而（b）句，观察者似乎是从某一个固定位置，比如房间的后面，看烟雾慢慢弥漫整个房间。

除Langacker外，Talmy（2000a，b）也谈及了视点选择问题，不过他采用了一个不同的术语：视角定位（perspectival location）。Talmy举的例子如下（2000a：69）：

2. a. The lunchroom door slowly opened and two men walked in.
   b. Two men slowly opened the lunchroom door and walked in.

2-（a）句预设了视角点存在一个内部位置（interior positon），从这一位置讲话人无法看见开门把手（door-opening initiators），而2-（b）句则预设视角点存在一个外部位置（exterior position），从这个位置讲话者既能看见开门的把手，也能看到这两个人。

（2）心理扫描（mental scanning）

心理扫描的概念由Langacker（1987，1991，1999）提出，他认为，我们能够在一个复杂结构中追溯出一条路径。我们既能够按照顺序扫描一个静态结构（比如，从城镇的一部分追溯一条最近的路线到另一部分），也能够以整体的、概括的方式观察一个变化的情景（比如，我们可以将一个移动物体所经历的连续位置概括起来，将它们看作有特定"形状"的类似路径的实体）。试看下面两个句子：

3. a. These two nerves converge just below the knee.

   b. This nerve diverges just below the knee.

两个句子描述的都是同一客观静态情景，但3-（a）句子追溯的是一个内向的心理路径，即从边缘系统到中枢神经系统；而3-（b）句子追溯的则是一个外向的心理路径，即从中心到边缘。再看下面两组句子：

4. a. The scar extends all the way from his wrist to his elbow.

   b. The scar extends all the way from his elbow to his wrist.

5. a. As body size increases, there are fewer distinct species.

   b. As body size decreases, there are more distinct species.

（Langacker 1999：89）

以上两组句子中的（a）、（b）两句描述的都是讲话人对同一静态情景的心理扫描，该场景中事实上没有移动或变化的东西。两句的语义差异仅在于讲话者追溯心理路径的方向不一样。

（3）图形/背景分配

图形/背景原本是完型心理学的基本概念，Langacker（1987：120）将其引入语言研究。他宣称，图形/背景组织是认知操作的一个根本特征。所谓"图形"是指一个场景中被感知为"凸显"的次结构，所谓"背景"是指一个场景中除去凸显次结构之外的剩余部分。Langacker认为，图形具有特别的显著度，是组织一个场景的轴心实体（pivotal entity）。对同一个场景，可以选取不同的图形成分来加以组织。例如：

6. a. The cat is under the blanket.

   b. The blanket is over the cat.

6-（a）和6-（b）两个句子描述的是同一场景，但6-（a）选取的是图形成分是"the cat"、背景成分是"the blanket"，前者是以后者来定位的；而6-（b）则刚好相反，它选取"the blanket"做图形成分，而选取"the cat"作背景成分。

Talmy（2000a）也讨论了图形/背景分配问题，他对图形和背景做了宽泛定义：图形是指需要锚定的概念（the concept that needs anchoring），背景是指锚定别的概念的概念（the concept that does the anchoring）。以此为基础，他不仅用这对概念来定位处于空间位置的客体（如上述Langacker的论述），也用于定位处于时间、因果关系等方面的事件。引用Talmy（2000a：311）自己的话来说："这对概念可以是运动或位置事件中发生空间关联关系——因而在同一小句中被表征为名物成分——的两个客体，也可以是在时间、因果或其他情景类型中发生关联关系——因而在一个复杂句中被分别表征为主句和从句——的两个事件。"试看下边两个例子：

7. a. He exploded after he touched the button.

   b. He touched the button before he exploded.

7-(a)将"按键"事件作为背景，即将其设定为一个固定、已知的参照点，而将"爆炸"事件作为图形，即依据它与另一事件的关系来确定这一凸显事件的时间位置。7-(b)的分配则刚好相反，即将按键事件作为图形，而将爆炸事件作为背景。

（4）视角模式选择（perspective mode）

Talmy（e.g. 2000a，b）最早提出视角模式这一概念。根据他的定义，视角模式是指由视角游动性（perspectival motility，即某一视角点是静止的还是运动的）、视角距离（即某一视角点对于某一关注实体的位置是远距离、中等距离还是近距离）以及注意范围所构成的复杂构造体（a complex configuration）。Talmy（2000a：70）区分了两大类视角模式：

A. 纲要模式：采取静态的远距离视角点和全局注意

B. 顺序模式：采取移动近距离视角点和局部注意

Talmy认为，不同类型的指称情景（referent situations）可以倾向于与一种或另一种视角模式发生关联。尤其是，一方面，某一个静态情景与认知该情景的纲要模式之间倾向于存在一种基本联系，另一方面，某一个渐进情景与认知该情景的顺序模式之间倾向于存在一种基本联系。请看Talmy（2000a：71-72）所举的以下4组例子：

8. a. There are some houses in the valley.

   b. There is a house every now and then through the valley.

9. a. All the soldiers in the circle differed greatly from each other.

   b. Each soldier around the circle differed greatly from the last/next.

10. a. The wells' depths form a gradient that correlates with their locations on the road.

    b. The wells get deeper the further down the road they are.

11. a. I took an aspirin time after time during the course of last hour.

    b. I have taken a number of aspirins in the last hour.

（Talmy 2000a：71-72）

8-（a）和8-（b）两句描述的是同一静态场景，即几座房子散布在山谷中，但8-（a）采取的是纲要认知模式，而8-（b）采取的是顺序认知模式。9-（a）和9-（b）的情况也类似，其差别也在于9-（a）采取了纲要认知模式，而9-（b）采取了顺序认知模式。10-（a）体现了静态整体的认知模式，10-（b）体现了运动顺序的认知模式。11-（a）和11-（b）也分别例示了同一基本顺序指称物既可以用常规的顺序视点表征模式来表征11-（a），也可以选用纲要式的全局视点模式来表征11-（b）。

四、详略化（schematization）

详略化是人的一种重要概念操作能力，许多认知语言学者都论及了这一能力。Langacker（1987）就提出，语言提供了多种备选表达方式，适宜对各种构想情境（conceived situations）进行不同详细程度的编码，以使讲话者可以剔除掉与特定场合无关的细节。他给详略化下的描述性定义为：按照不同详尽程度和细节构想情境的行为（the act of "conceiving of situations with varying degrees of specificity and detail"）（1999：2）。Talmy（2000a）也做了类似界定：详略化是"系统选择指称场景（a referent scene）的某些方面来代表整体而不管剩余方面的过程"（a process that involves the systematic selection of certain aspects of a referent scene to represent the whole, while disregarding the remaining aspects）（*p.*177）。事实上，文献中早有学者提及言语表达的一个重要特点就是遵循"以点代面"（pars pro toto）原则，即人们既不可能也无必要提及意欲传达的每一个细节。例如，Hermans（1998）就对"所意谓的"（what is meant）和"实际说出的"（what is said）做了区分。他把"所意谓的"称作话语的"命题基块"（the propositional base，PB），而把"实际说出的"称作话语的"语义输入"（the semantic input，SI）。他认为，当讲话者产生一句话语的时候，他必须首先将PB转换成SI，以保证后续的语词编码过程能顺利进行。然而，讲话者可以只选择他的命题基块（PB）的一小部分作为语义输入（SI）。用Hermans（1998）自己的话来说："从PB到SI的过渡涉及从整个PB中选取某一部分内容。讲话者在试图传达他的意思的过程中，他总是只说出他心里想到的一部分内容：他按照以点带面来说话。"（*p.*38）试用一个例子来对此进行阐述。设想有一位讲话人，他想让他的一位朋友Willy明白他对一名叫Irene的年轻女士很恼火，而Irene是Otto的女朋友。讲话者想达到他的目标，但同时又不想让自己丢脸。故事背后的内容是：Otto和Irene在恋爱，Willy与Irene在同一家公司上班，Irene是一个很漂亮的金发女郎，她讨厌讲话人。但讲话人想赢得她的喜欢，他试图引诱她，但都失败了；因此他对她感到恼火……（这里的肥皂剧还可继续下去）。讲话人为了实现他的目标，于是启动了由以上心理内容构成的命题基块（PB）。然而，他却不能把所有PB的内容都作为SI，因为这意味着他要说出以下全部的话：*Otto has a girlfriend. She is Irene. Otto is in love with Irene, and Irene is in love with Otto. Irene is a pretty blonde. And… Irene and you are both employed by firm X. And… because I want Irene to love me, and because Irene hates me because I tried in vain to seduce her, I am annoyed with her.*

And... 相反，他只需选择PB中的一小部分内容说出来即可，譬如，直接说：I am annoyed with Irene，或者以一种自嘲的方式间接地说：Pretty Irene hates me。

除Hermann外，Dirven & Verspoor（1998）也注意到语言表达中的"详略化"这一普遍特征："当我们描述一个事件时，没有必要对所有可能的人物、事情或细节都提及。相反，我们只需选择当时对我们最突显的元素。整个事件与我们用以描述该事件的句子之间的关系是一种过滤掉所有不重要元素而只聚焦于一个、两个或三个参与者的一种方式。"（p.81）

另外，Talmy（2000a）也对详略化进行了深入论述，只不过他采用的术语是"注意力视窗"（attentional windowing）。Talmy指出："语言可以通过明晰地提及某一指称情境（referent situation）的一部分而将其置于注意的前台，通过不提及该情境其余的部分而将其置于后台"（Talmy 2000a：257）。他将贯通的指称情境称作事件框架（event frame），将通过包括进来而置于前台的部分称作"被视窗化"（being windowed），将通过排除在外而置于背景的部分称作"被注意遗缺"（being gapped）。Talmy列举了五种类属视窗类型（5 generic types of windowing）：路径视窗（path windowing）、因果链视窗（causal-chain windowing）、相视窗（phase windowing）、参与者互动视窗（participant-interaction windowing）以及相关关系视窗（interrelationship windowing）。下边仅以路径视窗为例来阐述Talmy的详略化思想：

The crate that was in the aircraft's cargo bay fell –

a. 给予所构想的整个路径最大的注意视窗

—*out of the plane through the air into the ocean.*

b. 给予路径的一部分以注意遗缺

　i. 中间遗缺 = 起始 + 末位视窗

　—*out of the plane into the ocean.*

　ii. 起始遗缺 = 中间 + 末位视窗

　—*through the air into the ocean.*

　iii. 末位遗缺 = 起始 + 中间视窗

—*out of the airplane through the air.*

c. 给予路径的一部分以注意视窗

　i. 起始视窗＝中间＋末位遗缺

　　—*out of the airplane.*

　ii. 中间视窗＝起始＋末位遗缺

　　—*through the air.*

　iii. 末位视窗＝起始＋中间遗缺

　　—*into the ocean.*

（Talmy 2000a：266）

以上三组句子描述的都是同一事件场景，但他们采取了不同的详略化方式。（a）句中，路径的所有三个组成部分即起始段、中间段和末位段都进入了注意视窗，因而它们都被言语所表达；（b）中的三个句子，每次只有任意两个路径组成部分进入注意视窗——或者是起始段和末位段，或者是中间段和末位段，抑或者是起始段和中间段——因而每次只有两个组成部分获得了言语表达的机会；（c）中的三个句子，每次只有一个路径组成部分进入注意视窗——或者是起始段，或者是中间段，抑或者是末位段——因而每次只有一个组成部分得到了言语表达的机会。

第三节　第二语言习得界对概念能力的探讨

在第二语言习得界，也有学者注意到了语言概念能力问题。例如，加拿大多伦多大学M. Danesi教授很早就论及了二语习得中的"概念流利性"问题，后来他直接提出了"概念能力"的概念。在国内，戴炜栋、陆国强两位先生2007年在《外国语》（第3期）也发表了题为《概念能力与概念表现》的论文，涉及了语言能力的概念维度问题。此外，蒋楠（2004）也间接提到了二语学习中的概念能力问题，他说，学习二语关键是掌握目标语的概念系统的运作方式。下面着重介绍Danesi的思想。

一、对"概念流利性"的论述

20世纪80年代以来,不少研究表明,我们日常概念中,相当一部分概念的表征受到了隐喻的制约。人类心智至少有一部分是设定要以隐喻方式进行思维的(... at least a certain portion of the human mind is programmed to think metaphorically)(cf. Danesi 1991; Johnson 1990; Lakoff & Johnson 1980)。基于这些认识,Danesi(1992)类比"语法能力"(grammatical competence)和"交际能力"(communicative competence)提出了"隐喻能力"(metaphorical competence,MC)的概念。他认为,隐喻能力是本族语者讲话的一个基本特点,本族语者总是以隐喻的方式来组织自己的话语。不仅如此,整个人类交际都离不开隐喻能力,如果人们局限于严格的字面语言,交际即使不被终止也会受到严重削弱(if "people were limited to strictly to literal language, communication would be severely curtailed, if not terminated", Winner 1982: 253)。就二语(包括外语)学习而言,隐喻能力也是学习者必须掌握的一种能力。学习者缺乏隐喻能力,就会造成其"外语表达没有什么错误,也可以接受,但却缺乏本族语者的地道性"(results in a nonnative-like production which is usually good and understandable but lacks the idiomaticity of native speaker language production, Kecskes 2000: 147)。由于隐喻能力是一种概念层次上的能力,Danesi(1992)在此基础上提出了"概念流利性"(conceptual fluency)的概念。所谓"概念流利性"是指"懂得目的语是如何按照隐喻的组织方式来反映概念或对概念进行编码的"(knowing how the target language reflects or encodes its concepts on the basis of metaphorical structuring)(Danesi 1992: 490,转引自Kecskes 2000: 148)。在2000年出版的 *Semiotics in Language Education* 一书中,Danesi进一步将"概念流利性"界定为一种把语言的表层结构和其底层的概念结构连接起来的能力(the ability to interconnect the surface structure with its underlying conceptual structure, Danesi 2000: 13)。他认为,概念流利性与"语词流利性"(verbal fluency)相对。"语词流利性"是指讲话人对表层结构的控制能力,也即我们常说的"语言能力"(linguistic competence)和"交际能

力"（communicative competence）。

　　Danesi（2000，2003）还将概念流利性与第二语言教学界当前的"第二语言教学困境"（SLT dilemma）联系起来。他认为，一百多年来，学界对课堂环境下二语习得的研究、对教学本身各个方面的探索，不可谓进步不大，但学习者在经过多年的学习之后，却始终无法达到一个满意的水平，其开口讲话总是缺乏本族语者话语中明显具有的那种地道性和自然性（2003：3）。究其原因，主要是二语学习者无法做到其由二语词语和句子构成的表层结构与其底层的概念结构完全吻合，他们往往讲出语法正确而"语义怪异"（semantically anomalous）的表达。从教学的角度来看，这主要归结于第二语言教学界长期以来只重视从语词流利性的角度解决二语教学中的实际问题，而很少考虑从概念流利性的角度来改进二语教学（Danesi 2000：13-14；2003：61）。Danesi的概念流性思想得到了相当一部分学者的赞同和支持，如Radden（1995），Valeva（1996），Kovecses & Szabo（1996），Kecskes（2000），Kecskes & Papp（2000），等。

二、对"概念能力"的论述

　　基于"概念流利性"思想，是Danesi教授2003年在其新著 *Second Language Teaching: A View from the Right Side of the Brain*（2003）中明确提出了"概念能力"这一概念。Danesi认为，人主要有三方面的关于语言的能力，即语言能力、交际能力和概念能力。语言能力（linguistic competence）是关于语言系统本身的知识（knowledge of the language system in itself），它包括各种次能力（subcompetencies），主要是词汇语义、句法、形态、音系和书写（graphological）等能力；交际能力是以适当方式将语言结构和范畴应用于交互性和表征性情境中的能力（the ability to apply the language structures and categories to interactional and representational situations in an appropriate manner），它包括语用、策略和语体（stylistic）等次能力（Danesi 2003：73-74）。至于概念能力，Danesi（2003）的界定是：概念能力是为建构可以以任

何恰当的句法和形态形式呈现的、具有文化适宜性的交际信息而将概念语词化的能力（Conceptual competence is the ability to verbalize concepts so as to construct messages that have a culturally-appropriate structure, no matter what suitable syntactic or morphological form they assume. *p.*75）。

Danesi认为，概念能力包含三种主要的次能力，即原形式能力（metaformal competence）、反射能力（reflexive competence）和联想能力（associative competence）。原形式能力是指在讲话中恰当使用目标语概念系统的能力（the ability to use the conceptual system of a language appropriately in speech）。反射能力是将概念转化为语言（句法、形态等）范畴的能力（the ability to transform concepts into language categories（syntactic, morphological, etc.））。联想能力是关于如何将一定文化中的概念相互联系起来的知识（knowledge of how concepts are interconnected to each other in cultural terms）。Danesi以时间隐喻为例对这三种概念次能力进行了说明。设想一个人说出了I have spent too much time on that project这样一句话。该句话表明说话人使用了以下隐喻概念[①]：time is money。这里，time is money就是"原形式"。原形式实际上是隐喻概念存在的概括、抽象的形式。由于同样的隐喻概念，讲话人可以根据情境的需要，以不同的语言选择（linguistic choices）来进行编码，这就涉及了"反射能力"。例如，反射能力可以让我们将time is money这一隐喻概念"反射"（reflexivized）为：

动词形式：I have spent too much time on that project.
形容词形式：His time is valuable.
名词形式：What's the price to be paid for her time?

联想能力是我们所具有的由一种原形式联想到另一原形式的能力。就本例而言，联想能力让我们可以由time is money这一原形式联想到time is a valuable commodity这一原形式，还可以由此联想到英语文化里更多的有关时间隐喻的其

[①] 相当于认知语言学者所说的"概念隐喻"（conceptual metaphor）。

他原形式。

  Danesi 将概念能力置于"语言水平"（proficiency in language）下的一个次能力。他认为：语言水平是一种整体能力，是以综合和相互依存的方式（in an integrated, interdependent fashion）对概念能力、语言能力和交际能力的使用。具体而言，概念能力蕴含知道在给定的交际情境下"说什么"，交际能力蕴含对具体交际情境做出判断并知道如何以语词的方式作出回应，语言能力则蕴含知道如何以目标语言提供的语言形式将相关交际信息化为语言现实。

  Danesi 对概念能力的论述也见于他提出的"概念化原则"（the conceptualization principle）中：当学生独立地产生二语交际信息时，他们倾向于按照母语概念系统来"思考"交际信息。其结果导致所产生的交际信息在结构上是意大利语、法语、西班牙语等（二语）性质的，但在概念结构上确是英语（母语）性质的。...（When students create an SL message on their own, they tend to "think" the message out in terms of their NL conceptual system. The result is a message that is structurally Italian, French, Spanish, etc.（the SL）, but conceptually English（the NL）...）（$p.61$）。换句话说，概念能力实际上也是一种"概念化能力"，是指按照目标语概念系统的运作要求产生交际信息的能力。

  可见，Danesi 对语言能力作了新的划分，不仅包括语词能力，还应包括概念能力，这一思想对包括二语习得在内的整个语言学研究意义是十分重大的。首先，语言的本质特征是否就是人们一般认为的语音、形态、句法、语义以及语用层面上的问题，它是否还与概念层面有关？其次，就对二语习得的启发而言，它引发了我们对二语习得的深入思考：二语习得的实质究竟是什么？它究竟蕴含一个怎样的内在过程？这一过程到底包括哪些方面？除了习得目标语的语法、词汇、语义系统之外，还有什么需要习得？当然，我们认为，Danesi 对语言概念能力的探讨还只是初步的，他既未从语言的本质属性的角度来论证语言概念能力构想的合理性，也未从跨学科视野来对这一能力进行理论构拟。

第四节　语言概念能力理论模型

前两节追溯了语言学对语言概念能力的研究情况。从言语产出的心理过程看，语言概念能力是概念合成器的基本功能，它是一种前语言心理过程，旨在生成能被形式合成器赋予语词结构的概念信息（conceptual messages）。如果将形式合成器生成句法、形态—音位结构的能力看作人的语词能力，则语言概念能力是人的一种与语词能力互补并行的深层语言能力。从认知语言所揭示的人的一般语言使用过程来看，语言的使用牵涉了大量非语词层面的心理认知操作过程，如范畴化、域映现、视角化、详略化，等等。这些语词表达背后的心理认知操作过程，不仅是语言表达的必经心理步骤，还直接影响语言表达的内容和方式，因此它们可视作人的语言概念能力的内在机制。

综合来自心理语言学和认知语言学的上述认识，结合语言的认知工具功能（前章所述），我们认为语言概念能力本质上是一种概念化能力（conceptualizing capacity），是语言使用者对意欲表达的内外部经验进行各种裁剪、识解，为话语表达确定概念内容、为外在语词结构（即句法、形态—音位结构）提供内在概念结构的心理过程，是一种与语词能力并行却紧密相连的能力。具体而言，语言概念能力可界定为：

> 语言概念能力是言语主体运用所掌握的认知域资源及词汇概念资源，通过域映现、视角化、详略化、范畴化等心理操作过程，对意欲表达的内外部经验进行解读，将其转换为可用语言编码的概念结构的心理过程。

对语言概念能力的这一界定可图示（图4.3）如下：

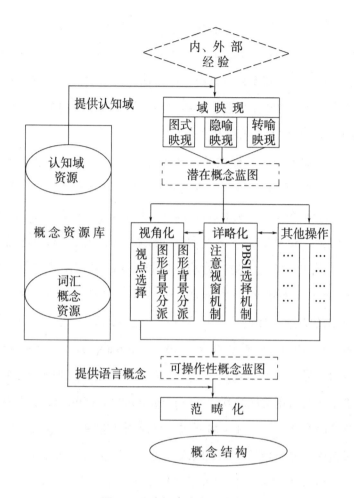

图4.3 语言概念能力理论模型

根据图4.3，言语主体在大脑中构建了一个庞大的概念资源库，它包括两部分资源。一是认知域（cognitive domain）资源，二是语言词汇概念资源。前者是言语主体基于生活经验所建构的一种概念结构网络，是一种关系结构体，相当于Langacker所说的抽象域或者认知心理学家所说的图式、场景、脚本等，代表着人解读经验世界（内外部经验）的潜在概念蓝图，属于一种关系资源。词汇范畴资源是个体所建构的关于世界客体、事件、关系、特征等的概念表征，相当于Langacker所说的基础域（basic domain），它为认知域关系结构体提供概念实体支持，是运用认知域解读经验世界的实体资源。这两种认知资源都属于言语主体认知结构的一部分（见后文论述），它们构成言语主体语言概念能力（简称"概念能力"）的知识基础（与"操作程序"基础相对，见后文）。

除知识性的概念资源库外，言语主体还拥有运用知识概念资源对内外部经验材料进行加工的心理操作机制。这些机制包括域映现、视角化、详略化、范畴化以及其他尚待研究的有关机制。

域映现以认知域资源库提供的认知域为基础，旨在对言语主体所获得的各种内外部经验进行解读和阐释。所谓域映现是指将所选择的认知域的概念结构关系投射到目标经验上，赋予目标经验一定的结构和意义，以识解杂乱、无意义的目标经验。也就是说，域映现是为经验识解提供一幅概念蓝图。域映现有三种基本形式，图式映射、隐喻映射和转喻映射。图式映射，借用前述Fauconnier（1997）的定义，就是运用一个一般性的图式、框架和模型来对处于某一语境中的情景进行组织，其特点是不进行跨域映现。隐喻映射相当于前述Fauconnier（1997）的投射映现（projection mappings），是指将一个域的部分结构投射到另一个域，它是一种跨域映现。转喻映现则相当于Fauconnier（1997）所定义的语用功能映现（pragmatic function mappings），它是指将相当于两个范畴的客体的两个相关域通过一种语用功能映现到彼此之上。每一种映现方式又包含多种备择的实际域映现可能性。以隐喻映现为例，表达"思维活动"这一人的内部经验，我们可以选择【运动】（MOVING）、【感知】（PERCEIVING）、【操作】（MANIPULATION）等多个备选域来映现。当然，这可能会导致不同的最终话语表达：You're going too fast for me; I can't follow you./I don't see what you are saying/I don't get/grasp your idea。可以设想，言语主体所拥有的认知域的贫乏与丰富程度会直接影响映现的方式。认知域越丰富，备选的空间就越大，可能性就越多。但是，无论是哪种映现，我们设想其结果都只是为识解目标经验提供了一种潜在的概念蓝图（conceptual blueprint potential）。成功识解目标经验需要一种可操作性的概念蓝图（operational conceptual blueprint）。这就涉及视角化、详略化等进一步的心理操作机制。

视角化、详略化从话语产生的进程来看，其最核心的功能就是对域映现所提供的潜在概念蓝图进行限制和修正，使其成为实际的可解读目标经验、产生适合话语意图的可操作性概念蓝图。视角化包括视点选择与心理扫描、图形/背景分派、纲要/顺序视角模式选择等次级心理操作，其作用是决定以何种方式组织要表达的目标经验成分。详略化则包括Talmy（2000a，b）所说的注意视窗机制和（Herrmann 1983）所说的PB/SI选择机制（这两个机制可能是重合的，姑且视作两个不同的机制），其作用是决定哪些目标经验成分需要表达、哪些不表达。我们设想，视角化和详略化是以并行方式运作的，可能不存在孰先孰后（或其运作的先后是依实际的情形而定的），而且相互间可能还存在反馈（图4.3中双向箭头所示）。另外，除视角化和详略化之外，可能还存在一些未知的心理操作，才能将潜在概念蓝图转化为可操作性的概念蓝图。不过，在实际的运作中，究竟需经过多少操作过程才能将潜在概念蓝图转化为可操作性的概念蓝图，可能会因目标经验、话语意图而异，即需视实际情况而定。

可操作性概念蓝图一旦确定，便可进入下一个心理操作过程，即范畴化。范畴化以词汇概念资源库提供的词汇概念为基础，它是可操作性概念蓝图的实现或执行机制。具体而言，这一机制依据可操作性概念蓝图中所包含的概念结点将目标体验中的相应成分转化为概念实体，并进而依据可操作性概念蓝图所设定的概念结点关系将这些概念实体结成关系网络，使之成为一种概念结构。由于语词概念一种语言长期历史积淀所产生的，一方面，它契合着本语言识解世界的整体概念蓝图以及识解世界各部分的局部概念蓝图；另一方面，它也承载着能被用以组成本语言合格句法关系和形态—音位关系的句法以和形态—音位信息。换句话说，以语词概念为基础的范畴化机制，不但使经验成分成功转化成了概念实体，也确保这一机制所生成的概念结构能被赋予句法和形态—音位结构，即能被语言编码。

试以英语句子 *These two nerves converge just below the knee* 的生成为例，来说明上述概念能力的心理操作过程。

设想一名医学专业的学生在老师的带领下正在学习人体神经分布。他突然发现了一个特殊的神经走向：有一根发端于头部的神经在膝盖处开始往左右两边分叉。且看这名学生如何用语言向老师汇报他的发现结果。首先，他获得的是一种"感知经验"（perceptual experience），这种经验在"神经""分叉""膝盖"等概念以及这些概念的结成的关系网络介入前对他来说是杂乱、无意义的。为此，他从自己的认知域资源库中选择[BIFURCATION CONFIGURATION]（分叉构造）域，并将其投射到自己的感知经验上。由于[BIFURCATION CONFIGURATION]只是一个一般性地图式或框架，该投射是一种图式映现。图式映现使杂乱、无意义的感知经验获得了按以下方式组织的可能性：

（1）概念结点：NERVE，(plural)'-S'，THESE，CONVERGE，TWO，JUST，THE，BELOW，KNEE，……

组织方法：HESE-TWO-NERVE-(plural)'-S'-CONVERGE-JUST-BELOW -THE KNEE- ……

（2）概念结点：NERVE，THIS，DIVERGE，(third person singular)'-S'，JUST，THE，BELOW，KNEE……

组织方法：THIS-NERVE DIVERGE-(third person singular)'-S'-JUST- BELOW-THE-KNEE ……

（3）概念结点：……

组织方法：……

以上组织方式代表的就是潜在的概念蓝图，符号"……"表示该潜在概念蓝图还包括了更多的概念结点和概念结点关系。为使此潜在概念蓝图变得具有可操作性，这名学生便启动进一步的心理操作机制对其进行限制和修正。设想，他启动了视角化操作程序。以上，（1）和（2）分别代表了一种由边缘到中枢（即由外到内）的心理扫描视角和一种由中枢到边缘（即由内到外）的心理扫描视角。视角化的结果是使该学生选择了（1）所表示的内向视角。由此潜在概念蓝图被修正为：

概念结点：*NERVE*，(*plural*)*'-S'*，*THESE*，*CONVERGE*，*TWO*，

JUST, THE, BELOW, KNEE, ……

组织方法：HESE-TWO-NERVE-（plural）'-S'-CONVERGE-JUST-BELOW -THE KNEE- ……

由于这一概念蓝图仍然预设了无限的概念结点及其关系，比如神经的大小、长度、形状、颜色、位置深度、功能、与相邻神经的距离，等等，该学生必须启动进一步的心理操作程序，以对此概念蓝图做进一步的限制和修正。设想详略化心理操作程序使他略去了概念蓝图预设的其他大量细节，最后只选择了以下三个方面的概念结点及其关系：（1）分叉的神经数目，（2）分叉的特征，（3）分叉的位置。由此，他获得了具有可操作性的概念蓝图：

概念结点：NERVE,（plural）'-S', THESE, CONVERGE, TWO, JUST, THE, BELOW, KNEE

组织方法：THESE-TWO-NERVE-（plural）'-S'-CONVERGE-JUST-BELOW -THE KNEE

接下来，他根据这一概念蓝图所设定的概念结点，从词汇概念资源库中提取相应词汇概念，启动范畴化心理操作机制，将他所获取的感知经验中的相关成分转化为概念实体，在此基础上，进一步依据该概念蓝图所设定的概念结点关系，将这些概念实体结成关系网络，形成概念结构：THESE-TWO-NERVE-（plural）'-S'-CONVERGE-JUST-BELOW -THE KNEE。该概念结构再经过句法和形态编码，最终形成句子：*These two nerves converge just below the knee*。

以上语言概念能力理论构想遵循了以下基本观点或前提假设：

（1）言语交际受言语主体内、外部经验驱动，以其内外部经验为表达内容。

（2）言语主体获得的内外部经验初始时是杂乱、无序、无意义的，需要识解。

（3）经验无法直接用语言来表达，它需经一定的心理操作程序转换成概念结构才能最终被言语表达。

（4）一种语言的表达方式是具有该语言特定性的概念结构的语词编码形式。

（5）未知通过已知来理解，经验通过言语主体已建立的概念系统来理解。

（6）语言的词汇象征着相应的概念范畴，体现了该语言对人类经验世界的无意识分类。

（7）一种语言的全部词汇代表着该语言特定的概念系统。

（8）范畴化是人的一种基本能力，甚至是一种本能。

由于姜孟（2009：90-110）已对上述观点或假设作了详细论述，此处不再赘述。

第五节　语言概念能力理论定位

前一节阐释了语言概念能力，那么这一能力在语言分项能力体系中处于什么位置呢？

以往的语言能力模型多从横向划分各分项能力。例如，按组成语言的各次系统将语言能力划分为语音能力、形态能力、词汇能力、语法能力；按语言所涉及的基本技能将语言能力划分为听、说、读、写、译等方面的能力；按语言使用的特征将语言能力划分为组织能力（organizational competence）和语用能力（pragmatic competence）（Bachman 1990：87）等等。这些划分都从不同侧面揭示了语言能力的特殊属性，各有优势。但是对语言能力所做的这些横向划分，遮蔽了语言概念能力这一重要语言分项能力，不利于从新的角度揭示二语能力发展的本质和规律。

为此，我们从言语产出角度，按照由里及表、从内到外的顺序，对语言能力做纵向划分，将其依次划分为概念能力、语词能力和言语外化能力（见图4.4）。

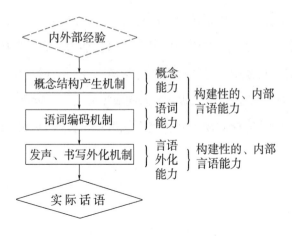

图4.4 基于言语产出过程的纵向语言能力划分

概念能力是话语概念结构的产生机制,是最深层的语言能力,是一种与语词能力紧密相连但又不同于语词能力而且可以在一定程度上与之独立的分项能力。概念能力的高低,是影响一个人语言水平高低的核心因素,它主要从内容角度影响语言表达的质量好坏。概念能力越高,语言表达越流畅,其内容越具思想性和创新性,也显得越地道。

语词能力是对话语概念结构的一种语词编码机制,它介于概念能力与言语外化能力之间,是一种重要的分项语言能力,其高低好坏直接影响语言表达的准确性和流畅性,包括是否合乎语法、选词是否恰当、句子是否富有变换,等等。当然,由于语词能力是以概念能力的结果为输入的,概念能力也可能会最终影响到语词能力在语言表达层面上的表现。

言语外化能力是将语词编码机制产生的句法、形态音位结构转化为外部实际的言语的能力,它主要涉及与语言使用有关的各种肌肉器官的活动,属于心理生理机制的范畴。可以设想,发音器官的某些先天或后天疾病或损害,会直接危害这一分项语言能力;与书写有关的神经与肌肉系统的损伤也会直接损伤这一能力。

以上三种能力中,概念能力与语词能力都属于语言构建性能力的范畴,它们是个人语言使用的创造性所在。同时,这两种能力又都属于内部言语能力的范畴，因为它们合力作用的结构产生的是讲话者大脑内部的言语计划。与此不同，言语外化能力，是一种非建构性的分项语言能力，它主要执行前两种能力产生的言语计划，在根本上是执行性的，与语言使用的创造性无关。同时，该能力负责产生可听、可见的实际话语，因此属于外部言语能力的范畴。

可见，在语言能力纵向体系中，概念能力是语言能力的起点和创新之源，其地位十分重要。

第五章　语言概念能力的认知结构基础

第一节　认知结构学说概述

认知结构（cognitive structure）是个体内化的知识经验结构，是个人的全部知识的内容和组织，它是知识在人大脑中的一种贮存形式，是个体认识活动的结晶，也是人新的学习和认识活动的基础。《心理学大词典》（朱智贤 1989：537）。如此定义这一术语："个人在感知和理解客观现实的基础上，在头脑中形成的一种心理结构。它是由个体过去的知识经验组成的"。美国著名心理学家奥苏伯尔（Ausubel 1963）给这一术语的定义是：认知结构是指个体具有的知识的数量、清晰度和组织方式，它由事实、概念、命题、理论等构成。它是个体对世界的知觉、理解和思考的方式。

认知结构具有功能和实体两重含义。首先，从种系演化的角度来看，人类在过去数百万年的发展过程中，对客观世界进行反映、加工、改造，形成了丰富的人类知识经验，这些知识经验无不雕塑着人类大脑，给人类大脑带来结构和功能上的变化。即便是人类数百万年沉积的知识经验内容本身无法直接传承给后代，但这种结构与功能上的后果却可以以生物禀赋的形式铭刻在后代的大脑中，赋予人类大脑一种特别的知识组织形式和构造。认知结构无疑就可视作是这种知识组织形式和构造。此为认知结构的功能意义。再从个体发生的角度来看，个体在世界上生存与活动，与客观世界不断地互动，彼此相互作用，就会源源不断地产生各种知识经验。这些知识经验经过大脑一般加工机制的整理和内化，至少有一部分知识经验会再接受人类种系演化形成的大脑特别组织机制的作用，最终形成高度组织的知识经验系统，成为人的认知结构。认知结构一旦形成，便会成为主体对外部新信息借以加工的依据。以后，认知结构经过进一步的积累、扩大和优化，最终成为有效获取和产生知识经验的强大心理工具。可以说，一个人学习和认知水平的高低与效率在很大程度上取决于他认知结构的发达程度。这便是实体意义上的认知结构。可以用一个比方来区分认知结构这两个层面上的含义。功能意义上的认知结构是大脑中的一个特别的知识存储场或一个特别的容器，而实体意义上的认知结构则是这个存储场里的存储物或容器中的内容物。前者是后者的存身场所，后者是前者的功能表现。

　　认知结构学说是关于人类内部认知过程的一个重要假说。它假定人的一切学习和认识活动都是以人大脑中的认知结构为基础的。这一学说的意义在于它冲破了行为主义心理学的"空白有机体论"。行为主义心理学曾经认为，人的一切行为（包括言语行为）都遵循"刺激—反应"的公式，都可以从刺激与反应的角度得到解释。然而，它忽略了"主体凭借什么去反应"的问题。认知结构学说无疑给予了回答：人凭借已有的知识经验结构去做出反应。

　　再从心智哲学这一更广阔的视野来看，认知结构学说可以说是整合了整个人类思想史上关于人类心灵的先天与后天、能动与被动争论中彼此双方的一些合理元素。在西方哲学史上，理性主义者往往假定一个主动心灵（active mind），凭借这颗主动心灵的活动，人就可以获得知识，就可以对物理经验作出转换、解释、理解或评价。对于他们而言，心灵不只是被动地组织感觉知识并将之储存于记忆中，它还在感觉知识之上添加一些东西。理性主义者往往假定心灵具有天赋的内在结构、原理、操作或能力（如分析、比较、逻辑演绎）。没有它们，心灵将无法分析、解释物理经验。与理性主义不同，经验主义者则往往提出一个被动的心灵（passive mind），他们把心灵描述成自动地、机械地对感觉和观念做出反应，认为心灵的作用是如实地反映、记录个体所经历的物理世界。（赫根汉 2004：36-40）。认知结构学说一方面强调人的认知有先在的条件和起点（比如说，人有建立认知结构、运用认知结构进行新的认识活动的能力），主张人的心灵是能动的，因为人大脑内现有的知识结构、原理或概念会影响人对新事物的接受和认识；另一方面认为，人的认知结构是后天建构起来的，其内容完全来自人在现实世界中的感知实践。因此，认知结构学说是批判吸收理性主义的认知主体论和经验主义的认知摹本论的一些合理成分而提出的。

换一个角度看，认知结构学说也是近年来对人大脑探索取得的认识成果。一般认为，对大脑的探索无非两个方面：生物层面的"硬件"和心理层面的"软件"。前者探寻人认知活动的神经生理基础，即人的生物禀赋；后者探寻人认知活动的心理组织形式，即人的心理禀赋。认知结构无疑属于对人认知活动的心理组织形式或心理禀赋的探讨，属于心理软件程序的东西。

语言作为人认知能力的一种特殊表现形式，虽然20世纪50年代以来乔姆斯基等学者提出了语言模块论，强调语言的领域特殊性，但近年来兴起的认知语言学以越来越多的事实显示，语言是根植于人的一般认知能力的，语言中相当多的成分（尤其是语义系统）是可以从人的一般认知方式中获得很好的解释的。概念能力作为与语词能力互补的另一语言能力维度，我们认为它就是建筑在人的一般认知能力之上的。适合于解释一般认知过程的认知结构学说，也适合解释概念能力。因此，我们假定人的整个语言能力也是建立在人大脑中的认知结构之上的，尽管这一结构可以划分为"概念能力"和"语词能力"两部分，而且还可以进一步假定属于语词能力的那部分认知结构，与属于概念能力的那部分认知结构相比，还存在某些特殊之处。

第二节　认知结构思想追源

一、古代哲学家和思想家

在古希腊，毕达哥拉斯、柏拉图、亚里士多德等人都为人设想了一个强大的心灵（或心灵部分），以解决人何以能认识世界、获得知识的问题。只不过，他们都赋予了心灵太多的内容，使得人的心灵似乎就是一个无所不包、无不可为的先在认知结构，从而使人后天的认知过程几乎无事可为、无所作为。

古希腊数学家、哲学家毕达哥拉斯（Pythogoras，约前580—前500）设想了一个双重宇宙：一部分是抽象的、永恒的，另一部分则是经验的、变化的。他认为，经验的宇宙（即物质世界）可由感官把握，但抽象的宇宙（抽象的世界）却无法由感官来把握。为了解决这一难题，他提出了西方思想史上最早的身心二元论，即假定在人的肉体之外，还存在一个灵魂，这个灵魂的一大功能就是人的理智，而理智则专司理解抽象世界（赫根汉 2004）。毕达哥拉斯所谓的理智就可理解为我们今天所说的认知结构。

柏拉图（Plato，约前427—前347）与毕达哥拉斯类似，也区分了"理念世界"和"现象世界"。理念的世界是真实的存在，永恒不变，而人类感官所接触到的这个现实的世界，只不过是理念世界的微弱的影子，它由现象所组成，而每种现象是因时空等因素而表现出暂时变动等特征。由此出发，柏拉图假定存在一个灵魂，而这个灵魂在附入人的肉体之前，就已掌握了对理念世界的全部知识。因此，人的知识不是来源于对世界物质的感受，它只不过是对早就存在于灵魂之中的知识的回忆。人对现象世界的感觉经验至多只是刺激人回忆起对理念世界的知识。这就是柏拉图的知识回忆说。在《美诺篇》中，柏拉图是如此表述他的这一认识论学说的：

> 由于灵魂是不朽的，而且轮回了无数次，它见识了这个和其他世界的一切，它已学会了存在的一切。因此，如果灵魂能回忆美德或其他知识，我们不必感到惊讶；正如我们所看到的，灵魂曾经寓居于万物而拥有一切知识。由于一切自然物都是类似的，由于灵魂学会了一切，因此，当人回忆起其中一点知识……毫无疑问，他会发现所有其他的知识，只要他保持勇气，孜孜以求，因为求知和学习事实上无非就是回忆。（Hamilton & Cairn 1961：364）

可见，柏拉图也同样假定了一个超强大的认知结构——灵魂，它包纳一切，留给人外部认知过程的作用只是"刺激知识的回忆"。

亚里士多德（前384—前322）是柏拉图的学生。他认为，知识起源于感觉，感觉是物体运动所激发的。人的五官——视觉、听觉、味觉、触觉和嗅觉，提供了周围环境的知识。但是亚里士多德认为，感觉经验虽是获得知识的必要原因，却不是充分原因。只有凭借理性灵魂（rational reason）才能理解事物的本质（又称共相或第一原理）。理性灵魂是相对于植物灵魂（vegetative soul）和动物灵魂（sensitive soul）而言的。植物灵魂为植物所有，动物灵魂为动物所有，只有人类才拥有理性灵魂。在亚里士多德眼中，动物灵魂和植物灵魂属于非理性灵魂，其功能是本能、感觉、欲望等；而理性灵魂的功能是思维、理解、认识等。亚里士多德进一步将灵魂区分为"主动理性"（active reason）和"被动理性"（passive reason），还提出了一个"常识"（common sense）概念。他认为，"常识"的作用是综合五官的感觉经验，协调来自所有感觉的知识，使之更有意义。"被动理性"的作用是对常识所提供的知识进一步综合并实际使用，以使日常生活有效进行，因为感觉知识是分离的经验，即使在被常识综合之后的感觉知识也只能提供事物的特定的知识。"主动理性"则是用于寻求在经验世界中显现的自身的本质或抽象原理，它被认为是思想的最高形式的思想。赫根汉（2004））用以下实例来说明了亚里士多德所区分的这几种不同的认识或理解水平。设想，我们通过视觉（看见放电）、痛觉（被电击）和听觉（听见放电的声音），人产生电的经验。这些经验对应与感觉知识的水平。常识告诉我们，所有这些经验有一个共同来源——电。被动理性告诉我们，电如何应用于各种实际情况。而主动理性则寻求电的规律并理解其本质。一系列最初的感觉经验，最终发展成为对其原理的探究，以期对其作出解释。

可见，亚里士多德认识到经验对于知识的重要作用，但是在他看来，经验要变成关于事物本质（第一原理）的知识，就必须依靠理性灵魂。他赋予常识、被动理性和主动理性以不同的职能，这说明理性灵魂各部分都包含有自己特别的"认知结构"，正是凭借其特别的认知结构，理性灵魂各部分才能各司其职，而且相互有所区别。当然，亚里士多德赋予主动理性的功能仍然是超强大的，因为凭借就它可以获得事物的本质或抽象原理。

此外，亚历山大里亚学派犹太人宗教哲学家，有"犹太的柏拉图"之称的斐洛（Philo，约前30—公元40）可以说也间接论及了认知结构的问题。他认为，一切知识来源于上帝，人类既不知道任何知识，也无法获得任何知识。唯有上帝拥有知识，唯有上帝能够赋予人类知识。他说，灵魂必须摆脱一切感官的干扰，唯有当净化过的被动心灵接受神圣的启示（Divine Illumination）时，才能获得真正的知识。在斐洛看来，知识源自与上帝直接而私人的关系。斐洛叙述了他接受福音的亲身体验：

> 当我有时空着脑袋开始工作时，我突然变得充实起来，许多想法以一种看不见的方式向我涌来，从天上植入我的体内；通过神圣的启示，我变得非常兴奋，既不知道我身处何地，也不知道有何人在场、自己是谁、我说过什么我写过什么；因为那时，我意识到了那灵光对我的丰富含义以及它所带来的欢乐。那是在一切所要发生的事情中最打动人的景象，也是一种最显而易见的能量；它在我的心灵所留下的印象，就好比最清晰的视觉证明所留给眼睛的印象一样。（Brett，1965，p.178）

从这一观点出发，斐洛认为理性和经验均无法帮助人获得知识。他说，知识并不是通过理性追求获得的，经验也无法提供任何知识。相反，经验阻碍知识的获得，因为它阻碍对上帝的直接理解和与上帝的直接交流。（赫根汉 2004：103）

从今天的观点来看，我们也同样可认为，斐洛为人的心灵假定了一个超强大的认知结构，只不过这个认知结构属于灵魂，而且主要是一个功能虚位意义上的、容器式的认知结构，因为它能容装来自上帝的全部知识。再换一个角度看，也可以认为斐洛所假定的灵魂本身就是一个超强大的认知结构，它具有让人产生知识、获得顿悟和灵感的能力，只不过斐洛误以为这是来自上帝的启示而已。

二、近现代哲学家和科学家

在近现代思想史上，有多名哲学家和科学家都主张人具体的认识活动具有一些先在的条件和基础，这些条件和基础既可以是天赋的观念或观念潜能、上帝的数学概念、人的天性倾向、先天的知性范畴、先天的生理机制，也可以是人后天的经验、虚构的理论、统觉图或认知地图，等等。这些主张可以说直接构成了现代认知结构学说的思想基础。下边予以简述。

在近代哲学家中，近代唯理论哲学的创始人、法国哲学家勒奈·笛卡尔（Rene Descartes，1596—1650）无疑可视作认知结构思想的重要启发者。笛卡尔试图回答人何以能认识世界的本质、获得关于世界的知识的问题。他把人的观念分为三类，即天赋的或原初的观念（innatas）、来自外界的观念（adventitias）、虚构的或被创造出来的观念（factas）。他认为，三种观念中，"天赋观念"最重要，是构成知识体系的可靠根基。笛卡尔所谓的"天赋观念"是指那些"与生俱来的""先天的"观念，它们包括上帝的观念、几何学公理和逻辑学基本定律等。这些"天赋观念"的数量虽然并不多，但却是整个观念系统的演绎根据和逻辑前提，从中可以顺理成章地推演出一个庞大的观念系列。笛卡尔认为，人无须借助于感觉经验，只需依凭着理性演绎，就可以获得关于物质世界的全部知识。在笛卡尔看来，客观的物体世界对于感觉来说是不可知的，但对于理性来说，物体世界则是完全可知的。理性不是通过一种横向的反映方式来认识物体世界，而是通过一种纵向的演绎方式来获得关于物体世界的真理性知识。（刘小英 2006）可以看出，笛卡尔把"天赋观念"当作人认识的先在手段或前提，而把演绎当作认识的方式，这无疑与认知结构学说所主张的先在于大脑的知识是获取新知识的认知工具的看法是一致的，尽管认知结构学说并不赞成构成认知结构的知识和观念都是天赋的。

德国自然科学家和哲学家莱布尼茨（Gottfried Wilhelm von Leibniz，1646—1716）提出了天赋观念潜能的认知结构思想。他认为，心灵是能动的，不是白板。观念不能产生于经验，因为物质的东西（如感觉器官的运动）永远不能产生非物质的东西。观念来自产生观念的潜能，经验的作用是使潜在的观念得以实现，但它永远不能创造观念。莱布尼茨把人的心灵比作一块有纹路的大理石。大理石上的纹路虽不是现成的形象，但大理石已有的纹路决定了它适合雕琢成什么样的形象：

> 反省不是别的,而是对我们心里的东西的一种注意,感觉并不给予我们那种我们原来已有的东西……我也曾经用一块有纹路的大理石来作比喻,而不把心灵比作一块完全一色的大理石或空白的板,即哲学家所谓的白板(*tabula rasa*)。因为如果心灵像这种白板那样,那么真理在我们心中,情形也就像赫尔库勒(希腊神话中的大力士英雄,笔者注)的像在这样一块大理石上能够一样,这块大理石本来是刻这个像或别的像都完全无所谓的。但是如果这块石头上本来就有些纹路,表明刻赫尔库勒的像比别的像更好,那么就会更加决定用这块石头,而赫尔库勒的像就可以说是以某种方式固存在这块石头里了,虽然也必须要加工使这些纹路显现出来,而且要加以琢磨,使它清晰,把那些妨碍其显现的东西去掉。也就像这样,观念和真理就作为倾向、禀赋、习性或自然的潜能固存在我们心中。(Leibniz, Remnant & Bennett, 1982)

可见,莱布尼茨认为,人的认识是具有潜在的天赋的。只不过,这种潜在天赋是一些潜藏在人心中的比较模糊的天赋知觉(而非笛卡尔所说的,一开始就是些清楚明白的观念),它们需要经过理性的加工琢磨,才能逐渐发展成变成清晰的观念。用他自己的话说,"我们不能想象,在灵魂中,我们可以像读一本打开的书那样读到理性的永恒法则,就像在布告牌上读到审判官的法令那样毫无困难,毫不用探求。"显然,莱布尼茨所主张的"潜在的天赋"就类似于我们所说的认知结构,它构成人知识(观念)来源的先决基础。

英国数学家和自然哲学家牛顿(Isaac Newton,1642—1727)似乎也预设了人对世界的理解存在先在的认知结构。牛顿提出了一种理神论(deism)观点,他认为宇宙是一架由上帝创造的复杂而又规律的机器,但创造后便弃之不顾,其本身并未卷入其中。牛顿认为,包括宇宙在内的一切事物都可做如下解释:(1)空间,包含着许多的点;(2)时间,包含无数的瞬间;(3)物质,存在于空间中并且有质量;(4)力,使物质的运动产生变化。牛顿相信,整个的物质世界都可以由这四个概念构成。事实上,对任何一种自然事件的解释,就是指用空间、时间、物质和外力这些数学术语将之重新阐释。他总结道:"上帝就是一位数学家"。牛顿用经验观察法、数学演绎法和实验法来研究宇宙，他认为宇宙的原理是人能够发现的。（赫根汉 2004）。这里，牛顿首先预设人能够解释、认识世界，同时他预设人对世界的解释要依靠空间、时间、物质和外力等四个数学概念来进行，这四个数学概念无疑就构成了人认识宇宙的认知结构。

英国哲学家和科学家培根（Francis Bacon，1561—1626）的思想中也渗透着认知结构思想。培根认为，知识和观念起源于感性世界，感觉经验是一切知识的源泉。要获得自然的科学知识，就必须把认识建筑在感觉经验的基础上。但是，与此同时，培根并不否认理性能力的重要性，他认为经验与理性两种官能应该很好地结合，以更好地来理解世界。他批评经验主义和理性主义说："经验主义好比蚂蚁，只收集和运用事实。唯理论者就好比蜘蛛，它们在其外部抽丝结网。蜜蜂的方法则是两者之间的折中，它从花园和田野的花朵中收集材料，然后用自己的能力转化并消化所收集的材料。"显然，培根强调理性能力对经验材料的加工处理作用，就预设了理性能力的先在性，也就预设了这种能力具有先在结构，即认知结构，否则理性能力凭什么去处理感知材料呢！培根的认知结构思想也可见于他著名的"四假相说"之中。培根认为，人类认识产生谬误的根源在于"种族的假相"（idols of the tribe）、"洞穴的假相"（idols of the cave）、"市场的假相"（idols of the marketplace）以及"剧场的假相"（idols of the theatre）。其中，"种族的假相"（idols of the tribe）是指由于人类天性中有选择地感知世界的倾向所引起的认识错误或偏见，"洞穴的假相"（idols of the cave）是指个人由于性格、爱好、教育、环境而产生的认识中片面性的错误，即源自个人的特征或个人经历中偏见。可见，这两个假象要么预设了人天性知识对后天感知的影响，要么预设了先在知识对后学知识的影响，这和认知结构学说的观点是一致的。

认知结构的思想更可见于德国古典哲学的创始人康德（Immanuel Kant，1724—1804）提出的"知性为自然立法"的著名论断中。康德认为，人的认识能力有三个环节：感性、知性和理性。感性包括两个因素：一是感觉，二是时间和空间。感觉只能提供杂乱无章的、相互不联系的感觉材料，只有经过先天的时间和空间两种形式的整理、综合，才能使感觉材料具有一定的形状和位置。知性是运用先天固有的逻辑范畴（即一定的原则或规则）对我们的经验进行批判和评价的思维能力或理解力。康德共提供了共四类12个知性"范畴"（Kategorie）："量"的范畴——单一性、多数性、总体性；"质"的范畴——实在性、否定性、限制性；"关系"范畴——属性和自存性（实体和偶性）、原因性和依存性（原因和结果）、协同性（能动者与受动者间的相互作用）；"模态"的范畴——可能性——不可能性、实有性——非实有性、必然性——偶然性。康德认为，知性具有较高的认识能力，能借助于上述逻辑范畴把感性所获得的材料纳入上述12个先天的思维形式。换言之，是知性（借助于知性范畴）将存在于时间和空间里的物质加工为我们的经验。在康德看来，时间、空间、因果性等都不是事物本身的特性，而是人类认识能力的主观特性，是人在经验之前就有具备的一些先天形式，人必须通过这些先天的主观形式，才能产生经验。正是由于这些形式是主观的，因而人通过它们所获得的经验，即认识也是主观的。但是，康德并不否认感觉知识的重要性，只不过他认为，在获取知识之前，心灵必定在感觉资料之上增添一些东西；而这些东西是由先验的（天赋的）思维范畴提供的。康德认为，心灵的纯粹概念修改了我们的主观经验，从而使主观经验更有意义。

可见，康德的"知性"（包括"理性"）范畴其实就是人认识世界的认知结构，它回答了人的认识具有什么样的内部条件或先决条件、何以可能和人认识的主观能动性的问题。正如皮亚杰在评论康德的这一"先天建构论"（a Priori constructivism）思想所指出的："智慧并不限于像白板一样接受印象，而是通过感性和知性的先天形式建构实在。"（Piaget, 1971: 57）事实上，康德的知性范畴直接影响了皮亚杰，为其提出发生认识论（包括"认知结构"的概念）提供了巨大的思想启发。用皮亚杰自己的话说："我把康德的知性范畴拿来重新考察了一番，于是形成了一门学科——发生认识论。"（转引自 李其维1999：54）。而发生认识论无疑是认知结构学说最早、最正式的形式。

德国哲学家费英格（Hans Vaihinger，1852—1933）提出的虚构主义哲学原理似乎也蕴含了认知结构思想。他认为，我们的感觉本是无意义的，但社会生活要求我们赋予感觉以意义。为此，我们通过创造术语、概念和理论，然后通过"虚构"（as if）（也译作"仿佛"）它们是真实的，来实现这种赋予。尽管我们永远不知道我们的虚构是否与现实一致，但我们"虚构"它们是一致的。按照费英格的观点，虚构意义的倾向是人本性的一部分，是人为了在非理性、无序的世界安宁地生存下去的需要。他说，如果没有虚构的词语，每天的交流是不可能进行的。没有这种物质和因果关系的虚构，科学将是不可能的。数学如果没有虚构"0"这一虚数，无限大和无限小是不可能的。宗教如果没有神或上帝这样的虚构，不朽和轮回转世将是不可能的。道德和法律的概念如果没有自由和责任这样的虚构是不可能的。（赫根汉 2004：418-419）这里，费英格所认为的人类为阐释感觉经验所虚构的术语、概念和理论，无疑就扮演着认知结构的角色，因为它们只有在被虚构出且被人掌握后才能作为心理工具用于阐释感觉经验。

认知结构的思想也可见于一些近、现代的科学家的学说中，如缪勒的先天生理机制论、赫尔姆霍茨的知觉无意识推理论、赫尔巴特的"统觉团"论、惠特海默、考夫卡和苛勒等的格式塔理论以及托尔曼的中介变量或与认知地图理论。

缪勒（Johannes Müller，1801—1858）是德国著名生理学家，是一位热情的康德主义者。他将康德的先天思维范畴应用到生理学中，认为神经系统是物理客体和意识之间的中间物，人关于物理世界的知识必然受到由神经类型所决定的感受器类型的制约，人所意识到的不是物理世界的客体而是各种感觉冲动。根据康德的观点，感官信息必须经过先验的思维范畴的转换才能被意识经验到，而对于穆勒来说，感官信息必须经过基于神经类型的感受器类型的选择才能被意识经验到。两人都持一种先验论，认为感官信息要受到某种先在的认知结构的修正。只不过，康德认为这种结构是心理范畴，而缪勒认为这种结构是一种先天的生理机制。

赫尔姆霍茨（Hermann von Helmholtz，1821—1894）是德国著名的物理学家和生理学家。他的一些思想与今天的认知结构学说颇为相似。赫尔姆霍茨区分感觉（sensation）和知觉（perception）。他认为，感觉是由感受器提供的未加工的影像，它取决于身体的生理器官；而知觉是过去经验给予这些未加工的感觉以意义，受到了先前经验的影响。根据赫尔姆霍茨的观点，人拥有大量有关物体和事件的经验，通过无意识推理（unconscious inference），先前的经验就可以作用于当前的感觉，将感觉转化为知觉。赫尔姆霍茨还认为，心灵的任务就是从感觉提供的不完全的或是歪曲的信息中，建构出关于实在的切合实际的概念（Turner，1977）。可见，赫尔姆霍茨是把先前的经验作为处理当前感觉的一种认知工具来看待的，这无疑与我们目前对认知结构的定义没有多大区别。事实上，赫尔姆霍茨正是凭借他的无意识推理的概念提供了一种对知觉的经验论解释，代替了康德和其他人所提供的先天论解释。

赫尔巴特（Johann Friedrich Herbart，1776—1841）是德国著名的心理学家和哲学家，他的认知结构思想可见于他提出的"统觉团"概念中。赫尔巴特认为，人的观念源自经验，观念好比一个带有能量的原子，具有自我意识，它们相互竞争，力图在意识中得到表现。同时，观念之间具有相互吸引或排斥的力量，取决于它们是否一致。相似或一致的观念之间相互吸引，从而形成复杂概念。不相似或不一致的观念相互排斥，从而避免矛盾。赫尔巴特认为，相互一致的观念在任何特定的时候都能在意识中堆积起来，形成一组观念。这一组相互一致的观念构成了"统觉团"（apperceptive mass）。他认为，观念之间的相互间竞争与统觉团有关。统觉团之外的观念（也即我们没有意识到的观念）唯有与统觉团之内的其他观念相一致，才能进入统觉团。如果这个观念与其他观念不相一致，统觉团之内的观念将会将其能量联合起来，阻止这个观念的进入。因此，无论是源自经验的新观念，还是已经存在于无意识之中的观念，唯有他与统觉团内的其他观念相一致时，才能有意识地表达。①

赫然巴特还将他的统觉团理论运用于学习过程。他认为，当呈现新的学习材料时，必须考虑学生现有的统觉团或心向。凡与学生的统觉团不一致的材料，只能遭到学生的摈弃，至少他们不会为学生理解。为此，他提出了明了、联想、系统、方法四阶段教学过程模式，促进学生统觉团的形成。

可见，赫然巴特在其统觉团理论中虽然没有明确地提出认知结构的概念，但其统觉团的概念表达了类似于后来被皮亚杰提出的认知结构的意义，其统觉团的实质就是认知结构。

此外，认知结构的思想也见于惠特海默（Max Wertheimer，1880—1943）、考夫卡（Kurt Koffka，1886—1941）和苛勒（Wolfgang Köhler，1887—1967）等格式塔心理学家的学说中。格式塔心理学家认为，人所经验的不是事物孤立的片段，而是事物有意义的、完整无缺的形态。举个例子说，我们看到的是人、车辆、树木和云朵，而不是绿色的、蓝色的和红色的斑点。感觉信息可能是片段的、不完整的，但认知经验却总是完整的、有组织的。之所以如此，是因为人脑内包含先于感觉刺激而存在的结构化的电化学力场。感觉材料一进入这样的场，立即更改这个场的结构，同时为这个场所更改。人的意识经验来自感觉材料与脑内这一力场的相互作用。这与金属微粒放置在磁场里的情形相似。磁场的性质将对微粒的分布产生强烈影响，但微粒的特性也会影响这一分布。例如，较大的、为数众多的微粒在这一磁场内的分布，与较小的、数量较少的微粒的分布有所不同。他们认为，人所接受到的外在感觉信息同脑内的力场相互作用，引起心理活动场；和脑内潜在的物理场一样，这些心理场是有组织的构型。心理构型的性质，取决于进来的刺激和脑内力场性质的总和。出现在脑活动场内的任何构型都会被经验为知觉。

可见，在格式塔心理学家眼中，脑并不是感觉信息的被动接收机和记录

---

① 赫尔巴特受到莱布尼茨单子论（monads，源自希腊语monas，意思是单一）的影响，其"统觉团"概念也是借自莱布尼茨的"统觉"（apperception）概念。莱布尼茨将意识水平下的知觉称作"微觉"（petites apperceptions，或little perceptions）；微觉聚集起来，其力量足以产生意识，便产生统觉（即有意识的经验）。

器,而是动态的、改变感觉信息的力的构型。这种脑内的、能赋予经验和行为的整体性的心理构型或心理场(psychological field)相当于后来心理学家所提出的认知结构。事实上,正是由于格式塔心理学假定了感知活动中心理场的存在,有人将格式塔心理学列入先天论的范畴。

托尔曼(Edward Chace Tolman,1886—1959)是认知行为主义(即新行为主义)的代表人物。他认为华生(Watson)等行为主义者把行为看作是刺激—反应(S-R)的做法排除了有机体的心理状态,是把有机体看成一片"空白",难于解释有机体作出某种可以观察到的行为反应的原因,也难于解释有机体行为反应的个体差异。为此,他先是提出了"中介变量"(intervening variable)的概念,后来又提出了认知地图(cognitive map)的概念,以克服行为主义主义理论抹杀有机体的心理认知过程视的问题。所谓中介变量是指有机体形成的对环境的心理表征,包括假设、期待和信念等;而认知地图是指在过去经验的基础上,产生于头脑中的,某些类似于一张现场地图的模型,它是一种对局部环境的综合表象,既包括事件的简单顺序,也包括方向、距离,甚至时间关系的信息。凭借这两个概念,托尔曼得以对有机体的行为进行解释:环境经验引起有机体内部的、不可观察的心理认知事件(即中介变量和认知地图),内部的不可观察的心理认知事件反过来引起行为。最初,托尔曼把中介变量划分为需求变量和认知变量两大类。后来,又把中介变量划分为三大种类:需求系统、行为空间和信念—价值体系。托尔曼的认知行为主义理论可表示为:

图5.1 认知行为主义理论(赫根汉 2004: 567)

托尔曼理论中的认知结构思想体现在，他将有机体视为有自己独立心理认知过程，能对环境刺激信息进行主动加工并形成假设、期待、信念、认知地图等加工结果，以对环境做出反应的能动者。一方面，对环境信息进行处理需有先在的心理结构；另一方面对环境信息处理后所形成的假设、期待、信念、认知地图等也必然以某种形式存在于有机体心理，这无疑也构成一种心理结构；再一方面，对环境做出特定方式的反应也必然要求以某种心理结构为基础。这些无疑都表明，托尔曼理论预设了有机体认知结构的存在。

第三节 当代认知结构理论模型

一、皮亚杰的认知结构模型

皮亚杰是瑞士心理学家和哲学家，是儿童发生认识论的创立者。他首次将现代结构论引入心理学提出了认知结构的概念。皮亚杰认为，所谓结构，就是一个系统，一个整体，它不仅指具有解剖学意义上的实际结构（如中枢神经组织的结构或呼吸系统的结构）也包括功能意义上的结构。他认为，现代结构论方法中的"结构"概念，包含有三个基本特征：整体性、转换性和自动调节性。所谓整体性是指结构是一个整体，有它自己的法则。这些法则独立于它的组成因素的特征之外，即"不能把支配一个结构结合的规则归结为它的元素的累加性的逐个联结"（皮亚杰1991：432）。转换性指的是支配整体的法则是按照广义的转换过程，而不是按照静止的特性运行的。结构包含一个运算的结构就是把一个项目转换成另一个项目。结构的自身调节性意味着一系列的转换总是朝着有利于继续保持结构自身的存在而使结构不断地丰富和复杂化。

皮亚杰认为，任何生物没有结构就无法施展生物机能，行为主义的S→R公式是一种无结构的发生，应当修正为：S→（AT）→R（其中，S是刺激，R是反应，AT是同化刺激的结构），因为若没有AT，刺激就不可能被主体同化，也就无法对刺激做出应有的反应。他认为，结构不是先天的、预成的，每一个结构都有它的发生过程，都是一点一滴地构造起来的，都源于以前的结构。

皮亚杰从认知结构的角度来探讨儿童认知的发展过程。认为，儿童的智慧（智力）是一种认知结构，儿童的思维、认识、智力的发展过程就是这种认知结构不断建构和转换的过程，认知结构的变化引起认知和心理的发展与变化。他将同化、顺应和平衡视作认知结构发展的基本机制。所谓同化"就是把外界元素整合于一个机体正在形成或已完成形成的结构内"（皮亚杰 1991：8）；顺化就是改变内部结构（格式）以适应现实；而平衡则是在同化和顺应之间达到一定的比例，形成适应状态。在皮亚杰看来，平衡是守恒和创新的结合，"任何时候都有某种创新，即某种转化过程——发生。同样，也总会有某种守恒，总会有一些在整个转化过程中不变的东西。这两种过程是绝对不可分的。"（皮亚杰 1991：144）。皮亚杰认为，一切生物体都具有组织和适应两大生物机能。组织意味着生物体的每一个行为活动都是有结构的；而适应是一种特殊的平衡，是同化和顺化之间的平衡，是认知（智慧）的本质所在。

二、布鲁纳的认知结构模型

布鲁纳（J. S. Bruner）是美国教育心理学家，当代认知心理学派和结构主义教育思想的代表人物之一。他首次对认知结构的概念进行了详细界定，认为认知结构是人关于现实世界的内在的编码系统（Coding system），是一系列相互关联的、非具体性的类目，是人用以感知外界的分类模式，是新信息借以加工的依据，也是人的推理活动的参照框架。布鲁纳认为构成认知结构的核心就是一套类别以及类别编码系统，学习就是类目化的过程，从具体的、特殊的、水平低的类目发展到一般的、概括的、水平高的类目。布鲁纳提出了认知结构发展的三个阶段：动作表征（enactive representation）、映象表征（iconic representation）和符号表征（symbolic representation）。

根据布鲁纳的观点，儿童最初的认知结构，就是动作表征。动作表征意味着儿童从动作中认知，通过动作行为来产生认知。在这个阶段，儿童通过作用于事物而学习表征它们，以后能通过合适的动作反应再现过去的事物。这一阶段大致相当于皮亚杰的感觉运动阶段。到了6—10岁，儿童不再借助动作，而是开始运用想象来认识事物。他们开始形成图像或表象，去表现他们的世界中所发生的事物。他们能记住过去发生的事件，并运用想象力去想象可能再发生的事。这里，儿童表象之于所感觉的事物，很像照片与现实。因为照片是与现实的经验非常紧密地联系在一起的。这一阶段相当于皮亚杰的前运算阶段的早期。第三个阶段是符号表征阶段。符号表征比映象表征更简练、更抽象，因为符号不是直接的事物，也不必是现实世界的复制，它具有间接性和任意性。这时，儿童能够运用符号来表征他们对事物的认识，能够通过符号再现他们的世界。他们能够假设他们从来没有经历过的有关人、地方、事情以及可能性。这一阶段大体相当于皮亚杰的前运算阶段的后期及其以后的时期。

布鲁纳认为，当儿童的认知结构达到第三阶段时，并不意味着其认知发展就停止了，它只是意味着儿童具备了进一步理解世界所需要的基本工具——语言。通过语言，儿童获得了为将来计划、从其他人的行为中抽象出意义和打算、通过与他人交流获取超越时空限制的知识等能力。

三、奥苏伯尔的认知结构模型

奥苏伯尔（Ausubel）是美国著名心理学家，他提出了著名的有意义学习理论。奥苏伯尔的有意义学习理论以认知结构为核心概念。他认为，认知结构由事实、概念、命题、理论等构成，是个体具有的知识的数量、清晰度和组织方式，代表着个体对世界的知觉、理解和思考的方式。从内容上讲，认知结构主要指的是学生已有的全部观念内容；从组织特点上讲，它主要指的是这些观念内容的概括程度或层次性。一般而言，最一般、最抽象、包容性广的概念和原理处于认知结构的顶端，而抽象程度低、包容性较少、比较具体的知识处于认知结构的下位，认知结构呈现"金字塔"的组织方式。

奥苏伯尔提出了衡量认知结构内容和组织特征的三个认知结构变量：可利用性、可辨别性和稳定性。可利用性是指认知结构中是否具有用来同化新知识的适当观念，即能否在新旧知识之间建立联系。这一特征涉及学生面对新学习任务时，他头脑中是否有与新的学习相关的概念或原理及其概括程度。原有相关概念或原理概括程度越高，包容范围越大，迁移的能力就越强。可辨别性是指原有的认知结构中概念与新概念之间区别的程度如何，即面对新知识的学习时学习者能否清晰分辨新、旧知识间的异同。这一特征涉及新学习的知识与同化它的相关知识的可分辨度，两者的可分辨程度越高，则越有助于迁移并避免因混淆而带来的干扰。稳定性是指认知结构中起固定点的概念是否稳定、清晰，即面对新知识的学习时用来同化新知识的原有知识是否已被牢固掌握。原有知识巩固程度越高，则越有助于迁移，学习效果越好。根据奥苏伯尔的观点，如果学生在某一领域的认知结构越具有可利用性、可辨别性和稳定性，那么就越容易导致正迁移。如果他的认知结构是不稳定的、含糊不清的、无组织的或组织混乱的，就会抑制新材料的学习和保持或导致负迁移。奥苏伯尔提出的这三个认知结构变量无疑可以很好地解释个体认知结构及其在学习效果上的差异性。

奥苏伯尔认为，认知结构在有意义的学习中发挥着重要作用。当学生把教学内容与自己认知结构联系起来时，有意义的学习便发生了。有意义的学习过程的实质，就是使符号所代表的新知识与学习者认知结构中已有的适当概念建立非人为的、实质性的联系。有意义的学习是以同化方式实现的。所谓同化是指对新知识进行类化和归属，纳入已有的认知结构中的过程，它是新旧知识相互作用。在新旧知识相互作用的过程中，旧知识起着支撑点、固定点的关键作用。新旧知识往往经过反复多次的相互作用，同化的过程才能完成。同化的结果使原有的认知结构更加丰富、更加分化。

四、当代认知心理学对认知结构的扩展

当代认知心理学对认知结构作了更加全面、动态、开放的研究。他们用信息流的观点把认知结构的形成和使用看作是知识的输入、编码、译码、储存和提取的过程，对过程的各个环节做了深入细致的机制层面的分析。

认知心理学家从不同的组织与构成层次来考察认知结构。一方面将认知结构区分为动态性功能结构和静态模式性构成；另一方面将认知结构区分为积累

性认知结构和工作性认知结构。他们认为,动态性功能结构与人脑处于工作状态和工作记忆的全部信息活动相联系,是广义上的认知结构;静态模式性构成是狭义认知结构,与人的长时记忆中的信息储存模式有关,有时也被称为人脑中的内存结构或知识库结构,它只是广义认知结构中的一部分。在现代认知心理学中也被称为"信息表征"或"知识表征"(安德森1989:211-375)。

所谓积累性认知结构,是指个体一生中所能积累的认知信息的总和,包含自然知识、社会知识和运动操作知识的认知结构。自然知识的认知结构是自然界所存在的知识信息以及认知他们的认知技术在人脑中的存储;社会的认知结构是社会生活中所存在的知识信息以及他们的认知技术在人脑中的存储;运动操作知识的认知结构是由人控制自身感觉和效应器官的知识和技术组成,其形成虽然与练习有关,但是也因影响信息的方式而存贮在积累结构之中。积累性结构主要以人的大脑发生较稳定的变化为生理特征,随正常人年龄的增长而稳步发展,它体现了人在知识信息和认知技术方面的积累程度和积累方式,反映了长时记忆的质和量。工作性认知结构是指人在认知工作的过程中产生的一种认知结构,它存在于短时记忆中,由五个部分组成:其一是从积累结构中提取的信息;其二是搜索的外在信息;其三是认知技术对前两种信息的加工和运算;其四是经过加工所产生的认知结果;其五是把认知结果向积累结构的返回输入(迟希新1999)。

工作性认知结构和积累性认知结构的运作机制可以图示如下:

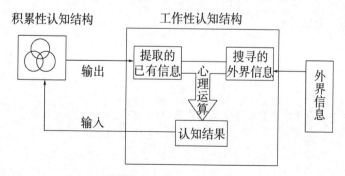

图5.2 认知结构分类(鞠鑫 2008:13)

上图中，工作性认知结构首先是从积累性认知结构中提取信息，并通过心理运算与外界信息发生联系，其中包含了两种水平的加工：其一是知觉和初步记忆水平上的加工，它主要针对那些可被所提取的积累性认知结构中的信息所接纳的外在信息，加工的主要方式包括对其进行选择、识别和编码储存等处理；其二是更为复杂的心理运算，它针对的是那些暂不能被所提取积累性认知结构中的信息所接纳的外在信息，主要采用构造记忆决策（对复杂的信息进行加工时通过提取图式来补充扩展经验以对复杂信息进行处理的过程），问题解决等方式来处理。不论最终心理运算的水平如何，其过程和结果都可以进入到积累结构中去。（鞠鑫 2008；迟希新 1999）

五、认知结构的新发展

目前，对认知结构研究出现了一个新的取向，即从整个心理系统的宏观角度来探讨认知结构。一些认知心理学家认为，认知结构是指认知活动的组织动态与信息加工的方式，包含了认知活动中的组成成分及成分之间的相互作用等一系列的操作过程，其实质是心理活动的机制。他们认为人的心理系统由感受、效应系统、操作系统、贮存系统、自动控制系统、动力系统、情绪系统组成。认知结构是这一心理系统的一个组成部分。我们在理解认知结构时，不能把认知结构孤立开来，确切地说，在认知活动中，心理的其他成分同样在起作用（见图5.3）。

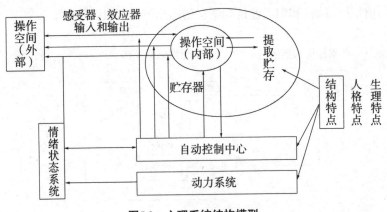

图5.3 心理系统结构模型

图5.3所表示的是人的整个心理系统，它可以分为认知和非认知两大部分。

其中，情绪系统、动力系统与人格特征系统是非认知的成分，其余的是认知成分。认知的成分包括感受器、效应器系统、操作系统、贮存系统和自动控制中心系统。因此，认知结构并非一个孤立的系统，而是整个心理系统中的一个子系统。认知结构的发展一方面是由于个体的成熟，另一方面是随着个体知识经验的积累与加工策略的获得，使认知结构变得越来越复杂。认知结构的发展变化，不仅表现为信息加工速度方面的量的发展变化，更表现为认知策略、认知方式等质的方面的发展变化。

第四节 语言认知结构理论模型

前一小节概述了目前对人类认知结构研究所获得的一些基本认识。认知结构作为人能动心灵的"心理软件"基础，我们设想语言能力也是建筑在人的语言认知结构之上的，而概念能力作为语言能力的一个组构维度，它也一定在语言认知结构中有所体现。为此，在吸收前述认知结构基本思想并借鉴其他相关研究成果的基础上，试提出以下语言认知结构理论模型（见图5.4）。

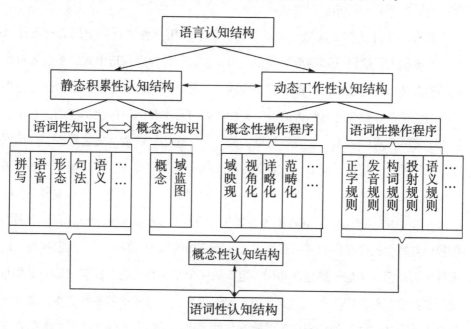

图5.4 语言认知结构理论模型

该模型认为，个体的语言能力以个体的语言认知结构作为心理软件基础，它分为静态积累性认知结构和动态工作性认知结构两部分。静态积累性认知结构是个体所获得的关于语言的知识信息的总和，这种知识信息以一定的方式组织起来，可以提取使用。在本质上，静态积累性认知结构知识性的，它是一种知识构造形式，是靠后天获得的。这种后天获得的知识构造主要由两种知识构成，一是语词性知识（verbal knowledge），主要是指个体所获得的关于某种语言的拼写、语音、形态、句法、语义等方面的知识（但不包括有关规则知识），如某个单词具体怎样拼写、发音、可以加上何种前缀或后缀、可以在句中充当何种成分、语义（包括同义词、近义词、反义词）如何、可以和哪些词搭配，等等；另一种是概念性知识，包括个体所掌握的所有语词概念和这些语词概念所预设的该语言划分外部客观世界和主观心理世界的各种方式，即种种域蓝图（domain blueprint）或概念计划（conceptual scheme）。语词性知识与概念性知识存在质的差异，前者是关于语言符号系统的知识，后者是关于一般世界的知识。两者在发展上存在一定的独立性和不平衡性，一种知识的发展可以领先或滞后于另一种知识的发展。

　　动态工作性认知结构是个体所掌握的关于使用某种语言的全部心理操作过程。在本质上，这种认知结构是程序性的，它是一种程序构造形式，是后天对心灵的塑造结果。它也由两种操作程序构成，一是语词操作程序，一是概念操作程序。前者主要是指个体所掌握的关于某种语言符号本身的一些使用规则，如正字规则（音—形对应关系）、发音规则（如同化、连读、弱读、失去爆破）、构词规则（如派生、复合、混成）、投射规则（如合并、移位）、语义规则（语义搭配规则，如语义逻辑限制、韵律限制、关系限制等等），等等。后者主要是指域映现、视角化、详略化、范畴化等心理认知操作（mental operations）。语词操作程序与概念操作程序的区别在于，二者所施加的知识对象不同。前者施加于语词性知识，后者施加于概念性知识。这里的一个基本假设是，任何知识的提取与使用都需要某种程序。打个比方来说，知识相当于语料库中的各种文本，程序则相当于获取文本中某种特定信息的检索软件。离开了检索软件，文本中的信息便无从获取。类似地，静态积累性认知结构中的知识必须依靠动态性认知结构中的程序来提取和使用。动态工作性认知结构启动心理操作程序，静态积累性认知结构则为这种心理操作提供所需的知识对象。只有两种认知结构紧密配合，高度协调，个体才表现出娴熟的语言能力（在图5.4中，用双向箭头表示）。我们设想这正是本族语者语言认知结构的基本特征。但是，静态积累性认知结构与动态工作性认知结构在发展上可以存在不平衡现象，即一种认知结构的发展可以领先或滞后于另一种认知结构。一般说来，动态工作性认知结构的建立比静态积累性认知结构的建立更缓慢一些，因为静态积累性认知结构是知识性的，它可以凭借记忆等方式比较快速地建立起来，好比将东西存放在某一个处所；而动态工作性认知结构是程序性的，是知识的运用实践对大脑功能的和印刻和雕塑，要在大量实践基础上才能建立起来。但我们相信，静态积累性认知结构的建立往往伴随着动态工作性认知结构的同步建立。

再换一个角度，语言认知结构又可划分为概念性认知结构和语词性认知结构两大部分。概念性认知结构由静态积累性认知结构中的概念性知识和动态工作性认知结构中的概念操作程序两部分内容构成，它是语言概念能力的心理认知基础。语词性认知结构则由静态积累性认知结构中的语词性知识和动态工作性认知结构中的语词操作程序两部分内容构成，它是语词能力的心理认知基础。

概念性认知结构与语词性认知结构紧密相连。两者只有协调一致、高度匹配，个体才能表现出娴熟的语言能力，语言的思维工具与认知工具作用才能得以实现。可以设想，本族语者的概念性认知结构和语词性认知结构是高度一体化的，达到了一体两面的程度。而非本族语者的这两种认知结构之间则可能存在某种差距，一般情况可能是语词性认知结构的发展优先于概念性认知结构，表现为学习者的语词能力发展领先于其概念能力的发展，这可能与二语学习的特点有关（见后文讨论）。

最后，还需指出的是，个体所建立的静态积累性认知结构和动态工作性认知结构的内容是后天的，但是个体建立这两种不同认知结构的能力本身是人与生俱有的，属于人的物种特征。

第六章 儿童语言概念能力的发展

第一节 儿童个体概念的发生

发展心理学对婴儿的分类研究表明，个体的概念发生相当早。在大约三四个月时，婴儿已经表现出将他们的经验组织成简单的范畴；在大约14个月时，婴儿已经开始利用他们关于范畴成员的知识进行简单的推论，即表现出范畴化能力。

Behl-Chadha（1996）采用习惯化—去习惯化研究方法对儿童的归类能力进行研究。在测试中，实验人员先让3个月大的婴儿习惯化于一系列动物图片，然后给婴儿呈现另一种动物的图片，发现他们仍保持习惯化状态；然而，当实验人员给婴儿呈现一张桌子或椅子的图片时，发现他们的注意重新活跃起来，即发生了去习惯化。这意味着3个月大的婴儿已经开始区别动物、非动物，他们开始形成动物和非动物的一些范畴。不仅如此，儿童还能够在其所形成的范畴内进行各种不同的区分。例如，他们能将椅子与睡椅、床和桌子加以区分，将猫与鸟、狗和马加以区分（Quinn 1999）。

在接下来的几个月中，儿童概念进一步发展，形成了更多的并且进一步精细化的范畴。到9个月大时，他们已经能区分鸟和飞机，甚至在两者均有伸展开的翅膀，以及用像脸一样的标记对飞机加以装饰的时候（Mandler & McDonough 1993）。随着发展，婴儿也扩展和丰富他们初始的相对粗略的范畴。例如，关于动物的早期区分似乎主要是基于表面的羽毛；随着发展，他们对其他重要的特征（如对尾巴的长度和体形）变得更加敏感（Quinn & Eimas 1996）。再往后，他们也变得敏感于特征之间的相关，即敏感于许多特征（如翅膀和羽毛）往往一起出现这一事实，这种认识促进了进行快速和准确分类的可能性（Younger & Cohen，1986）。

再往后，随着婴儿的发展，婴儿开始使用范畴成员的知识对新范例进行推理。例如，Mandler & McDough（1993，1996）就报道了一项研究。在该研究中，实验人员先让14个月的婴儿模仿一个成人范型的行为，诸如给狗一杯水或旋转一辆小汽车门上的一把钥匙，然后给他们机会，让他们有机会对动物和交通工具范畴的新成员重复这些行为。结果发现，婴儿只对动物采取适合动物的行为，只对交通工具采取适合交通工具的行为。即便是对于那些婴儿不熟悉、外形上也不同于婴儿所模仿的例子的情形（如动物为犰狳，交通工具为铲车），婴儿也能做出恰当的概括（Mandler & McDough 1996）。

必须指出的是，这一时期婴儿尚处于前言语阶段，其个体概念的发生意味着人的概念能力早在婴儿学会语言，甚至是开始学习语言之前就开始萌发了。

第二节　儿童个体概念的发展

一、儿童早期个体概念形成的范围

现有的研究文献表明，儿童在早期所形成的个体概念相当广泛，既涉及了物理范畴的概念，也涉及了生物范畴和社会心理范畴的概念；既涉及了自然类属概念，也涉及了称名类属概念和人工制品类属概念；既涉及了基本层级的概念，也涉及了上位层级和下位层级的概念。

首先，从儿童个体概念发展所涉及的范畴领域看，它涵盖了物理、生物和社会心理等多个范畴领域，如客体、因果性、生长、运动、遗传、疾病、数以及自我、他人、愿望、情绪、意图、知识、有关性等社会心理概念。最近的研究表明，三四个月的婴儿就开始获得了对客体的某些认识。例如，他们不仅认识到被藏物体的存在，而且认识到被藏物体的某些性质（如大小、位置、重力、惯性、固体性、连续性、包含和支持）（Aguiar & Baillargeon 1998；Baillargeon 1994；Kim & Smith 1999；Kotovsky & Baillargeon，1994）。Cohen

及其同事（Cohen & Amsel 1998；Cohen，Amsel，Redford & Casasola 1998；Oakes & Cohen 1990）基于因果体验方法开展的研究证实，6个月的婴儿能感知到由简单的几何形状的刺激引发的事件中的因果性，10个月的婴儿能感知到由比较复杂的真实刺激物（如玩具轿车、玩具卡车）引发的事件中的因果性。到10—15个月大时，婴儿变得不仅能觉察因果性，而且能够区分不同类型的因果动作，例如能够辨别动作拉和推的差异（Casasola & Cohen 2000）。并且，一些研究表明，从相当早的年龄开始，儿童便已获得了对生物生长和再生（regrow）的认识。Inagaki & Hatano（1996）和Inagaki & Sugiyama（1988）的研究就证实，三四岁的儿童已经能对哪种东西生长、哪种东西不生长的问题作出比较正确的回答。到入学前年龄，儿童甚至意识到生长的方向性，能够判断生物体能够随年龄的增大而长大，而人造物则不会（Rosengren，Gelman，Kalish & McCormic 1991）。关于"疾病"，相关研究表明，学前和学龄儿童对疾病、细菌和传染已有所认识。例如，多数学前儿童拒绝喝一杯里面有一只蟑螂的牛奶；他们多数人也拒绝喝一杯刚刚把蟑螂取走的牛奶，尽管这时杯子里并没有任何看得见的污染迹象（Siegal & Share 1990）。对于"自我""他人""愿望"等社会心理概念，现有的研究表明大约从12个月开始，婴儿的自我觉知（self-awareness）即关于自我的知识便开始发展；在18—24个月的时候，他们开始建构初步的"自我"概念，其关于"自我"概念的知识中至少已经包括他们对自己身体特征和能力的知觉，以及关于他们的外部是稳定的知识。婴儿对"他人"概念的建构可能是从区分人与非人的客体开始的。出生5—8个月的婴儿会去模仿某一位成人张嘴和伸出舌头的行为，但不会去模仿由某一客体产生的看起来很相似的行为（Legerstee 1991）；从大约1岁开始，婴儿逐渐认识到他人具有内在的体验。例如，他们开始通过拥抱、轻抚或亲吻的方式，来安慰苦恼中的弟弟或妹妹，甚至可能为某位表露出痛苦的成人拿来一块安乐毯（Zahn-Waxler，Radke-Yarrow，Wagner & Chapman 1992）。到2—3岁时，儿童更明显地提及需要、情绪及其他心理状态："我的宝宝需要我""别不高兴，鲍勃"以及"我忘记了我的橡皮奶嘴"（Bretherton & Beegly 1982）。实际上,有研究认为,在大约1岁时,婴儿已经开始发展出心理理论能力,具有了关于自我以及他人如何思考的知识及信念。关于"愿望",Banerjee & Wellman(1990)的研究表明,很小的幼儿就认识到,如果乔伊想要热的燕麦粥作为早餐,则在该愿望(目标)得到满足时他将感到开心,而如果他得到的是冷的意大利式面条,则会不高兴。他们也认识到:不同人对同一事物可能具有不同的愿望和态度,例如他们自己不喜欢咖啡而某位成人则可能更喜欢(Flavell,Mumme,Green & Flavell 1992)。

其次,从儿童个体概念发展所涉及的概念类属来看,学前儿童已经表现出了对自然类属概念、称名类属概念和人造物概念区别的某种认识。Gelman(1988)发现,对于诸如哪些类别的事物是人造的,哪些不是这类直接的问题,即使4岁儿童也能回答。其他的一些研究,如Gelman & Kremer(1991)、Gelman & O'Reilly(1988)、Gelman & Wellman(1991)和Kalish(1998),也得出了另外一些证据,表明对这种区别的某种早期认识的存在。Keil(1989)以及Gottfried,Gelman & Shultz(1999)等基于"脑移植"实验设计的研究表明,成人和8岁左右以后的儿童,倾向于认为经过移植过的动物的思想和记忆是它的新大脑所特有的那些,但四五岁的儿童则不然。他们预测,具有一个小孩的大脑的猪,仍将继续具有猪的心理生活。

再次,从儿童个体概念发展所涉及的概念的抽象水平来看,儿童对在心理上最自然的基本层级概念的掌握,要早于对上位层级概念和下位层级概念的掌握。Gelman(1988)和Gelman & O'Reilly(1988)的研究表明,告诉儿童关于某一客体的新事实,他们更可能将它概括到处于同一基本层级的客体,而较少将它概括到只与原来的客体享有相同上位层级的客体。Anglin(1977)也发现,相比上位和下位层级的概念,儿童最早形成基本层级的概念。另外,一些研究发现,儿童具有关于上下位概念之间的某些类包含的知识,并能据此做出某些推理(Smith 1979)。

二、儿童个体概念发展的三个阶段

婴儿自出生后,虽然早在其学会语言前已经开始形成一些概念,而且这些概念涉及的范畴领域十分广泛。但是儿童最初形成的概念都是个体的、私有的,与成人的概念还有很大差距。它必须等到以后在语言的干预下,经过逐步调整、修正,才能发展为真正意义上的概念。根据维果茨基的研究,儿童概念的形成要经历概念含混、复合思维和概念思维三个时期(参阅王振宇 2000)。

(1)**概念含混时期**:这一时期,儿童依据知觉或动作与表象相互联结成的一个混合形象对一堆物体进行分类,处在此阶段的儿童倾向于用过多的主观联系来弥补客观联系的不足,倾向于把印象和思维联系当作物品的联系。在思维表现上,他们表现为一种无条理联结的思维。

(2)**复合思维时期**:这一时期,儿童不再将毫无联系的事物联合起来,而是将一类功能上有某种联系的具体事物加以联合,组成功能意义上的复合体,这标志着儿童在一定程度上克服了自己的自我中心状态,向着扬弃含混主义的道路迈出了重要的一步。因此,维果茨基(Vygotsky)说:"复合思维已经是有条理的思维,同时也是客观的思维。"(维果茨基 2005:140)

(3)**概念思维时期**:这一时期,儿童开始以真正的概念为基础进行思维。维果茨基认为,词语对真正概念的形成有决定性作用,儿童只有借助词语才能将抽象的特征符号化。

当然,不能将儿童思维发展中的阶段和时期的更替看作一个机械的过程。正如维果茨基(1994:179—180)所指出的,"发展的情况原本要复杂得多,各种发生形式都是共存的……人的行为总是处于同一高层的或者最高级发展层次上。最新的、最年轻的、人类历史刚刚产生的形式能在人的行为里和最古老的形式肩并肩地和平共处"。

三、儿童言语概念的形成

真正的言语概念应该具有两个维度:一是内容维度,二是形式维度。从内容维度上来看,真正的概念必须是儿童超越事物具体的、实际的联系,而在事物逻辑的、抽象的特征之上建立起来的；从形式维度来看，概念必须与指称概念的符号标签对接，实现一体化，成为语言中的词汇形式，才能获得存在的物质外壳。这就是说，只有词汇化了的概念才是真正意义上的概念，也即真正的概念应当是言语概念，是兼具"概念的内容"和"语词的形式"的概念。

（一）概念—语词对接的基础

儿童将概念与语词连接起来逐步形成言语概念，是以儿童的符号表征能力、前言语的概念知识以及前言语交际能力的发展为基本前提的。所谓符号表征能力，是指用一物指代另一物的能力。根据皮亚杰的观点，符号表征能力不是人与生俱有的，而是婴儿发展到感知运动的顶点——第六阶段（18—24个月）时才出现的。在皮亚杰划分的感知运动的六个发展阶段上，处于阶段五的儿童只能根据非符号化的外在现实，简单地以感知运动的方式进行行动；而处于阶段六的儿童则能够着眼于符号化了的内在现实以智慧的方式采取行动。符号能力使延迟模仿、象征游戏以及语言等现象成为可能。之所如此，是因为符号表征思维有着相比感知运动智力显著的优势。具体而言，感知运动思维比较缓慢，指向动作和具体的实际结果，具有个人性、独特性，难于与他人交流。与此不同，符号表征思维则比较抽象、自由、快捷，比较关注信息和真实，可以将一切作为自己的认知对象（包括自己的思维），也具有社会可交流性。

儿童前言语概念知识也为概念—语词的对接提供了必不可少的起点。不少研究都证实，儿童最早学会的单词常常涉及他们自己能够施予影响的事物，且更通常涉及对他们来说显得比较突出、熟悉和重要的物体和事件（Nelson，K. 1993）。比如，家庭成员（如"妈妈"）、动物（"狗"）、交通工具（"小汽车"）、玩具（"球"）、食品（"果汁"）、突出的身体部位（"眼睛"）、衣着（"帽子"）、家常用具（"杯子"），等等。Gopnik及其同事开展的研究（Gopnik & Meltzoff 1986；Gopnik 1984，1988）也支持这种观点，认为儿童早期认知（概念知识）对语言发展至关重要，并揭示了许多认知—语言关系的存在。他们发现，像"gone"这类意指消失的词，出现于儿童掌握客体永久性的最高级形式的过程中；诸如"there"和"uh-oh"这类意指成功或失败的词，与比较一般的认知领域中关于手段—目的的各类认知成就相关。Sera & Connolly（1990）也认为，比较一般的关于现实世界的知识对词汇习得很重要，例如，儿童关于事物大小的知识影响着他们能否恰当使用诸如"大""小"等形容词的能力。甚至是儿童最早的语句特征的一组核心意义（施事—动作、动作—对象，等等）也反映了感知运动阶段的认知成就——关于客体及动作对客体的影响，关于空间和因果关系，关于自我和世界等方面的知识。Brown（1973）详尽评述了来自许多语言的发展资料，认为大多双语词语似乎表达了八种语义关系：施事—动作（如"妈咪吻"）、动作—对象（"打球"）、施事—对象（当儿童要母亲用玩具娃娃做某事时，"妈咪娃娃"）、动作—位置（"坐椅子"）、实体—位置（"杯子桌子"）、所有者—所有物（"爸爸汽车"）、实体—属性（"大汽车"）和指示词—实体（"那汽车"）。双语词语似乎也表达诸如重复（"more milk"）和不存在（"Allgone milk"）这样的意义。另外，语义复杂性影响词汇习得先后顺序的事实，也证明前言语概念知识是概念—语词对接的基础。Bartlett（1976）和Carey（1977）的研究表明，儿童倾向于先习得"高""宽""深"等无标记形容词，而后习得"矮""窄""浅"等有标记形容词。J. G. de Villiers & P. A. de Villiers（1973）的研究也发现，儿童对"-ed"的掌握要早于对"was"和其他"be"形式的掌握。仔细分析后，他们得出结论：语义的复杂性影响儿童对语法词素的习得。

此外，前言语交际能力对概念—语词的对接也是必不可少的。发展心理学相关研究表明，婴儿有一个前言语时期，在这个时期，婴儿已表现出明显的交流能力。前言语的婴儿能够以许多不同的方式传达和接受信息。他们能够通过发声和手的动作，诸如哭叫、用手指向或仅仅注视某个有趣的对象，引起并引导他人的注意。反过来，他们能够对他人导引注意的动作做出反应，例如，注视他人正在看或用手指向的地方。他们能够通过与他人的眼神接触，引起和维持与他人的互动——这是一种对父母而言有巨大强化作用的行为。他们也能够把视线从他人身上移开而终止互动。一般认为，儿童在1岁时，甚至可能还要早几个月时，已经能够进行有意义的交流（Bretherton 1988；Sachs 1997）。

（二）概念—语词对接的内在机制

概念—语词的对接从表面上看，是一个十分简单的过程。或许儿童只需将特定的声音和特定的概念相联系即可，如：将"牛奶"的音与"口渴时，我所喜欢的那种味道不错的液体"的意指联系起来，将"猫"与"那些有皮毛的小宠物"的意指联系起来等等。然而，问题要复杂得多。从 Markman（1989）基于哲学家 Quine（1960）的一个论点所做的阐述中，可以看到该问题的复杂性：

> 有人指着某个方向并说出一个单词。儿童以什么为依据得出结论，认为某个不熟悉的新单词，譬如"兔子"，指的是兔子？儿童为什么不认为"兔子"是特定某一只兔子的专用名称，或意指"毛皮"或"白色"或兔子的任何其他特征？最后，是什么使儿童不至于得出"兔子"意指诸如"那只兔子及其萝卜"或"那棵树旁的那只兔子"或"母亲抚弄那只兔子"这类结论？（Markman 1989：20）

为此，学者们从生物倾向性和社会交际角度提出了假想，认为儿童概念—语词对接的发生，是靠先天的生物机制和后天的社会认知机制来保证的。概念—语词对接的生物机制的核心是制约理论。该理论认为，儿童在遇到某个新单词时，他被制约在只考虑该词在逻辑上可能的许多意义中的少数几个。例如，在"兔子"一例中，儿童完全不会想到该词可能指动物身体上的某些部位，或这一动物与附近的某种东西，或处于特定某一空间位置的动物。由于从一开始就有大量的可能性被排除，因此确定该词实际所指的任务大大简化。根据 Woodard & Markman（1998），目前主要提出了三种制约：（1）客体整体制约（whole object constraint）：该假设认为单词指称的是整个客体，而不是客体的部分或属性。这意味着，看到一只有皮毛的跳跃着的动物并听到"rabbit"的某位儿童，将假定这一称谓适用于动物整体，而不是诸如尾巴这样一个部位，或颜色这样的某个属性。（2）分类假设（taxonomic assumption）：该假设认为单词指称的是由相同的客体所组成范畴，这些客体来自同一分类范畴。

因此,"兔子"不会扩展到萝卜,而是扩展到其他有毛皮的跳跃的动物。当然,这种扩展并非一开始就是正确的,儿童可能称一只松鼠为"rabbit",但至少是扩展到这种适当的事物种类。(3)相互排斥的制约(constraint of mutual exclusivity):该假设认为儿童拥有一种信念,即认为每一个客体只有一个称谓,不同单词的所指是相互排斥的。这种制约显然最适用于儿童已经知道一些相关词的情况。假定儿童看到一只狗在追赶一只兔子时,听到有人说"兔子"。由于儿童已经知道称谓"狗"(dog),他或她将拒绝"兔子"用于指狗的可能性,从而提高了将单词与正确的所指联系起来的可能性。

与生物机制的观点不同,社会认知机制的主张则是:语词与概念的对接是建立在父母(包括其他孩子照料者)与孩子的共同注意之上的。所谓共同注意是指儿童跟随另一个人的视线,从而进入并分享其他人的注意焦点的能力和强烈倾向。根据这一假设,社会认知对儿童词汇学习有两个方面的作用。一是父母对儿童注意焦点的关注,二是儿童的共同注意(join attention)。就前者而言,父母似乎非常善于识别他们的孩子在注意什么,以及对什么学习感兴趣。父母往往谈论他们的孩子已注意到的客体和事件,而孩子在其父母已经准确地判断出他们的注意焦点时,对新单词的学习最成功(Harris, Jones & Grant 1983; Tomasello & Farrar 1986)。恰如Nelson(1988)所指出的:"儿童并没有试图猜测成人的意图指什么……而是成人猜测着儿童在关注什么。"以前边关于兔子的例子为例,按照这种观点,如果孩子注意的是兔子的耳朵,或背景中的树木,或追着的狗,则父母将不会说"兔子"。父母标记的是孩子所注意的,因而孩子处于某种很好的处境将称谓与指称对象联系起来。事实上,有大量的研究证实,儿童从很早的时候起,就非常善于辨识他们父母所注意的对象;有不少精巧的实验研究也证实,儿童能够异常熟练地领会成人的注意焦点,形成共同注意(Akhtar & Tomasello 1996, 1998; Baldwin 1991, 1993; Tomasello & Barton 1994)。例如,儿童能将某位成人关于客体的称谓与称谓所指联系起来,即使在产生称谓时他们自己正关注另一客体,或正与另一客体互动。甚至在称谓和称谓所指之间存在时间延缓时,他们也能够将两者联系起来，只要一开始的注意焦点是清楚的。

此外，一些学者认为，概念—语词的对接还可能存在一种句法支持机制。这种机制的核心是说，句法可以引导语义的学习，一旦儿童掌握了语法的某些方面，则他们可能会利用这种知识试图弄懂新的单词。

（三）概念—语词对接的进度

儿童对概念—语词的对接是十分高效的，这体现在儿童词汇习得中的"快速映射"（fast mapping）上（Carey & Bartlett 1978）。儿童在习得一个词汇时，他似乎不需要在很多个场合中碰到这个词，相反，他往往只需一次或几次自然地接触某个单词，便能快速习得至少是这个单词部分的意思。根据 Au & Markman（1987）、Heilbeck & Markman（1987）以及Rice & Woodsmall（1988）等的研究，快速映射既出现于形容词的学习，也出现于名词的学习；既出现于颜色词，也出现于与形状或结构有关的词。此外，它也出现于当许多新词同时导入时，而并不限于一次一词的方法（Carey & Bartlett 1978），并且，它也发生于电视上能够呈现的单词。相关研究表明，在10—14个月的时候，婴儿一般会说出第一个单词（但也有在9个月时就已经说出的）。到了15个月，儿童已平均掌握了10个单词。接下来，在16—24个月之间的某几周，儿童会经历一个"the naming explosion"（命名爆炸）或"the vocabulary spurt"（词汇骤增）期（Woodward & Markman 1998），其词汇量一般会从50个单词陡然增长到400个单词（Nazzi & Bertoncini 2003）。在一个详尽的个案记录中，一名16个月大的幼儿在一周内居然学习了44个单词（Dromi 1999）。在进入双词语阶段之后，儿童习得词汇的速度更加惊人。据估计，在2—6岁间，儿童平均每天习得9个新单词（Carey 1978）。有估计认为，6岁儿童的平均词汇量为10000，而9—12岁儿童的词汇量达到13000—19000（Feldman 2006：352）。

（四）儿童言语概念的社会共约化

概念与语词的成功对接，使前言语概念获得了语言的物质外壳，成为言语概念，但儿童刚刚获得的言语概念还主要是基于其前言语概念的，相当于"前言语概念+语言的外壳"。前言语概念是以自我为中心的，具有"私有"的性质，存在于个体的心里，无法与他人交流，他必须经历一个言语概念的社会共约化过程。

再换一个角度看，即便是对于已经进入语言学习阶段的儿童来说，其语词—意义（概念）的学习也存在一个"快速映射"的问题，使儿童最初获得的词汇意义比较粗糙和不完整，亟需儿童在以后的学习中，通过在不同语境中更多地接触这个词，来逐渐获得这个词的确切含义，做到完全掌握这个词，即也必须经历一个语义（概念）逐步调整、完善的社会共约化过程。相关研究表明，儿童早期词汇语义（概念）掌握上存在"词义缺乏一致性""词义过度扩大""词义过度缩小"等特征，它们使得儿童言语概念的社会共约化势在必行。

言语概念的社会共约化意义在于，它是儿童摆脱自我中心，融入社会，维持个体生存和发展所必需的，否则他将不能与社会其他成员互通交流。通过在真实语境中尝试自己新获得的言语概念，儿童大量接受他人的反馈，逐步对自己的概念（意义）进行调整、修正和重组，在原有的概念成分中加进足量的社会（包括历史、文化）共有元素（当然，仍会保留一些个人元素，也会增添一些新的个人元素），使自己的整个概念系统变得具有足够的可通约性，做到能与其他社会成员成功交流。从儿童词汇习得的角度看，言语概念的社会共约化表现为，儿童逐步缩小曾经被其过度扩大了语义范围的词（比如，学会只将"猫"用于指代猫，而不是所有的小动物），拓宽曾经被其过度缩小了语义范围的词（比如，学会用猫来指代所有猫的范例：大猫、小猫、有条纹的猫、肥胖的猫、瘦小的猫，等等），而朝着成人的用法靠拢；当然也包括使词语的所指稳定下来，符合成年人的规范。

概念的社会共约化是以概念获得相应的语言物质外壳为条件的。先前的前言语概念正是由于缺少语言的外壳，而无法参与到实际的交际行动中，接受不了语言社团的规约，始终保持着"私有性"，难于实现社会共约化。概念—语词的对接使儿童个体概念的社会共约化成为可能。这里的一个支持证据来自对儿童对空间词汇习得的跨语言对比研究。众所周知，在英语里，像"in"

（在……里面）、"on"（在……上面）、"together"（一起）等空间词汇大致隐含着包含（containment）、支持（support）和接近（proximity）或接触（contact）的观念，它们反映了英语民族分割空间的一种自然的（如果不是特别的）方式。但在韩国语中，空间词汇中的相应词语则以十分不同的方式分割空间。在韩国语中，紧密程度是核心的空间维度，不同的空间词对各种聚集一起和分开的程度进行编码。但研究发现，两种语言背景的儿童都以相同的速度习得各自语言的空间词汇（Bowerman 1989）。这表明，两种语言背景的儿童各自的语言都对各自的前言语概念进行了调节，使他们都能顺利地掌握各自语言的词汇概念，达到与相应成人概念相当的程度。

个体概念的社会共约化是一个非常重要的过程。因为只有在语言干预的基础上建立的、具有社会共约性的概念，才能被个体以全社会接受的方式用于识解新的世界经验，也才能用全社会理解的语言表达出来，满足人类交流互动的需要。个体概念社会共约化的实质是，个体必须学会按照全社会要求的方式来划分、组织与理解世界。

第三节　儿童语言概念能力的发生

言语概念的发展为儿童概念能力的发生和发展提供了基本前提。根据皮亚杰的观点，思维起源于动作，动作是思维的起点。儿童在达到概念思维前，要先经历动作思维和表象性思维两个阶段。动作思维是以动作为基础进行的思维；而表象性思维则是指以表象为基础进行的思维（王振宇 2000：248）。据此，我们认为，概念能力的发生必须以儿童获得真正的概念为先决条件。由于真正的概念是成人意义上的、经过社会共约化的言语概念，因此可以说概念能力是建立在言语概念基础之上的。

儿童概念能力发生的标志是，儿童学会使用言语概念来解读自己的内、外部经验，表达自我（包括接受以言语方式传达的信息），而不是像前言语交际阶段那样，仅仅是凭借哭叫、用手指向、眼睛注视等非言语手段来传达（包括接受）信息。

设想一名健康的新生婴儿感觉饿了，他如何让妈妈知道自己饿了？哭叫，他会用哭叫的方式提醒妈妈这一点。妈妈又如何知道孩子的哭是因为饿了？常识，她会完全凭借做妈妈的常识。因为在医院里，孩子一出生，照料的护士就会告诉新妈妈说：现在孩子哭叫只会有两种原因：一是饿了，再就是尿不湿打湿了。如果刚刚给孩子换过尿不湿，则孩子只可能是饿了；反过来，如果刚刚给孩子喂过奶，则只可能是孩子尿不湿湿了。再设想，如果是一名8—9个月大的婴儿饿了，他又如何让妈妈知道自己饿了呢？哭叫，当然还是会通过哭叫。不过，在哭叫的同时，你可能会发现孩子还在用手指着奶瓶呢！一般来说，8—9个月大的婴儿已经获得了关于"饿"这一概念的某些知识。比如，他已经学会把"饿"的感受和奶瓶联系在一起，知道奶瓶能帮助自己消除"饿"这种不好受的感觉（尽管他还不知道"饿"这个概念名称）。再进一步设想，如果是一名两岁左右、处于"单词语"阶段的幼儿饿了，他又会怎么样呢？他很可能会通过对妈妈说出"饿"这个词来告诉妈妈他饿了。

上述三个例子中，感到"饿"无疑是一种儿童身体内部的生理刺激经验。对于这一生理刺激经验，三种情况下的婴幼儿在表现上各有什么不同呢？第一个例子中，新生婴儿似乎没有能力对这种生理刺激经验做任何解读，他的哭叫可能只是"饿"这种刺激经验产生的身体本能反应。第二个例子则不同，婴儿似乎表现出了对"饿"这种刺激经验的解读能力，因为他在哭的同时还在有意识地指着奶瓶。如果他不理解"饿"与"奶瓶"有一定的关系，那么他就不会指着奶瓶。第三个例子与前两个例子又有些不同。这里，幼儿把"饿"这个语词概念当作了一种认知工具来解读"饿"引发的生理刺激经验。如果幼儿没有把"饿"这个语词概念当作一种认知工具来解读自己正在经历的一种难受的感觉，他又如何知道自己"饿"这种难受的感觉就叫"饿"呢？由此，我们认为，迈过前言语阶段而进入言语阶段的儿童已经学会了把语词概念当作认知工具来解读自己的内外部经验，他已经发展起了概念能力。因此，从语言使用（产出）角度，我们可以将儿童的概念能力定义为：运用言语概念解读各种内外部刺激所引发的身体经验，以便用言语进行自我表达的能力。概念能力的核心是将言语概念作为心理认知工具。

儿童概念能力发生的首要标志是儿童学会运用单个的词语来指称事物。前文已经提到,处于单词语阶段的儿童已经学会叫自己最亲近的人"妈妈",叫家里的小动物"狗狗"、叫自己的小玩具"汽车"、叫自己喝水的用具"杯子"、叫自己突出的身体部位"眼睛",等等。儿童之所以能做出这种言语表现,是因为他把自己所掌握的"妈妈""狗狗""汽车"等语词概念应用到自己所感知到的这些人或物的刺激经验上,通过对这些刺激经验进行范畴化,从而将其识解为"妈妈""狗狗""汽车",等等。儿童要做出这种行为,显然须得有两个基本条件。一是儿童必须掌握这些概念,再就是儿童必须学会把这些概念当作认知工具来使用,即运用这些概念来解读自己的感知经验。否则,儿童将不可能把这些人或物称为"妈妈""狗狗"和"汽车"。可以想象,儿童在刚刚开始形成一个概念时,他还不具备把该概念用作认知工具来解读自己的内外部经验的能力,因此,他还不具备概念能力。

既然儿童用单个词语来指称事物标志着儿童概念能力的发生,儿童对单个词语的习得进度大致反映了儿童早期概念能力发生与发展的进度。根据有关研究(如前文所述),婴儿在10—14个月时一般会说出第一个单词,在15个月时已平均掌握了10个单词,在24个月时词汇量会达到400个单词(Nazzi & Bertoncini 2003)。有估计认为,6岁儿童的平均词汇量为10000(Templin 1957),而9—12岁儿童的词汇量达到13000—19000(Feldman 2006:352)。

单词语的使用是儿童概念能力表现的重要标志,但却只是其初期的标志。我们知道,到了18—22个月,儿童不仅会使用单个的词语,而且开始把单词语结合为双词语,以至更长的表述。例如,我们开始听到类似于"放书"(put book)、"妈咪袜子"(mommy sock)、"还要牛奶"(more milk)和"牛奶没有了"(Allgone milk)这样的话语。这说明了什么呢?它表明儿童不仅学会了把一个概念当作认知工具来解读自己的感知经验,更学会了同时运用两个或者更多的概念来解读自己的感知经验。这里,问题的复杂性不仅在于用作认知工具的概念数量增加了,更在于概念与概念之间的相互关系更加复杂,尤其是这些概念及其关系所形成的关系体复杂性大大增加。它们实际上构成了一幅解读经验的概念蓝图。运用一幅概念蓝图所解读的经验就不单单是单个的人或物所产生的感知经验，而至少是一次活动或一个事件的感知经验。因此，双词语或句子的使用，表明儿童的概念能力向前发展了一大步。

当然，儿童在进入双词语和句子话语阶段以后，并非他的每一次表达都正确。实际情况是，他常会误用某些概念做认知工具，导致词汇使用上的错误；同时，他也会经常在语言形式标记上犯一些错误，如：说出"mens"和"catched"这样的形式。不过，这两种错误的本源是不一样的。前者涉及的是他的概念能力，后者主要涉及的则可能是他的语词能力。

儿童概念能力除了表现在他对单词语、双词语以及句子的使用上之外，还表现在：儿童有时会发明或创造他们自己的单词来指称事物及事物的属性。例如，Clark（1995）和Becker（1994）就记录了如下颇为有趣的例子：

"fix-man"（修理的人）用于指"技工"

"scale it"（秤它）用于指某物的"重量"

"nose-beard"（鼻子胡子）用于指"胡须"

"many talls"（许多高）用于指"很高"

Flavell et al.（2002/2001：390-1）也记录下了下面的例子：

一位想要父亲继续把他往上抛的儿童，对他的父亲说"more up"（还要上）

一位刚刚洗了手的儿童得意洋洋地对他的照看者说"All gone sticky"（没有了粘的）

这些例子说明什么呢？说明儿童在缺乏某些概念时，他们会创造一些临时概念做权宜的认知工具，以解读自己的感知经验。当然，这些创造的概念与成人的概念存在某些关联度，否则成年人就无法听懂儿童的讲话，儿童就达不到自己的交流目的。其实，Barrett（1982）所提到的儿童往往用同一个词（如"球"）来传达不同情境中的不同意义（如"我要球""我抛球"或"球打中我")的情形（见前文），也反映了儿童正处于动态的、不断变化的概念能力发展之中。

概念能力的发展，大大拓展了儿童的生活空间。他不仅能比以前更真切地感受到牛奶的香甜、小猫的可爱、妈妈的亲切，领悟到"乖娃娃"的含义、"谜语"的谐趣以及音乐的美妙，还能与人分享自己所感受到的这一切。

第四节 儿童语言概念能力发生的基础

儿童语言概念能力的发生与发展是建立在人物种进化所赋予的生物基础之上的。当代进化心理学（evolutionary psychology）的研究告诉我们，人类在漫长的历史进化中，形成了两种生存性的适应。一是适应物理环境。人类长期栖居地球，已经适应了生活在有重力的和三维的空间环境中，同时，为种系生存和繁衍的需要，需要准确地把握物理世界的特点，形成了能够知觉物体的重量、大小、形状、距离、速度、深度等特性及相关的感知运动协调本能和直觉。二是适应群居生活及与之有关的人际关系。人类的祖先在与其他物种的竞争中，逐渐赢得了生态优势（ecological dominance），自然选择的"外部"压力降低，物种内部个体间的互惠、合作和竞争成了推动人类进化的主要选择压力，尤其是物种内部的竞争成为主要的"自然敌对力量"，它长期推动着人类行为的进化。因此人类为了竞争与合作、影响和控制他人、防止被他人所骗，就需要理解他人的行为、观点、意图与想法，以获得个体生存优势和繁衍机会，因而逐渐形成了认识自己和他人心理状态的性向和直觉。（参阅张雷，张玲燕，李宏利，黄杏琳，莫雷 2006；蒋柯 2008）这种把握物理世界、认识自己与他人主观心理世界的本能、心向和直觉，就构成了人的概念能力发生的物种进化基础。

近年来，不断积累起来的心理学研究证据表明，人类婴儿在出生时便在生物学上被赋予一套丰富的跨通道刺激加工机制，这些加工机制使得他们能够感知和认识世界。例如，对婴儿联系各种感觉即跨通道知觉能力的研究表明，在三四个月时，婴儿倾向于把在时间上能够将同步的光和声音感知为同一事件的不同部分。比如，他们能够将特定声音与特定的面孔相匹配；他们甚至能够检测到特定的嘴唇运动和特定声音之间的同步性。婴儿也具有视—触觉的跨通道知觉能力，也就是，他们能够检测到所看到的物体与嘴里感觉过的物体之间的等同。（Flavell J. H., Miller P. H. & Miller S. A. 2001：83）。这种先天的跨通道刺激加工机制赋予人强大的获得感知经验并对感知经验进行加工整合的能力，从而为概念能力的发展提供了生物基础。在此意义上，可以说人是生而要认识、把握自己生存的世界的，语言概念能力是人的一种天性的心理、生物能力。

作为人的一种高级智慧能力，概念能力同时建立在人的三种符号处理能力之上。众所周知，符号可以分为象似性符号、标志性符号和任意性符号。如果一名儿童，他能做出假装抓书上的果子的行为，这说明他具备处理象似性符号的能力；如果他见了烟、烟缸、打火机就想起并叫"爸爸"，或者指着以前剪过指甲的剪刀说"指甲"，这说明儿童具有对标志性符号处理的能力；再进一步，如果儿童拿块石头当饭喂给青蛙吃，这说明他具有对任意性符号处理的能力。一些研究证实，有些动物可能具有对象似性符号和标志性符号处理的能力，但至今未发现哪种动物具有可以和人媲美的对任意性符号的处理能力。海然热（1999：121）也从另外一个角度支持了概念能力为人所独有的观点。他认为，我们可以区分三种智能：感知—运动型智能、表达型智能和概念智能。感知—运动型智能是一种分辨外界物体并让自己的行为适应它们的能力，这一智能大猩猩就具备；表达型智能是利用象征物对不在眼前的物体做出延后的标记的能力，这一能力经过训练，大猩猩也能获得；概念智能是指把实际事物与抽象符号而非象征物相联系起来的能力，却只有人类才具备。可见，建立在言语概念基础上的概念能力无疑具有人类独有性。

再换一个角度看，语言概念能力也是人延伸生活空间、拓展生存范围所必需的。动物往往只需在实际的利益范围之内就可以生存，但人却还需更加丰富、复杂的心理生活空间。缺少了以语词为基础的概念能力，人将失去建构在抽象心理经验之上的精神生活空间的全部意义——所谓"自由""平等""和谐""奉献""诚信""崇高"等精神体验将不复存在。语言概念能力是以概念所具有的认知工具功能为前提的。每一个小小的概念堪称个体认识世界的"微型理论"（theorettes；Forguson 1989），它们既代表着个体的认识成果，同时起着解释当前经验和预测将来经验的作用。Flavell et al.（2001：182）就明确指出，"它们（概念）有助于我们在面临明显不同的事物时，抽象出基本的相似之处，并且利用我们熟悉事例的知识，去预测不熟悉的事物"。（Gelman & Markman 1986；J. Flavell，P. Miller & S. Miller 2001）因此，儿童概念能力的发展首先是单个概念的掌握和在单个概念基础上建立起整个概念系统。儿童建立概念系统的过程在本质上就是通过学习每一个概念和范畴逐步掌握一种特定的观察世界、理解世界和表达世界的方式。然后，以此为基础，儿童开始学会把概念系统中的概念当作认知工具来解读各种内部心理经验和外部感知经验，并逐步达到娴熟的程度，成为实际生活中一种几乎不需耗费认知努力的生活本能。

　　语言概念能力是人的一种高级智慧行为，表现为人天性般地要学会将世界加以概念化。先是个体式的概念化，然后凭借语言以社会共约的方式将世界概念化。儿童最先建立的概念是以自我为中心的，是"私有"的，缺乏社会通约性，无法交流互通，对个体生存价值有限。而后，在语言的干预下，他们对自己的概念不断进行调整、修正和重组，在原有的概念中加进足量的全社会共有元素，使自己的整个概念系统变得具有足够的可通约性，以便能与社会其他成员互通交流，满足个体生存的需要。儿童学会将世界概念化的过程，是其通过建立概念系统，对遍布世界的各类实体加以分类，将世界（包括物理世界、生物世界、社会心理世界等）划分为各种有意义的范畴，在变化多端的多样性中识别各种相似性，在所建立的概念基础上进行推理和归纳，达到认识世界、表达世界的目的过程，它是儿童建立关于世界的概念和范畴，并运用所建立的这些概念和范畴去组织、理解、预测新的世界经验的过程。儿童语言概念能力的发展，以人物种进化所赋予的生物禀赋为基础，是儿童本能地要获得的划分世界、组织世界、理解世界、把握世界的能力形成与获得的基本标志。

第七章　第二语言概念能力的发展

第一节　语言概念能力的语言特定性

在第四章，我们构建了语言概念能力理论模型。该模型以目标语的概念性知识和基于概念性知识的心理操作程序为基础，是一个"知识+程序"模型。此处的"知识"是指"认知域"和"词汇概念"两种概念性知识，"程序"是指"视角化""详略化""范畴化"等心理操作过程。作为语言概念能力理论模型的两个核心特征，"知识"与"程序"的特征必然投射到整个模型上。我们认为语言能力具有语言特定性，因为作为语言能力内部机制的两种概念性知识以及依赖这些知识的心理程序操作都因语言而言，即具有跨语言差异性。下面，我们主要通过论述语言词汇概念和域映现、视角化、详略化等心理操作的跨语言差异性来论述语言概念能力的语言特定性。

一、词汇概念的跨语言差异性

词汇是一种语言编码世界的工具。不同语言之间，其词汇库存在很大差异。例如，英语中通常用一个动词词组"put on"来表达穿衣的动作（dressing），而日语则对穿衣的动作做了精细划分，往往根据具体的服饰对象而选用不同的动词。Clark（1983：10）就指出，讲日语的人对穿在上半身的衣物使用一个动词，对穿在下半身的衣物使用另一个动词，对穿在脚上和戴在手上的又使用一个动词，对戴在手上的饰物使用另一个动词，对穿戴的珠宝、耳环……使用的动词又不相同。再如，英语中往往根据河流流域大小将其划分为小溪与河流，而法语则不这样，它只区分注入海洋的河流（feuves）与注入别的河流中的河流（rivières）。Swan（1997：158）对英语、法语、丹麦语和瑞典语指称树木、木头与木材（the material wood）、小树林（collection of trees）和森林所做的对比也很有说服力：

表7.1　树、木头与木材、小树林、森林相关概念跨语言对比

英语	法语	丹麦语	瑞典语
Tree（树）	arbre	træ	träd
Wood（木头）（material）Wood（木材）（small forest）（小树林）	bois		trä
Forest（森林）	forêt	skov	skog

另外，Bowerman & Levinson（2001：501）就汉语和英语对"Opening"（打开、开启）动作的编码方式所作的对比也表明了词汇概念的跨语言差异。他们的研究表明，韩语将英语中"OPEN"域划分为许多范畴，使用不同的动词来表示"打开门和盒子""打开对称性的东西"（如嘴和蛤贝）、"打开可以撕开的纸质物（如信封）""打开可以平展的东西（如书、手和扇子）"等等（详见图7.1）。

此外Brown（2001：529）2001：529；转引自姜孟 2009：240）对特泽尔塔语（Tzeltal）动词语义的分析也为词汇概念的跨语言差异提供了证据。在特泽尔塔语中，吃东西时具体选用那个动词要依赖于所吃食物的特征，比如，吃香蕉等软东西用的"lo'"，吃豆子等脆的东西用"k'ux"，吃玉米粉圆饼（tortillas）和面包要用"we'"，吃肉和红辣椒要用"ti'"，吃甘蔗要用"tz'u'"，吃玉米粥和其他流体食物要用"uch'"，等等；同样，持某物或搬运某物所选用的动词也取决于所持物件的形状或搬运物件的方式。比如，搬运双手环抱的东西用"pet"，搬运用头部负重的东西用"kuch"，搬运扛在肩上的东西用"k'ech"，用手搬运上部支撑的东西用"lik"，搬运从手中纵向伸展的

东西用"tuch'",搬运放在嘴里的东西用"lut",等等(如图7.2所示)。类似的情况也存在于一些表示位置、切割、折断、插入、提取和其他动词。

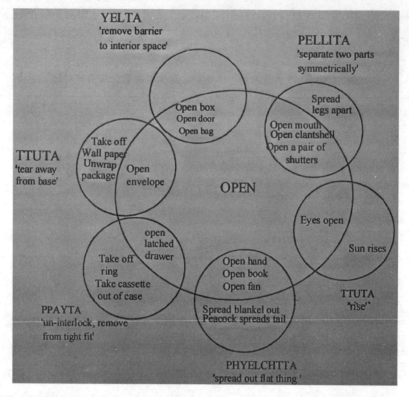

图7.1 英语和韩语对"打开"的范畴化(Bowerman & Levinson(2001:501))

事实上,有不少学者估计,语言的绝大部分概念都是具有语言特定性的,"只有非常少、非常简单的一些概念跻身于所有语言的共享词汇核心"(Wierzbicka 1993:16)。英语哲学家洛克就曾指出:

> If we look a little more neatly into this matter, and exactly compare different languages, we shall find that, though they have words which in translations and dictionaries are supposed to answer one another, yet there is scarcely one of ten amongst the names of complex ideas, especially of mixed modes, that stands for the same precise idea which the word does that in dictionaries it is rendered by. (Locke(1959:49;转引自姜孟 2009:240))

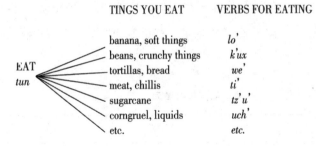

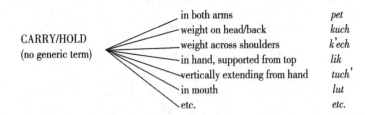

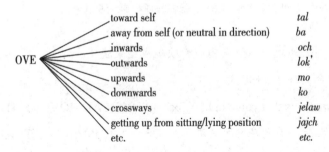

图7.2 特泽尔塔语动词语义细解（P. Brown（2001：529；转引自姜孟 2009：240））

我们认为，词汇概念的跨语言差异性源于世界的无边界性以及由此留给人的主观范畴化空间。

二、域映现的跨语言差异性

域映现是人概念能力的一个分项心理机制，它同样具有跨语言差异性。对于同一目标经验，不同的语言往往选取不同的域映现机制。例如，一种语言采取了图式映现机制，另一种语言采取了隐喻映现机制或转喻映现机制；或者一种语言采取了隐喻映现机制，另一种语言又采取了图式映现机制或转喻映现机制。另外，即使两种语言采取的映现类型是相同的，比如都是隐喻映现，但所选取的实际认知域也可能不一样。表7.2概括了一些可能的情况，下边以汉英两种语言为例加以阐述。

表7.2 域映现的跨语言差异

基本的跨语言对比		汉语	英语
不同映现类型	情况1	图式映现	隐喻映现
	情况2	图式映现	转喻映现
	情况3	隐喻映现	转喻映现
相同映现类型	情况1	域X_1	域Y_1
	情况2	域X_2	域Y_2
	情况3	域X_3	域Y_3

注：表7.2只是呈现了一些基本的跨语言差异，可能还存在一些复杂情况，如：一种语言采用图式映现，另一种语言同时采用图式映现、隐喻映现和/或转喻映现

（一）汉语采用图式映现，英语采用隐喻映现或图式映现。例如：

1. a. 我没想到你会反对。（MIND）[①]

   b. *It didn't occur to me* that you would object.（PHYSICAL MOVEMENT）

2. a. 我们到达那儿时，看到房间里聚满了陌生人。（HUMAN MEETING）

   b. When we got there, we found that the room *was packed with* strangers.（OBJECT PACKAGING）

3. a. 他老婆成天唠叨他，他很厌烦。（ATTITUDE）

   b. His wife keeps nagging him all day. He really got *fed up with* her.（FOOD EATING）

第一对句子中，1-(a)通过投射【心智】（[MIND]）域来阐释讲话者产生某个念头的心理活动经验，1-(b)通过投射【物理运动】（[PHYSICAL

---

① 括号中大写的单词代表该句子所涉及的投射域。

MOVEMENT］）域来阐释同样的心理经验。这表明汉语采用的是图式映现，英语采用的是隐喻映射。第二、三对句子的情况也类似，2-（a）通过投射【聚会】（[HUMAN MEETING]）域来阐释讲话者的感知经验"看到陌生人聚在房间里"，2-（b）则通过投射【物体包装】（[OBJECT PACKAGING]）来阐释同一经验。3-（a）通过投射【态度】（[ATTITUDE]）域来阐释讲话者（转述者）所获得的心理认识经验，而3-（b）则通过投射【进食】（[FOOD EATING]）域来阐释相同经验。其他的例子还包括：

4. a. 那次事故使他失去了健康。（CAUSE-EFFECT）
   b. The accident *robbed* him *of* health.（ROBGERY）
5. a. 那座山脉位于加拿大和墨西哥之间。（SPATIAL LOCATION）
   b. That mountain range lies (longitudinally) between Canada and Mexico. （HUMAN BODY POSTURE）
6. a. 那座山脉从加拿大一直延伸到墨西哥。（SPATIAL ADDITION）
   b. That mountain range goes from Canada to Mexico.（MOTION EVENT）
7. a. 你能觉察出屋角处有煤气泄漏吗？（SUBSTANCE PROPERTY）
   b. Can you detect an *escape* of gas in this corner of the room?（SOCIAL BEHAVIOR）

（二）汉语采用图式映射，英语采用转喻映现。例如：

1. a. 她的感情战胜了他的理智。（EMOTION/REASON）
   b. Her *heart* ruled her *head*.（BODY's ORGAN/BODY's PART）
2. a. 由于过多的降雨，河水已与河堤齐平。（RIVER WATER）
   b. The *river* is already flush with its banks because of excessive rainfall. （RIVER）

第一对句子，1-（a）通过投射【情感/理智】（[EMOTION/REASON]）域来阐释讲话者所获得的关于"她"行为表现的认识经验，1-（b）通过投射【身体器官】域（[BODY's ORGAN/BODY's PART]）来阐释相同经验。前者是一个一般域的映现，后者则是具有某种语用联系的两个域之间的映现，因而它们分属图式映现和转喻映现。第二对句子的情况也类似：2-（a）投射的是【河水】（[RIVER WATER]）域，2-（b）投射的是【河流】（[RIVER]）域，它们阐释的都是"降雨导致河水上涨"这一感知经验。同样的例子还有：

3. a. 据说他们是当代最优秀的作家。（AUTHOR）

   b. They are said to be the best *pens* of the day.（WRITING INSTRUMENT）

4. a. 人们一英亩一英亩地烧掉热带雨林，迅速开辟牧场，饲养用于快餐的菜牛。（CATTLE）

   b. Acre by acre, the rainforest is being burned to create fast pasture for *fastfood beef*.（BEEF）

5. a. 千条汉子能共处，两个婆娘难相容。（MAN/WOMAN）

   b. *A thousand moustaches* can live together, but not *four breasts*.（PHYSIOLOGICAL TRAIT/HUMAN BODY's PART）

6. a. 他饮尽了生活的苦酒。（LIQUOR）

   b. He drained the *bitter* cup of life to the bottom.（LIQUOR CONTAINER）

7. a. 多听他人语，少说自己话。（SPEECH）

   b. Give every man *thy ear*, but few *thy voice*.（LISTENING ORGAN/SPEECH VEHICLE）

8. a. 凶残与贪婪交织在一起，浮现在他的脸上。（CRUELTY/GREED）

   b. *The wolf and the pig* mingled together in his face.（CRUEL ANIMAL/GREEDY ANIMAL）

9. a. 他选择当兵而没有选择上大学。（MILITARY FORCES/EDUCATION）

   b. He chose a *gun* instead of a *cap and a gown*.（WEANPON/ACADEMIC SUIT）

10. a. 不论是戴着圆顶礼帽的老成持重的生意人，还是那些头发蓬乱的毛头小伙子，全都是这样。（BUSINESSMAN/YOUNG MAN）

    b. And this is true whether they are *wearing bowler hats* or ungovernable mops of hair.（From PRIESLE J.B. The Future of the English）（CHA-RACTERISTIC APPEARANCE）

11. a. 旧金山离伯克利有半小时的路程。（DISTANCE）

    b. San Franciso is *half an hour* from Berkeley（half an hour, the time it takes to travel the distance, stands for the distance）.（TIME）

（三）汉语和英语都采用图式映现但具体选择的域不相同。例如：

1. a. 非洲的热带雨林（由于以每年成千上万公顷的速度遭到破坏而）正在消失。（DISAPPEARANCE）

   b.（Destroyed at the rate of thousands of hectares a year）, the rainforests in Africa are dying out.（DEATH）

2. a. 由于班上人数很多，我一节课只能回答几个问题。（NUMBER）

   b. As our classes were very large, I was only able to answer a couple of questions in each class period.（SIZE）

1-（a）通过投射【消失】（[DISAPPEARANCE]）域来阐释某种生物消失的事实经验，1-（b）则通过投射【死亡】（[DEATH]）域来对同一经验进行阐释，两者所涉及的都是一个一般域，但具体选择的域则不相同。2-（a）和2-（b）的情况也类似，两者所投射的都是一个一般域，但2-（a）所投射的是【数量】（[NUMBER]），2-（b）所投射的则是【物理尺寸】（[SIZE]）域。另外的例子还包括：

3. a. 她给孩子洗了一个澡。（ACTION）

   b. She gave the child a bath.（OBJECT）

4. a. 孩子自己洗了一个澡。（ACTION）

   b. The child had/took a bath.（OBJECT）

5. a. 我踢他的腿（=I kicked him on the leg）。（ACTION）

   b. I gave him a kick on the leg.（OBJECT）

（四）汉语和英语都采用隐喻映现，但具体选用的域不相同。例如：

1. a. 最终他意识到理想和现实之间的差距。（MOVEMENT）

b. At last he realized the divorce between the ideal and the real.（MARRIAGE）

2. a. 这台计算机经常死机，我想把它扔掉。（DEATH）

　　b. The computer often freezes. I want to throw it away.（SUBSTANCE PROPERTY）

1-（a）与1-（b）分别通过投射【运动】（[MOVEMENT]）和【婚姻】（[MARRIAGE]）域来阐释讲话者所获得一种关于他人的心理认识经验，两者都是跨域映现，因而属于隐喻映现，但是两者分别选择了【运动】和【婚姻】两个不同的域。2-（a）与2-（b）的情况也类似，都采用了隐喻映现，但所投射的域分别是【死亡】（[DEATH]）和【物质特征】（[SUBSTANCE PROPERTY]）。类似的例子还包括：

3. a. 守口如瓶（VESSEL）

　　b. dumb as an oyster（ACQUAEOUS BEING）

4. a. 挂羊头卖狗肉（BUTCHER）

　　b. cry up wine and sell vinegar（GROCERY STORE KEEPER）

（五）汉语和英语都采用转喻映现，但具体选用的域不相同。例如：

1. a. 他太贪杯。（DRINKING UTENSIL）

　　b. He was too fond of the bottle.（LIQUOR CONTAINER）

2. a. 这个女孩口齿伶俐。（MOUTH/TOOTH）

　　b. The girl has a ready tongue.（TONGUE）

1-（a）与1-（b）分别通过投射【饮具】（[DRINKING UTENSIL]）和【盛酒容器】（[LIQUOR CONTAINER]）域来阐释讲话者所获得一种关于他人的认识经验，两者都涉及一种具有语用功能联系的两个域之间的映现，因而属于转喻映现，但是两者分别选择了【饮具】和【盛酒容器】两个不同的域。2-（a）与2-（b）的情况也类似，都采用了转喻映现，但所投射的域分别是【嘴/牙齿】（[MOUTH/TOOTH]）和【舌头】（[TONGUE]）。类似的例子还包括：

3. a. 血肉之躯（=body of flesh and blood）所能承受的毕竟有限。（HUMAN BODY's PART）

   b. There is a limit to what flesh and blood can bear.（HUMAN BODY's COMPOSITES）

4. a. 他是管弦乐队的第一小提琴手。（HUMAN BODY's PART）

   b. He is first violin of an orchestra.（MUSICAL INSTRUMENT）

应当指出的是，汉语和英语似乎不存在"一种语言采用隐喻映现，另一种语言采用转喻映现"的情况。

三、视角化的跨语言差异性

与域映现一样，两种语言在视角化心理操作上往往也存在差异，即给定同一目标经验，两种语言采用不同的视角化方式来修正和限制潜在概念蓝图。下面也同样以英语和汉语为例加以阐述。试看下面几组句子：

1. a. I loaded the truck with hay.

   b. 我把干草装到卡车上（equivalent to: I loaded hay onto the truck）。

2. a. I slowly drained the fuel tank of gasoline.

   b. 我慢慢地把汽油从油箱里放出来（equivalent to: I slowly drained gasoline from the fuel tank）。

3. a. The fuel tank slowly drained of gasoline.

   b. 汽油慢慢地从油箱里流出来（equivalent to: The gasoline slowly drained from the fuel tank）。

4. a. I slowly suffused the room with perfume.

   b. 我慢慢地给整个屋子洒香水（equivalent to: I slowly suffused perfume through the room）。

5. a. I hit the stick against the fence.

   b. 我用棒来打篱笆（equivalent to: I hit the fence with the stick）。

6. a. John smeared the wall with paint.

   b. 约翰把油漆抹在墙上（equivalent to: John smeared paint on the wall）。

以上6组句子，（a）句与（b）句都投射了相同的域（分别是[LOADDING]、[DISCHARGE]、[SUFFUSE]、[HIT]、[PAINTING]），但他们在F/G（图形/背景）的安排上存差异，所有几组句子中（a）句都采用了G/F的安排，而（b）句都采用了F/G的安排。

又如：

7. a. The boy has freckles on his face.

   b. 孩子的脸上有雀斑（=The boy's face has freckles on it/ There are freckles on the boy's face）。

7-（a）与（b）采用的都是图式映现（投射了[FACIAL LOOK]域），但a将基线（baseline）置于最大范围的水平，而b则将基线置于中等范围的水平（the mid-scope level）（cf. Talmy 2000a, b）。

其他的例子还包括：

8. a. I was formerly affiliated with Shanghai University.

   b. 我以前的工作单位是上海大学。

9. a. He contributed regularly to the newspaper.

   b. 他经常给这家报社投稿。

10. a. Information desk

    b. 咨询台

11. a. mobile phone subscribers

    b. 手机电话用户。

8-（a）从雇员与雇主关系的角度来阐释目标经验，8-（b）则从雇主所代表的机构的角度来阐释同一经验。9-（a）选择的经验阐释视角是"个体行为之于整体结果的关系"，9-（b）所选择的阐释视角则是"主体行为指向"的视角。

类似地,10-(a)所选择的经验阐释视角是"服务提供者",10-(b)则是"服务对象";11-(a)所选择的经验阐释视角是"服务提供者—对象关系",11-(b)则是"产品—对象关系"。

四、详略化的跨语言差异

与域映现和视角化一样,详略化这一心理操作过程也应所使用的语言而异,即存在跨语言差异性。

Lakoff(1987:78)引用Schank & Abelson(1977)的例子指出,就一个结构化的场景(structured scenario)而言,乘坐某种交通工具去某处通常涉及5个基本点:

前提条件点:你拥有或可以获得某种交通工具
出发点:你进入交通工具并启动交通工具
中心点:你利用交通工具到目的地
完成点:你停下来并走出交通工具
终点:你处在目的地

但是加拿大中部一种叫Ojibwa的土著民语言则往往用"出发"点来代替整个旅行过程。比如,问一个Ojibwa土著民他是如何来到晚会的,他会以如下方式来作答:

——我开始来了
——我上了一艘独木舟
——我进入了一辆轿车

与此不同,讲英语的人则往往会选择"中间点"或"前提条件点"来代替整个过程。例如,当询问同样的问题"你是如何来晚会的?",他们往往会回答说:

——我驾车(中间点)
——我有一辆轿车(前提条件点)

——我借了我弟弟的车（蕴含前提条件点）

可见，Ojibwa通过说出"出发点"来表达整个旅程，而英语则通过说出"中间点"或"前提条件点"来表达整个旅程，这无疑体现了两种语言在"详略化"心理操作过程上的差异。

另外还有不少证据来自从类型学视角开展的对运动事件编码的研究。对叙事语篇的跨语言研究证据表明，动词框架型语言（Verb-framed languages，简称V-语言）和卫星框架型语言（satellite-framed languages，简称S-语言）在表达运动事件的方式上存在很大差异。讲S-语言的叙述者往往更多的注意运动的方式和运动延续的路径（extended paths of motion），而讲V-语言的叙述者则更多的关注场景—环境（scene-setting）而非主角的延续的、动态动作（Slobin 1997；Strömqvist & Verhoeven 2004）。例如，Slobin（2003）就报道了一项基于"青蛙故事研究法"（the Frog Story Method）的研究。该研究中的一部分任务是让受试描述青蛙故事中的"猫头鹰情节"（the owl episode），这一情节由两幅画构成，其大意是：

一名孩子为寻找一只跑走的青蛙，而爬上了一棵树，他朝树洞里看了看，一只猫头鹰从洞中飞出来，结果孩子从树上掉到了地上。

研究结果发现，英语本族语者（即讲S-语言者）在描述中常常清晰地提及动作的方式，而不提及场景成分（ground elements）的位置；但西班牙语本族语者则刚好相反，他们往往清晰地提及场景成分的位置，而将动作方式留给读者去推导。下面分别是英语本族语者和西班牙语本族语者描述该场景的一个样例：

（1）after that he continues
　　　and *climbs* up on this tree
　　　and looks in this hole for the frog
　　　the boy **tumbles down** from the branch

because of an owl

who's **popped up** from the hole

(2) *el niño sigue buscando en un árbol*（=the boy continues searching in a tree）

que tiene un hueco（=that has a hole）

dentro de ese árbol vacío aparece un buho（=inside of this empty tree an owl appears）

que asusta al niño（=that scares the boy）

y el niño se cae（=and the boy falls）

第一段描述中出现了 climb, tumble down, pop up 等许多表示运动方式的动词，它表明英语本族语者较多关注"运动方式"方面的细节；第二段描述中没有出现运动动作动词，但出现了不少对场景成分的位置的描述，如：*que tiene un hueco*（=that has a hole），*dentro de ese árbol vacío aparece un buho*（=inside of this empty tree an owl appears）等。

研究结果还表明，以上差别不仅仅是讲英语与西班牙语的叙述者之间的差别，讲 S-语言和 V-语言的各个年龄段的叙述者都存在同样的差别：操 V-语言的叙述者几乎都只用了一个表示"退出"（exit）的路径动词来描述猫头鹰的突然出现，对运动方式不给予描述，如：

讲 V-语言者：

a. Spanish: *Sale* un buho.（=Exits an owl.）

b. French: D'un trou de l'arbre *sort* un hibou.（=From a hole of the tree exits an owl.）

c. Italian: Da quest' albero *esce* un gufo.（=From that tree exits an owl.）

d. Turkish: Oradan bir baykus *çıkıyor*.（=From there an owl exits.）

e. Hebrew: *Yaca* mitox haxor yanšuf.（=Exits from: inside the hole owl.）

与此相反，讲S-语言的叙述者，不论其年龄，几乎都使用某种方式动词加上一个表路径的卫星词来给"猫头鹰出现"这一事件增添动态信息。例如：

讲S-语言者：

a. English: An owl popped out.

b. German: ...weil da eine Eule plötzlich raus-flattert.（=...because there an owl suddenly out-flaps）

c. Dutch: ...omdat er een uil uit-vliegt.（=...because there an owl out-flies）

d. Russian: Tam vy-skočila sova.（=There out-jumped owl.）

e. Mandarin: Fei1-chu1 yi1 zhi1 mao1 tou2 ying1.（=Fly out one owl.）

Slobin（2003：7）统计了讲各种语言的叙述者使用方式动词描述猫头鹰出现情节的差异（如图7.3所示）：

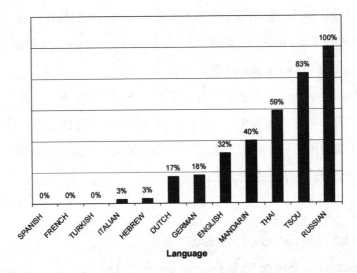

图7.3　讲各种语言的叙述者使用方式动词描述猫头鹰出现情节的差异
（Slobin 2003：7）

此外，Slobin（2006：8）还分析了青蛙故事的另一个情节——男孩掉崖情节（fall from the cliff）。该情节含有不少潜在的路径成分，如：*moving to the cliff*, *stopping at the cliff*, *throwing the boy and dog down*, *falling of the boy and dog into the water*。分析结果发现，讲S-语言的叙述者更倾向于把该事件分解

为许多组成成分，而讲V-语言的叙述者则很少使用单个运动动词来编码路径成分，如表7.3所示：

表7.3 青蛙故事之男孩掉崖情节分析（引自 Slobin 2003：19）

S-LANGUAGES			V-LANGUAGES		
Languages	Average number of event segments	Percentage of narrators mentioning 3 segments	Languages	Average number of event segments	Percentage of narrators mentioning 3 segments
Germanic (Dutch, English, German, Icelandic, Swedish)	3.0	86%	Romance (French, Portuguese, Spanish)	2.1	30%
Slavic (Polish, Russian, Serbo-Croatian)	2.8	76%	Semitic	2.0	30%

另外，对小说中运动事件描述的类型学研究结果也支持详略化的跨语言差异。例如，Slobin（1996）就比较了五部西班牙小说和五部英语小说中有关运动事件描述中涉及的场景客体（ground objects）的情况。他发现，英语小说平均每个小句提及的场景客体要比西班牙语小说多（96% vs. 81%），而且英语小说也倾向于提及大量指称场景的成分。此外，Slobin（2000）、Oh（2003）以及Ozcaliskan & Slobin（2003）所做的研究也发现了类似结果（详见姜孟 2009：232-233）。

实际上，就是在同一类型的语言中，不同语言在详略化方面也存差异。例如，Slobin（2003）就对同属V-语言的巴斯克语（Basque）和土耳其语的叙述者在描述"掉崖"场景上的表现进行了对比：

a. *danak amildegiti-**kan** beh-**era** erori zian ibai bat-**era***

all.ABSOLUTIVE cliff-**ABLATIVE**: LOCATIVE below-**ALLATIVE**

fall: PERFECTIVE AUX river one-**ALLATIVE**

'All of them fell from the cliff **down to** the river.'

b. geyik bir tane uçurumun kenarına geliyor ve uçurumun ucunda

çocuğu başın-**dan asağı** atıyor

deer one item cliff's side-DATIVE comes and cliff's side-LOCATIVE

boy-ACCUSATIVE its: head-**ABLATIVE downwards** throws

'(The) deer comes to the side of a cliff and at the edge of the cliff throws the boy **down from** his head.'

(Slobin 2003: 21)

其结果表明，讲巴斯克语的叙述者同时提及了运动始源（source）和目标（goal）成分——"from the cliff down into the river"，而讲土耳其语的叙述者则提及了两个始源成分，而未提及目标（"at the edge of the cliff... down from his head"）。

可见，大量文献都表明，讲不同语言的人在语言表达中往往选取不同的经验成分来传达其交际含义，这证明语言概念能力的详略化机制存在跨语言差异性。

综上所述，语言概念能力具有语言特定性，其特定性表现在不同语言所拥有的词汇概念系统存在很大差异，其域映现、视角化、详略化等内在操作机制也存在很大跨语言差异。

当然，强调语言概念能力的语言特定性或其跨语言差异性，并不能否认语言概念能力存在跨语言的共性心理机制。这种共性心理机制既包括构造意上的，也包括实际运作意义上的。从前者来看，人类语言概念能力可能都是以"概念性知识+概念性操作程序"为核心机理和心理构造的，可能都遵循从概念性资源库中提取认知域和词汇概念资源然后来启动域映现、视角化、详略化等心理操作程序这一运作方式。从后者来看，即使是对于某一给定的目标经验，不同语言在域映现、视角化、详略化等心理程序环节，也可能采取完全相同的心理操作方式。总而言之，强调语言概念能力的语言特定性，只是基于从对第二语言习得有理论意义的角度赋予了这一能力的跨语言差异特征以特别的关注。

第二节 第二语言概念能力发展的内涵

前一节讨论了语言概念能力的语言特定性,这意味着二语学习者的母语概念能力不等同于他正在学习的二语(目标语)的概念能力,他无法通过简单地迁移母语概念能力来替代对二语的学习。相反,学习者面临建构一种新的语言概念能力的任务。下面着重对建构这一能力的基本内涵进行讨论。

上一章,我们提出了语言认知结构理论模型,该模型立足的基本假设是:语言能力是建立在人的语言认知结构之上的,其发展以人的语言认知结构的发展为前提。从这一思想出发,我们认为,语言概念能力的发展归根到底是人的概念性认知结构的发展,它包括概念性知识的发展(静态积累性认知结构)和概念性操作程序(动态工作性认知结构)的发展,其目标是发展其具有二语特定性的域映现、视角化、详略化等方面的分项概念能力。我们将二语概念能力发展的内涵图示如下:

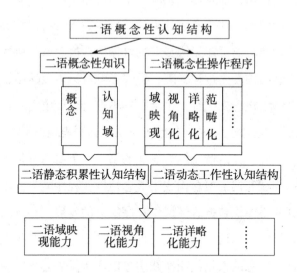

图7.4 二语概念能力发展的认知结构内涵

从图7.4可以看出,二语概念能力发展面临的首要任务是概念性知识的发展,它包括建构起目标语(二语)特有的词汇概念系统和目标语本族语者特有的认知域资源库。之所以如此,是因为这两种概念性知识是概念性操作程序得以发生的基础。第一是认知域资源，它直接为要识解和表达的目标经验提供潜在的概念蓝图，是域映现、视角化、详略化等心理程序的操作对象。学习者所建构的认知域的性质、内容特征和丰富程度，直接会影响域映现的方式。例如，对于某一意欲表达的特定经验，目标语本族语者通常采用隐喻映现的方式，而学习者由于认知域种类和数量丰富程度的限制，无法提取到相应的认知域来进行隐喻映现，只能退而求其次，提取本族语者较少甚至不大使用的某个认知域来进行图式映现，其结果无疑会影响到对目标经验的识解，影响到概念能力机制所产生的概念结构，并最终影响到学习者所产出的实际话语，使其所讲出的二语显得语义怪异，缺乏地道性。

第二是词汇概念。词汇概念的作用是为范畴化操作提供执行工具，满足可操作性概念蓝图对概念实体的要求。同样，学习者目标语词汇概念的类型、数量、内容特征和关系特征，会直接影响到范畴化操作是否顺利，能否成功执行域映现、视角化、详略化等操作机制所产生的可操作性概念蓝图。假设学习者的目标语词汇概念资源不够丰富或达不到目标语的语言特定性要求，那么他在执行范畴化心理操作时便可能无法提取到可操作性概念蓝图所要求的概念，其后果是使整个概念结构产生过程受阻，最终影响目标语表达结果。学习者即使勉强选用了一个母语概念来代替，也会因其不符合目标语语言特定性的要求，而产出一个比较怪异的概念结构，导致外部实际话语表现出不地道性。

除概念性知识外，二语概念能力发展的第二个重要任务是概念性操作程序能力的发展。认知域和词汇概念构成了概念性操作程序能力发展的一个基本前提或条件，但其并不能代替概念性操作程序能力的发展。一方面，概念性操作程序能力离不开认知域和词汇概念这两种概念性知识，它必须在对所学习、构建的认知域和词汇概念的大量使用实践中才能逐步发展起来。脱离了这两种相关概念性知识，概念性操作程序能力便无从发展。另一方面，概念性操作程序能力又可以在一定程度上独立于概念性知识的发展，它可以滞后于概念性知识的发展。因为这一能力在本质上属于人心智的一种后生倾向、是人大脑的一种后天功能，它是在大量的后天实践中缓慢发展起来的，是外在经验对人的心智长期雕塑、外在行为对人的大脑结构与功能长期作用的结果。概念性知识与概念性操作程序能力发展的不均衡性，可以很好地解释学习者的接受性语言能力总是优于其产出性语言能力的问题。在语言理解中，学习者只需根据所接受到的言语声音/视觉刺激信号激活相关语词结构，并通过语词结构激活相关概念结构，进而唤起概念结构所代表的经验结构即可。它无须启动域映现、视角化、详略化等概念性操作程序。但言语产出过程则相反，它必须启动相关概念性操作程序才能产生出合格的可操作性概念蓝图，进而产生合格的概念结构，以致最终实现对目标经验的表达。

由于概念性操作程序能力包括域映现、视角化、详略化等分项操作能力，其发展过程不仅十分缓慢而且十分复杂。可以设想，二语学习者在这些分项能力上的发展可以不是完全同步的。对某一经验域而言，某项分项能力（如视角化）的发展已经领先另一分项能力（详略化），但对另一经验域而言，该项分项能力则明显落后于另一分项能力。这种发展的不平衡性将会使学习者在概念能力上呈现多变、不稳定的特征。

换一个角度看，概念能力的发展包括静态积累性认知结构的发展和动态工作性认知结构的发展两个方面。概念性知识的发展就属于前者，概念性操作程序能力的发展属于后者。

概言之，语言概念能力的发展包括概念性知识的发展和概念性操作程序能力的发展两个维度，二者之间可以存在一定不平衡性；同时，概念能力各分项能力如域映现、视角化、详略化等之间也可以存在发展上的不平衡。语言概念能力发展的状况将直接影响学习者实际说出的话语在概念语义上的地道性。

第三节 第二语言概念能力发展的特点

在第四章第五节，我们从言语产出角度对语言能力做了纵向划分，将其划分为概念能力、语词能力和言语外化能力。二语学习的基本目标无疑是获得在这三种分项能力上的全面发展，因为此三者对实际的言语交际而言，是一体三面，不可分割的。但是在实际的外语学习中，概念能力的发展呈现独特的特点。

第一，与言语外化能力相比，概念能力的发展更加耗时费力，且更加攸关于学习者的二语水平。言语外化能力是一种外部言语能力，它涉及的是人的发声系统（口头言语）或书写系统（书面语言）。就发声系统而论，它主要涉及各肌动器官与部位的协同与配合问题，即能否调动相关肌肉熟练地产出目标语的音段（发音方式、发音部位）、超音段（重读、语速）系统特征。就书写系统而论，则主要涉及能否按照目标语的文字规范赋予内部言语结构合适的外部可见形式。言语外化能力一般通过大量的目标语口、笔头实践就能获得很好的发展，它一般都能在较短的时间内达到不影响正常交际的水平，尽管完全摆脱母语口音是十分困难的。同时，言语外化能力作为执行层面上的一种能力，它一般不决定学习者二语话语的内容和质量，如其语义地道性和句法合格性。但概念能力不同，它作为一种语言底层能力或内部言语能力，其好坏直接影响学习者二语产出的内容和质量。因此，相比言语外化能力，概念能力是学习者最需花费力气、但发展最为缓慢的一种能力。学习者的二语水平往往受制于其概念能力的发展。我们设想，二语学习者由于缺乏本族语者般的生活经验和目标语使用环境，其概念能力发展到一定程度便停下来，出现一种僵化现象。

第二，二语学习者概念能力的发展与语词能力相比也表现出不同的特点。与概念能力一样，二语语词能力的发展也十分复杂，它也同样涉及二语语词性知识和二语语词性操作程序能力的发展。其中，二语语词性知识的发展包括二语拼写、语音、形态、句法、语义等方面的知识的发展；二语语词性操作程序能力的发展则分别包括对这些方面的规则（如正字规则、发音规则、构词规则、投射规则、语义规则）的实际应用能力的发展，即学习者能够启动相关心理操作程序按相关规则拼出实际的词、读出实际的单词/短语/话语、构造出实际的词、组构出实际的句子、进行实际的语义搭配等等。同样，语词性知识的发展属于二语静态积累性认知结构的发展，二语语词性操作程序能力的发展则属于二语动态工作性认知结构的发展。具体可图示如下：

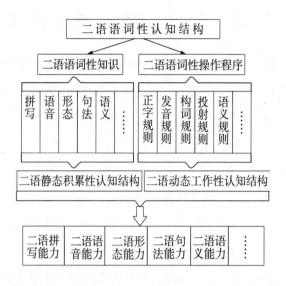

图7.5　第二语言语词能力发展的认知结构内涵

尽管语词能力的发展具有与概念能力十分相似的认知结构内涵，但由于语词能力隶属于与实际的外部言语更接近的层次，加之有比较直观的语词符号做指示，是学习者较为直接的学习对象，因而其发展总体上比较快速高效——尽管语词能力中的句法分项能力可能是一个例外（UG视角下的一些二语句法习得研究证据似乎表明了这一点）。这就是说，二语学习者语词能力的发展经常领先于其概念能力，两者存在一个发展不平衡的问题。这一问题的结果是二语学习者在语言使用中常常产出不符合目标语规范的概念结构，但却被赋予了完全符合目标语规范的语词结构。在实际表达上，这表现为二语学习者说/写出了完全符合目标语语法规范的句子，但在这些句子在语义上却很难被本族语者接受，因为他们很少以这种方式讲话。姜孟（2006a）将此称作二语（外语）学习中的隐性不地道现象。

简而言之，学习者二语概念能力的发展常常滞后于其语词能力和言语外化能力的发展，使学习者在二语使用中常常产出隐性不地道的话语；同时，概念能力发展渐进缓慢的特点也使学习者的二语水平很难达到本族语者的程度。

第四节　第二语言概念能力运作的特点

前边已经提到，概念能力具有语言特定性，即不同语言存在不同的概念能力系统。对于成人二语学习者而言，这意味着他获得了两套语言概念能力系统。一套是二语的概念能力系统，另一套是先前获得的母语概念能力系统。由于概念能力系统的建立既涉及静态积累性的概念性知识（认知域和词汇概念）的发展，也涉及动态工作性的概念操作程序能力的发展，是一个渐进、缓慢、复杂的过程，毋庸置疑，二语概念能力系统相比母语概念能力系统还要薄弱得多，还不够巩固。这包括两个方面的含义。第一，二语概念资源库中的认知域和词汇概念资源，无论是在类型、数量上还是在可提取性上，就整体而论，都远不如母语的概念资源库丰富、高效。第二，二语概念性操作程序在整体上也远不及母语的概念性操作程序自动化程度高，因为概念性操作程序是一种心智嵌入性，其高低程度取决于外在经验对人脑的结构和功能的塑造程度。显然，成人学习者的母语经验要比其二语经验丰富、广泛、深刻得多，对人大脑的影响也相应要深刻、广泛得多。学习者二语概念能力系统相比母语概念能力系统在巩固程度上的差异，使其在运作过程中会受到来自母语概念系统的影响或作用。

具体而言，学习者在使用二语的过程中，面对意欲传达的经验，他需要从二语的概念资源库中选取认知域来实施域映现操作过程，但是由于他大脑中还存在母语的认知域资源，而且母语的认知域资源的可及性可能还更高，因此两种不同的认知域资源会发生竞争，学习者需要启动大脑抑制机制（Rodriguez-Fornells et al. 2006）来保证他所提取的认知域是合适的。设想，对于某一目标经验，学习者碰巧还没有建立其具有充分可提取性的认知域，则在与母语认知域的竞争中母语认知域立刻获胜，这意味着学习者很容易错误地提取到母语的认知域。认知域的提取直接影响域映现操作过程。如前所述，域映现包括图式映现、隐喻映现和转喻映现三种方式。取决于所提取的具体的认知域，学习者或者采取图式映现，或者采取隐喻映现，或者采取转喻映现。但是对于一个二语学习者而言，他的每一种映现方式又可能包括母语和二语这两种次一级的映现方式，如二语的图式映现和母语的图式映现。如果学习者先前提取到的是母语的认知域，则他可能采取母语的某种映现方式，如隐喻映现。这就是说，母语的映现方式在这一心理操作环节会对二语的映现方式发生影响。这种影响一旦发生，这就意味着学习者这一环节所产出的潜在概念蓝图是母语的而非目标语（二语）的。

类似的情况也可能发生于域映现之后的视角化、详略化、范畴化等环节。就视角化和详略化而言，同样，学习者如果在启动二语的相应操作方式上出现了困难，则他完全可能求助于母语的相应操作方式，其结果是经过这一环节所产生的可操作性概念蓝图是属于母语的，自然也就会引起概念结构上的后果。就范畴化而论，主要是为执行这一程序所提取的词汇概念是不是合适的——是二语的？还是母语的？如果碰巧学习者的二语词汇概念库中缺少某个概念，则只好勉强提取一个母语概念，其必然影响范畴化的结果。图7.6构拟了学习者二语概念能力运作的上述特点。

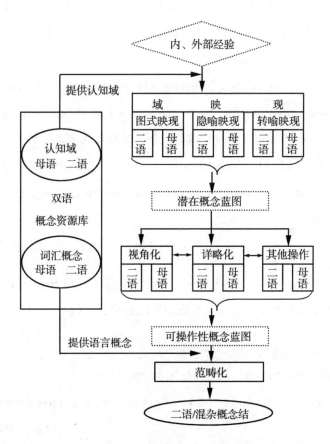

图7.6　学习者二语概念能力运作的特点

可见，无论是在认知域和词汇概念提取环节，还是在域映现、视角化、详略化等心理操作程序等环节，母语的相应机制都可能介入。在任何环节，一旦介入了母语的机制，则势必使最后产生的概念结构是混杂的，即既包含二语的元素，也包含母语的元素。这一混杂的概念结构在被赋予语词结构后，将最终导致学习者实际的表达在句法上完全正确，但在语义上却呈现某些怪异的特征。例如，母语为汉语的英语学习者往往会说出如下句子：

1. Besides, *college enrollment expansion* **makes students able to touch with college education**（大学扩招使学生能够接触大学教育）in order to ***improve their cultural qualities***（提高他们的文化素质）.

2. However, the negative effect is also obvious. *Colleges can't insure* **they can supply good education**（大学不能保证它们能够提供良好的教育）.I think **the number of enrollment expansion** every year is the key of problems（每年扩招的人数是问题的关键）.

3. Attending schools abroad has many advantages. First, ... Second, *they could **do further understanding to** the country such as the customs*, *geographical environment*（他们可能对该国的风俗、地理环境增进了解）.

4. Attending schools abroad has many advantages. First and foremost, ... Secondly, **it's very useful to improve the foreign language**（对于提高外语非常有用）.

（姜孟 2009：20）

Odlin（1989：76-77）也报道了讲爱尔兰英语的人（Hibern-English speakers）常常讲出带有爱尔兰语语义特征的英语的情况，如：

1. The money is at me（= I have money）.
2. The heart was bad on him（= He had a bad heart）.
3. The money worries will be off you（= You won't have money worries）.

（Odlin 1989: 76-77）

这些情况实际上就是"概念迁移"（conceptual transfer）（姜孟 2009，2010），即母语概念能力系统对二语概念能力系统的介入或干预。

必须指出的是，母语概念能力系统对二语概念能力系统的介入或干预并非总意味着负面的结果。因为任何两种语言的概念能力系统在存在差异的同时，也存在不少共性。这种共性不仅表现在概念能力系统的运作机制上，即都由认知域和词汇概念等概念性知识资源库和域映现、视角化、详略化等概念性操作程序构成，也表现在概念能力系统运作的内容和方式上，即两种语言之间可能存在大量类似或相同的认知域和词汇概念，同时，对于某一经验域，两种语言所允许的域映现、视角化、详略化等心理操作程序可能也是相同或相似的。换句话说，母语概念能力系统也可能对二语概念能力系统发生正面促进作用。

总之，二语概念能力与母语概念能力之间存在不对称性，这使二语概念能力系统的运作容易受到来自母语概念能力系统的作用，这一作用既可以是正面的促进作用，也可以是负面的干扰作用。不管是哪一种作用，其结构都会导致概念迁移的发生。

第八章 语言概念能力与外语思维

第一节 外语界对外语思维的界定

"外语思维"既是中、外外语教学界要求学习者努力追求的目标,也历来被外语教师视作治疗学习者不地道的外语的一道药方。例如,当学生写出下面的句子时(引自CET-6考前培训班学生作文):

a) I am writing this letter *to reflect some problems* I came across recently(反映一些问题)and appeal to(for)the improvement of the service industry.

b) ... Besides, college enrollment expansion makes students *touch with college education*(接触大学教育)in order to *improve their cultural qualities*(提高他们的文化素质). However, the negative effect is also obvious. Colleges can't *insure* they can *supply* good education(保证它们能提供良好的教育).

老师往往会对学生讲,"用英语思维,不要用汉语翻译"。言下之意,没有用英语思维是学生写出不地道的英语的根源,而用英语思维则是克服不地道的英语的根本办法。

蒋楠(1988,2004)在举证了中、外外语教学文献中有关"外语思维"的论述后明确指出,外语教学界实际上是把"外语思维"界定为"不经过母语的转换或翻译而直接使用外语"(2004:384)。他说,一个中国人见到一个美国人能直接、即时地用符合英语习惯的英语问候,而不是先想到"你好!"

或"吃过饭没有？"再心译成英语说出来，这就算是在一定程度上做到了用外语思维，并说"从这样的定义出发，外语思维当然是有可能做到，而且应该提倡"（2004：378）。蒋楠还进一步指出，这一定义的实质是"概念和外语的直接联系"（p.384）。也就是说，用外语思维和不用外语思维的区别在于是否从概念直接通达到外语（FL）词语。如果是从概念直接通达到外语词语，那就是外语思维；如果不是直接从概念通达到外语词语而是先以母语（L1）词语为中介然后才通达到外语词语，那就是非外语思维。显然，这是从言语产出过程中"如何由概念提取词汇"这一角度来界定外语思维的。外语教学界对外语思维和非外语思维的这一区分可图示如下：

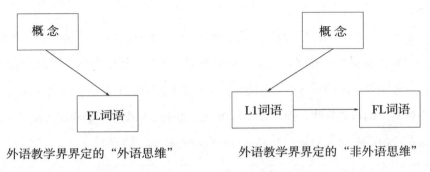

图 8.1　"外语思维"与"非外语思维"的区别

长期以来，外语教学界提倡外语思维的做法很少受到质疑，其关于"外语思维"的定义几乎是一种不言而喻的共识。下面拟在引证相关文献并结合自己实证研究的基础上从外语词语心理发展角度对这一定义进行评析，最后从语言概念能力视角对"外语思维"提出新的阐释。

第二节　对外语教学界外语思维定义的评析

如上所述，外语教学界将外语思维界定为"概念与外语的直接联系"，其实质是从"词汇提取"（lexical access）的角度来界定外语思维。由于在言语产出过程中，能否"由概念直接提取到外语词语"是和外语词语心理发展的一定阶段相联系的，检验这一定义是否合理的标准在于，达到一定词语发展阶段、能够直接经由概念提取外语词语的学习者是否真正做到了地道地使用外语。如果做到了，那么可以认为这一定义是合理的；反之，这一定义则应受到质疑。下面我们首先讨论外语词语发展的心理过程。

一、外语词语发展心理过程

外语学习与母语学习不同，学习者在学习外语之前通常已经建立起一套牢固的母语词汇和概念系统，外语词语的学习主要是采用词汇联想方式借助母语翻译对应词来进行的，这就使外语词语的心理发展过程不同于母语词语的心理发展过程。大量文献表明，外语词语的心理发展要经历三个阶段（如图8.2所示）。

第一个阶段是词汇联想阶段（Word association stage）。刚刚学习不久的外语词语在大脑里只是建立了发音、拼写等形式表征，还没有建立起概念表征，它们与母语对应词的概念表征之间也还没有建立起直接的联系。使用外语词语需要依赖对应的母语概念，而且要以母语词语为中介来提取母语概念（cf. Chen & Leung 1989；Kroll & Curley 1988；De Groot & Hoeks 1995）。

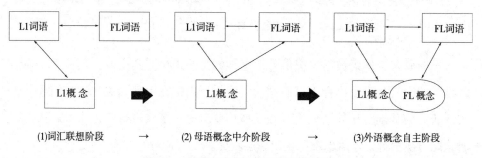

图 8.2　外语词语心理发展过程示意图

第二个阶段是母语概念中介阶段（L1 concept mediation stage）。随着外语学习的进展，外语词语的形式表征逐渐在大脑里和对应的母语概念表征之间建立起了直接的联系（（Blum & Levenston 1978；Ellis 1997；Giacobbe 1992；Hudson 1989；Ringbom 1983；Strick 1980；Jiang 2000，2002，2004；cf. Potter et al. 1984；Chen & Leung 1989；Kroll & Curley 1988））。此时，使用外语词语虽然还是需要依赖对应的母语概念，但它不再需要以母语词语为中介就可以提

取到母语概念了。

第三个阶段是外语概念自主阶段（FL concept autonomy stage）。随着外语学习的进一步发展，与外语词语相连的母语概念表征发生了重组（restructuring），逐渐形成了外语词语自己的概念表征。此时，使用外语词语不再需要依赖对应的母语概念，而是可以通过提取自己的概念来进行（Blum & Levenston 1978；Giacobbe 1992；Ringbom 1983；Strick 1980；Jiang 2000，2004）。

二、外语思维不等于"概念和外语的直接联系"

从上述外语词语发展的心理过程可以看出，在"母语概念中介"和"外语概念自主"两个阶段，"概念"（包括母语概念和外语概念）和外语（词语）都是直接联系的。也就是说，外语词语心理发展达到了这两个阶段的学习者在言语产出过程中都可以做到由概念直接提取外语词语。那么依据外语教学界关于外语思维的定义，他们都可以做到用外语思维。下面我们分别对此进行讨论。

（一）达到了"母语概念中介阶段"的学习者无法做到用外语思维

有不少研究表明，学习者在词汇心理发展方面达到"概念与外语（词语）直接联系"的程度（即"母语概念中介阶段"[①]）并不困难，就连很多外语水平较低的学习者也能做到。例如，De Groot & Poot（1997）就发现，即使水平很低的非流利双语者在双向翻译作业（L2→L1 translation和L1→L2 translation）也对翻译对象词的概念因素（conceptual factors）敏感。又如，Altarriba & Mathis（1997）以英语单语者为受试，让他们学习西班牙（L2）词语。实验结果显示，即使是对于学习了仅仅一个时段（learning session）的西班牙词语，受试也能够根据实时作业的需要在词汇信息加工中提取到所需要的概念信息。然而，另外一方面却有大量研究显示，就连水平极高的外语学习者也无法做到

[①] 相关文献未明确说明"概念与外语（词语）直接联系"到底是指母语概念与外语词语的直接联系，还是指外语概念与外语词语的直接联系。此处姑且理解为是指"母语概念与外语词语的直接联系"。

地道地使用外语（词语）。例如，Lennon（1991）和Singleton（1999）就发现，高级外语学习者对一些常见的外语词语也常常会因为弄不清楚其语义而犯错误（meaning-driven lexical errors）。Martin（1984），Olshtain & Cohen（1989），Ringbom（1983），Sonaiya（1991），Swan（1997），Zughoul（1991）等也发现，高级学习者常常不加区分地换用外语中的"同译词对"（same-translation pairs）[①]。此外，Jiang（2002，2004）的研究也表明外语水平非常高的学习者也还经常依靠母语对应词的意义来使用外语词语（这等于说这些学习者还经常发生不地道现象）。结合这两方面的文献，可以得出如下结论：即便是达到了（母语）概念与外语直接联系的学习者也还不能做到用外语思维。换句话说，外语思维并不等于"母语概念与外语的直接联系"。

（二）达到了"外语概念自主阶段"的学习者无法做到用外语思维

依据"外语概念自主阶段"的内涵，达到此阶段的学习者不再依靠母语对应词的意义（概念）来使用外语（词语）。这意味着他们不大可能产生文章开头所列举的那种"带有错误性质"的不地道现象。但是这些学习者是否就能真正做到和外语本族语者无差别地使用外语呢？他们是否还会产生某种"错误性不地道现象"（下称"显性不地道现象"，overt nonnative-like phenomena）之外的"非错误性不地道现象"（下称"隐性不地道现象"，covert nonnative-like phenomena）呢？换句话说，判断达到了"外语概念自主阶段"的学习者能否做到用外语思维的标准在于，处于这一阶段的学习者是否会产生某种"隐性不地道现象"。如果有证据表明处于这一阶段的学习者确实会产生某种"隐性不地道现象"，那么可以证明达到了"外语概念自主阶段"的学习者也还无法做到用外语思维。

为此，笔者以国内某高校[②]英语专业一年级28名研究生为对象进行了一项小实验。实验包括两部分题目：一部分是翻译填空（translation-induced blank filling），另一部分是句子完形填词（Sentence cloze）。两部分题目各10道，具

[①] "同译词对"是指在母语里翻译为同一个词的两个外语词语，如problem/question——问题。
[②] 应受试要求，此处隐去了该高校的具体名称。

体题目精心设计，使其符合以下要求：

（1）每一道题目都允许两种类型的潜在正确答案：在汉语中有类似表达的答案（称作汉语式表达答案，Chinese-mode-of-expression filler，简称CME答案）和在汉语中没有类似表达（即为英语所特有）的答案（称作英语式表达答案，English-mode-of-expression filler，简称EME答案）；

（2）每一道题目潜在的CME答案和EME答案在个数上大致相当，10道题目的CME答案和EME答案在总个数上完全相同；

（3）每一道题目潜在的CME答案和EME答案在难易度上（指在李克特五级量表上的难易度得分）大致相当，10道题目的CME答案和EME答案在难易度上完全相同；

（4）每一道题目潜在的CME答案和EME答案在通用度（colloquiality）上（指在李克特五级量表上的通用度得分）大致相当，10道题目的CME答案和EME答案在通用度上完全相同。

样题如下：

翻译填空：

（划线处为要求受试填充的部分，括号内为数据处理时对CME和EME答案的归类示例）

1. 人们不应将钱财等同于快乐。

People should not _____ wealth _____ happiness.

（答案归类：equate...with：CME答案

identify...with：EME答案）

2. 她没有按时完成任务。

She _____ the task on time.

（答案归类：didn't complete/finish/fulfill/accomplish：CME答案

failed to complete/finish/fulfill/accomplish：EME答案）

3. 我没想到你会反对。

　　_____ that you would object.

（答案归类：I didn't anticipate/expect：　　　　CME答案

　　　　　　　It didn't occur to me/I didn't have the idea：EME答案）

句子完形：

1. At last he realized the _____ between the ideal and the real.

（答案归类：distance/difference：CME答案

　　　　　　gap/divorce：　　　EME答案）

2. The mayor will _____ a business delegation to leave for the U.S.A next month.

（答案归类：lead：CME答案

　　　　　　head：EME答案）

3. 500 soldiers were commanded to _____ the fire.

（答案归类：put out/extinguish：CME答案

　　　　　　fight：　　　　　 EME答案）

由于以上实验设计保证了各道题目的EME答案和CME答案具有同等的产出条件，英语本族语者提供两类答案的机会应当是一样的。同时，根据前述有关文献的结论：即使外语水平较低的学习者也达到了"母语概念中介阶段"，我们有理由认为本实验中的英语专业研究生受试属于达到了"外语概念自主阶段"的外语学习者，因为：一方面这些受试是高水平的英语学习者，另一方面既然这些受试有能力提供预期的EME答案或CME答案[1]，这表明他们已经超越了发生显性不地道现象的"母语概念中介阶段"。既然如此，如果本实验中受试所提供的CME答案频数和EME答案频数相当（即没有显著差异），则表明他们的表现与本族语者一致，他们做到了地道地使用英语，由此可以证明达到了"母语概念中介阶段"的学习者能够做到"用外语思维"。反过来，如果这些

---

[1] 无能力提供这些答案的受试提供的试卷在统计结果时会被作为废卷剔除掉。

受试提供的CME答案频数远远大于EME答案频数（即存在显著差异），则表明他们的表现与英语本族语者还有差异，他们产生了隐性不地道现象，由此可以证明达到了"母语概念中介阶段"的学习者还不能够做到"用外语思维"。实验结果见表8.1：

表8.1　EME答案和CME答案频数比较结果一览

人数	题数	EMC答案总频数	CMC答案总频数	EMC、CMC答案合计频数	自由度	卡方值	$p.$值
28	20	84	439	523	19	48.874	0.000

从上表可以看出，受试提供的CME答案频数比EME答案频数多得多，卡方检验的结果进一证明这两种答案的频数差异具有显著的统计学意义（$p=0.000<0.01$）。这就表明，词汇发展达到了"外语概念自主阶段"的学习者也还会发生隐性不地道现象，他们无法做到"用外语思维"。

综合（二）和（三）两小节的论述，外语词语心理发展达到了"母语概念中介阶段"和"外语概念自主阶段"的学习者都无法做到"用外语思维"。也就是说，外语思维既不等同于"母语概念与外语的直接联系"，也不等同于"外语概念与外语的直接联系"。可见，将外语思维界定为"概念与外语的直接联系"是将外语思维的内涵过分简单化了。

第三节　外语思维的概念能力内涵

一、外语思维的概念能力内涵

基于语言概念能力理论构想，我们认为，外语思维是指：在外语产出过程中按照外语概念化模式的要求将所要表达的体验进行概念化。其内涵包括：

第一，外语思维应当与言语产出过程中的"概念化"过程相关。纵观心理语言学文献，几乎所有的言语产出模型都将"概念化"（conceptualization）、"形式合成"（formulation）、"发声"（articulation）看作言语产出的三个基本过程（e.g., Bock & Levelt 1994；Caplan 1992；Garrett 1975；Kempen & Hoenkamp 1987；Levelt 1989；Levelt, Roelof & Meyer 1999；Bock & Griffin 2000）。其中，"概念化"是指利用目标产出语中的现成词汇概念资源（lexical conceptual resources）将要表达的体验转换为有意义的、可用语言编码的前语言信息（preverbal message））（cf Levelt 1989；Slobin 1996）。外语思维作为前言语阶段（preverbal stage）的一种心理活动，它与言语产出中的"概念化"过程应当是紧密相连的。

第二，外语思维应当与外语概念的运作有关。"从心理学的角度看，绝大多数思维活动赖以进行的基本单位是存在于我们头脑中的概念"（蒋楠 2004：378），外语思维应当与外语概念的活动密切相关。

第三，外语思维应当与"概念化"模式的语言特定性有关。词汇概念具有语言特定性，这几乎是语言学界的一个共识（e.g. Lakoff 1987）。既然作为"概念化"基本手段的词汇概念具有语言特定性，那么作为概念化基本内涵的"概念化方式"无疑也应当具有语言特定性。近年来，一些学者明确地表达了讲不同的语言需要讲话人以不同的方式将要表达的体验概念化的思想。例如，Slobin（1996）在论述她的所谓"讲话思维"（thinking for speaking）时就指出，使用不同的语言来表达某一事件和客体要求讲话人选择该事件和客体的不同特征来进行概念化。用她的话来说，"'讲话思维'涉及选择（1）适合于以某种方式将此事件概念化的，以及（2）适合于用该语言编码的客体和事件的那些特征"（"thinking for speaking" involves picking those characteristics of objects and events that (a) fit some conceptualization of the event, and (b) are readily encodable in the language.）（p.76）。正是由于一种语言就代表一种特定的概念化模式[①]，那么学习一种新的语言从根本上讲也就是要学习一种新的概念化模式。从这个意义上讲，外语思维应当相关于概念化模式的语言特定性。

[①] 笔者将一种语言对具体体验的概念化称作"概念化方式"，而将一种语言整体的概念化方式称作"概念化模式"。

第四，非外语思维应当与"误用"母语概念化方式有关。Kesckes（2000）在论述外语学习者不地道地使用外语的原因时指出：外语学习者总是依赖母语的概念基块（conceptual base）来使用外语，当他们把目的语的形式映射到母语的概念化方式上时，就产生了外语使用中的不地道现象（p.151）。由此我们认为，非外语思维（显性不地道现象和隐性不地道现象）应当与学习者在应该采用外语概念化方式的地方"错误地"采用母语概念化方式有关。试以文章开头例句a）为例对此加以说明：

a. I am writing this letter *to **reflect** some problems* [反映一些问题]. I came across recently and appeal to（for）the improvement of the service industry.

讲汉语的人在表达"向上级领导或有关部门提供或使其了解新情况"这一体验时习惯于采用一种隐喻性的概念化方式。在他们看来，让上级领导或有关部门通过自己了解新情况就好比是在让他们从镜子（包括其他反映物，reflector）里看镜子所反映的物体。在这一概念化方式中，反映情况的人被比作一面镜子，反映情况的人获知到的某些情况被比作是反映在镜子中的某些物体，接受情况反映的领导或有关部门被比作是看镜子的人。正是由于汉语采用了这一隐喻性的概念化方式，它可以借用表达"反映物反映物体"这一自然现象的概念[反映]来表达"让上级领导或有关部门通过自己了解新情况"这一社会行为。然而英语却不允许这一隐喻性的概念化方式。但是中国英语学习者在表达这一体验时却误认为英语和汉语的概念化方式完全一样，于是他们运用汉语思维（采用汉语的概念化方式）将要表达的体验概念化为"**反映一些问题**"，然后再将英语对应的形式映射到这一汉语概念化方式上，结果就产生了"reflect some problems"这一不地道表达。

隐性不地道现象的发生也与此类似，只是它是学习者在外语允许多种概念化方式的地方（指"体验域"，domain of experience）采用了与母语相同的那种（些）概念化方式所造成的。例如，对于"下个月，市长将率领一个商业代表团访问美国"中的"率领"这一行为体验，英、汉语都允许一种相似的非隐喻

性概念化方式（下面"*lead*""率领"的用法所示）：①

The mayor will *lead* a business delegation to leave for the U.S. next month.

下个月，市长将率领一个商业代表团访问美国。

但英语除了这一非隐喻性的概念化方式之外，还允许一种隐喻性的概念化方式（下面"*head*"的用法所示）：

The mayor will *head* a business delegation to leave for the U.S. next month.

由于中国学生总是习惯于汉语思维（即汉语的概念化方式），他们总是选用非隐喻性的[LEAD]（【率领】）而很少选用隐喻性的[HEAD]来将要表达的体验概念化，其结果就造成学习者在用词上过分偏好"lead"（英语本族语者会较多地使用"head"），从而造成一种隐性不地道现象。

从以上关于"外语思维"的定义出发，无疑学会一种外语思维必须以掌握一种外语的概念化模式为前提。掌握一种外语的概念化模式当然不是一蹴而就的，它是在日积月累地学习外语词汇概念的过程中逐步达到的。学会一个外语词汇概念就有可能掌握外语对某一特定体验的概念化方式。但掌握一个概念与掌握对某一特定体验的概念化方式并不总是一一对应的，对某些特定体验的概念化可能涉及比掌握单个概念多得多的内容。例如，要用英语"A good idea occurs to me"表达"我想到了一个好主意"中的"想到"这一体验，仅仅掌握了"occur"单个概念是无法将其概念化的，学习者还必须掌握"人通过思维活动产生想法的过程好比是一个客体朝着思维主体运动的过程"这一隐喻性的概念化方式。正是由于概念化的内涵要比掌握单个概念丰富得多，我们很难从学习者的单个词汇（概念）发展的角度来界定外语思维（前述外语教学界的做

---

① 此处，因为lead的本义就是表达汉语的"率领"的，因此例句中"lead"和"率领"的用法被看作是一种非隐喻性的概念化方式。与此不同，下文中head的本义相当于汉语的"头"，其表示"率领"的用法是对本义范畴的一种隐喻性延伸（cf. Taylor 1995: chapt. 7），同时从隐喻性（metaphoricity）的跨语言相对性的角度来看，汉语的"头"没有类似的隐喻延伸性用法，因此例句中"head"的用法被看作是代表了一种英语特有的隐喻性概念化方式。

法）。既然概念化有着比掌握单个概念丰富得多的内涵，掌握一些单个的外语概念距离掌握整个外语的概念化模式无疑还很遥远。我们认为，整个外语概念化模式只有在掌握了相当多的（如果不是全部的）概念（包括概念组合）以后才有可能掌握。由于在外语环境中真正掌握单个概念都很困难（Jiang 2000，Selinker & Lakshmanan 1992），要完全掌握整个外语概念化模式其难度就更可想而知。正如蒋楠（2004）所指出的，"在外语环境中生活一年两载或许可以帮助形成一些外语概念，但要形成一套较完备的外语概念系统，恐怕八年、十年都难以做到"（$p.384$）。我们认为，要真正掌握外语的概念、学会外语的概念化模式，学习者需要置身目的语环境下获得亲身的体验。这就像Pavlenko（1996）所说，"由于每一种语言的概念系统以不同方式运作，学习者需要为概念获得直接的体验"（Learners need direct experience with concepts in the target language because the conceptual system of each language operates differently）（转引自Kesckes 2000：147）。当然，在实际外语学习中，只要掌握了比较多的外语概念，学会了外语对绝大部分体验域进行概念化的方式，学习者也就能运用裕如地使用外语而较少发生不地道现象了。

基于以上理解，我们认为外语思维不是一种可用以避免外语使用不地道现象的随意、可选的外语使用策略。一方面，能不能做到用外语思维、可以在多大程度上做到用外语思维，取决于学习者对整个外语概念化模式的掌握情况，取决于他们已经掌握了哪些体验域上的外语概念化方式；另一方面，学习者一旦掌握了外语在某些体验域上的概念化方式，这些方式就会在使用外语时自动发挥作用，它们将表现为一种非随意的行为和过程。

二、研究启迪

外语思维在外语教学界倍受推崇，深入探讨外语思维，既有利于澄清当前外语教学界对外语思维认识上的误区，更有利于从新的视角揭示外语学习的本质。

必须指出，外语思维是一个极其复杂的心理、语言、认知现象，目前要完全弄清楚外语思维的内涵还十分困难。但是，基于我们对语言概念能力的构想，从概念层次入手探讨外语思维不仅在现实上可能，更有利于将目前对外语思维的抽象讨论逐步引向能获得具体实验证据支持的实证研究的轨道。当然，以上对外语思维内涵的阐释还只是一个初步尝试，期望抛砖引玉，有更多的同仁致力于这方面的探索。

第九章　第二语言隐喻子概念能力的发展

第一节　隐喻子概念能力

近年来，一些学者采用概念研究法（the conceptual approach, Talmy 2000a, b）对语言进行分析，他们提出，语言是对概念结构的表征，不同语言以不同方式组织概念内容（Talmy 2000a, b）。着眼于不同语言概念系统之间的差异，Danesi（1988, 1993, 1994, 1995, 2000）提出，学习一种语言关键是要达到概念流利（conceptual fluency），即发展把语言的词、句等表层结构和底层的概念结构匹配起来的能力。他认为，概念流利是一切外在语言行为的深层基础，外语学习者最大的问题不是语法问题而是概念问题，因为学习者将外语的形式映现到母语的概念结构上就会造成外语使用中的不地道现象。由于我们赖以思维和行事的普普通通的概念系统在本质上是隐喻性的（Lakoff & Johnson 1980a: 3），而且每一种语言都有自己的、与别种语言不一致的隐喻、比喻系统（Danesi 1992: 490），Danesi在概念流利这一理论构想的基础上进一步提出，要掌握一门外语就必须"懂得目的语是如何按照隐喻的组织方式来反映概念或对概念进行编码的"（knowing how the target language reflects or encodes its concepts on the basis of metaphorical structuring）（Danesi 1992: 490，引自 Kesckes 2000: 148）。从这一思想出发，Danesi（1988, 1993, 1994, 1995, 2000）类比语法能力（grammatical competence）和交际能力（communicative competence）提出了隐喻能力（metaphorical competence, MC）的概念。

Danesi认为隐喻能力对学习者非常重要,缺乏隐喻能力就会"造成学习者的外语表达没有什么错误,也可以接受,但却缺乏本族语者的地道性"(results in a nonnative-like production which is usually good and understandable but lacks the idiomaticity of native speaker language production)。Danesi甚至将隐喻能力等同于概念流利,他有关概念流利的论述几乎都是从隐喻能力的角度做出的。Danesi关于概念流利的论述得到了其他学者的赞同,如Radden(1995),Kovecses & Szabco(1996)和Kecskes(1999)等,但是他将概念流利等同于隐喻能力的做法遭到了一些学者的批评,例如Valeva(1996)就批评说,概念并不一定都是隐喻性的,有许多可以直接理解的"字面概念"(literal concepts)就不涉及隐喻过程,因而将隐喻能力视作概念流利的全部是错误的。Kesckes(2000)也表达了类似Valeva(1996)的观点。

然而,接受概念流利这一思想的学者都承认隐喻能力是概念流利极其重要的组成部分,他们认为,"隐喻能力是本族语者言语产出的重要特征"(MC is a basic feature of native-speaker speech production)(Kecskes 2000:148),"如果人们受制于严格的字面语言,交际即使不被终止也会受到严重削弱"(if people were limited to strictly literal language, communication would be severely curtailed, if not terminated)(Winner 1982:253)。这就是说,尽管学者们对概念流利的具体内涵存有分歧,但大家都公认隐喻能力是本族语者使用语言的基本特征,是构成本族语者概念流利的基本要素之一。既然如此,那么从外语学习的角度看,发展隐喻能力、掌握目标语的隐喻方式无疑应当成为学习者努力追求的目标。反过来,学习者能否地道地使用外语,做到所谓"用外语思维",其隐喻能力是一个重要的前提因素。

从本研究的角度,概念流利性无疑就是概念能力(更确切地说,它是概念能力的外在表现),而隐喻能力则无疑是一种第三层级的核心子概念能力。在第三章第四、五小节所构建的语言概念能力理论模型中,与语词能力与言语外化能力并列的是语言概念能力本身,可视作第一层级的概念能力;在其下,则为第二层级的语言子概念能力,包括域映现能力、视角化能力、详略化能力、范畴化能力等；其中，域映现能力又包括更下一层级的语言概念能力：图式映现能力、隐喻映现能力以及转喻映现能力，因此隐喻能力为第三层级的语言子概念能力。

第二节 隐喻子概念能力可学性问题

由于隐喻子概念能力对于外语学习的重要性，自这一理论构块提出后，一些学者对学习者的隐喻子概念能力进行了研究。当前从二语习得角度对隐喻子概念能力的研究主要包括两个方面：一是隐喻子概念能力可学性研究，二是隐喻子概念能力可教性研究。隐喻子概念能力可学性研究主要对外语学习者隐喻子概念能力发展的实际情况进行考察，其研究的核心问题是在外语课堂环境下学习者如何以及能在多大程度上发展隐喻子概念能力。隐喻子概念能力可教性研究主要考察在外语课堂中讲授隐喻内在机制对学习者理解、习得和产出隐喻的影响情况，其核心问题是在外语课堂环境下教师如何以及能在多大程度上帮助学习者发展隐喻子概念能力。

隐喻子概念能力可学性研究源于学界关于"能否在外语课堂环境下学会一种语言的概念系统"这一公开争议（Kecskes 2000：149）。有不少学者认为，要在外语环境下掌握外语的概念系统，做到像本族语者那样来理解和使用外语概念几乎是不可能的。他们认为要掌握目的语的概念系统，直接生活在目的语环境必不可少。例如，Pavlenko（1996）就认为，接触目的语文化、直接获得关于每一个概念的生活经验是发展外语概念的关键，因为完全掌握和恰当运用一个概念不仅需要学习者知道该概念的词汇语义对等物（lexical-semantic counterpart）和相关的陈述性知识（the associated declarative knowledge），它还需要学习者从真实的交际中获得关于该概念的多通道心理表征和以文化为基础的行为脚本和图式（the multi-modal mental representation and culturally-based behavioral scripts and schema）。蒋楠（2004）也指出，学习者即使是完全掌握一个单个的外语概念也是很困难的，更不用说要掌握整个的外语概念系统。既然学习者很难在外语环境下掌握一种语言的概念系统，那么他无法做到概念流利，其隐喻子概念能力的发展无疑也是非常有限的。正因为如此，有些学者（如Valeva 1996）主张在弄清隐喻子概念能力可学性问题之前不必忙着讨论隐喻子概念能力的可教性问题。

目前，出现了一些探讨隐喻子概念能力可学性问题的实证研究，如Danesi（1992），Kecskes & Papp（2000）等。这些研究主要是从学习者对隐喻的理解和产出两个方面来考察其隐喻子概念能力的。例如，Danesi（1992）的一项预实验考察了外语学习者对隐喻的理解情况，其结果显示，典型的外语课堂学习者就是从隐喻理解的层面上看（even at the level of comprehension），其隐喻子概念能力也是十分不够的（inadequate）。Danesi（1992）还考察了西班牙英语学习者在用英语写作时的隐喻密度（metaphorical density），其结果表明这些学习者运用英语表达的直白程度很高（a high degree of literalness），他们即使使用了一些概念隐喻也多半是从母语（西班牙语）搬过来的。据此，作者得出结论说，学习者在缺乏通过正式途径接触目的语概念系统的条件下即使在课堂环境中学习外语三四年，也没有学会按照新的方式进行概念思维（learned virtually no 'new way' of thinking conceptually），其隐喻子概念能力很低。

但是由于隐喻子概念能力是一个新提出的概念，目前对外语课堂环境下学习者的隐喻子概念能力发展情况尚没有更多的研究结果。我们认为，隐喻子概念能力这一概念的提出是近年来学者们从概念层次分析语言所取得的一个最新成果，它代表着学界正在从一个崭新的层面来探讨"语言能力"的深刻内涵。由于概念知识是一切语法活动和交际活动的基础（Kecskes 2000），相比语法能力和交际能力，可以认为，隐喻子概念能力所触及的二语习得的内在机制更深、更隐秘。因此，深入探讨隐喻子概念能力的可学性问题，弄清楚外语课堂环境下制约学习者隐喻子概念能力发展的各种影响因素，有望从更深层次揭示外语学习的内在规律，找出学习者难于完全掌握外语、达到类似本族语者的流利程度的根本症结所在，从而为促进和改进外语教学提供理论指导。因此，隐喻子概念能力可学性问题是一个极具研究价值的理论性和应用性课题。本章拟通过实验设计来对中国英语学习者的隐喻子概念能力发展情况以及其隐喻子概念能力随其英语水平的变化情况进行考察，以期为深入探讨隐喻子概念能力可学性问题提供一定的实验依据。

第三节 中国英语学习者隐喻子概念能力发展实证研究

一、实验目的

本实验的目的有二：一是考察中国英语学习者的隐喻子概念能力发展状况，二是考察中国英语学习者隐喻子概念能力随英语水平的变化情况。

二、实验材料与实验设计

本章不从隐喻理解或写作中隐喻的使用密度（Danesi 1992）两个角度来考察中国英语学习者的隐喻子概念能力，而是通过对比同等条件下学习者是倾向于产出隐喻表达还是非隐喻表达来考察其隐喻子概念能力。

为此，我们首先设计了92道句子完形（sentence cloze）题目，每一道完形题目都预期有隐喻和非隐喻正确答案各数个。对隐喻答案和非隐喻答案的界定，我们主要考虑了两点：第一，答案是否具有绝对的隐喻性（absolute metaphoricity），第二，答案是否具有相对的隐喻性（relative metaphoricity）。答案的绝对隐喻性是指该答案所代表的该词的用法就其产生过程而言是不是隐喻性的。根据Taylor（1995：chapters 6-7）的范畴延伸理论，一个词的延伸性用法①是以该词的原型用法（即本义）为基础，运用换喻（metonymy）和隐喻（metaphor）两种认知手段对该词所代表的概念范畴所作的一种拓展。那么，无疑运用隐喻手段拓展一个范畴所产生的词的延伸性用法，从根本上讲就是隐喻性的，它具有绝对隐喻的性质。答案的相对隐喻性是指该答案所代表的该词的隐喻性用法相对于学习者的母语而言是否具有语言特定性（language-specificity）。显然，一个词的隐喻延伸性用法虽然可能具有绝对的隐喻性，但是如果该词在学习者母语中的"对应词"（translation word）也具有相同或类似

---

① 词的延伸性用法是词的引申意义得以产生的前提。

的隐喻延伸性用法，那么这种用法对于学习者而言就不再具有隐喻性，至少从考察学习者外语隐喻子概念能力发展的角度看，它不再具有研究价值。因此，答案的相对隐喻性排除外语与母语相似的词的隐喻性用法，以保证其对于本研究的意义。

依据以上两条原则，在判定隐喻、非隐喻答案时我们具体制定了以下可操作性标准：1）某一答案的用法在我国英语学习者使用较多的《大英汉词典》（李华驹主编，外研社，1992年第一版）中未作为独立的用法列出或至少是未作为该词的两个首要用法列出，2）该答案的用法与《大英汉词典》列出的该词的首要用法之间在语义上存在很大的距离，3）该答案的用法与《大英汉词典》列出的该词的两个首要用法在汉语中要翻译为两个不同的词，4）中国英语学习者在学习该词/短语时一开始接触的并不是该答案的用法，5）该答案的用法无法直译为汉语即汉语中无此用法。例如，实验题目"Five hundred firemen were commanded to _____ the fire"有"put out/extinguish/ fight"三个预期答案。其中，"fight"就被视作一个隐喻答案，因为：首先"fight the fire"这一用法在《大英汉词典》中没有作为独立用法列出，同时"fight the fire"这一用法与大英汉词典列出的"fight"的首要用法"打（仗）"（fight a battle）之间在语义上存在较大距离，其次"fight the fire"中的"fight"与"fight a battle"中的"fight"在汉语中要分别翻译为"灭（火）"和"打（仗）"，此外，中国英语学习者在接触"fight"时最先学习的是"fight"表示"打仗、打斗、打架"的用法，另外，"fight the fire"无法直译为"打火"即汉语中没有用"打火"表示"灭火"的说法。与此相反，另一个答案"put out"则被看作非隐喻答案，因为该答案无法满足以上5个条件。例如，中国英语学习者一开始接触"put out"时学到的就是该短语表示"灭（火）"的用法，同时《大英汉词典》中列举的关于"put out"的第二个用法就是表示"灭（火）"的用法，等等。对隐喻答案和非隐喻答案的最终确定，我们是遵照上述标准、以5位从事隐喻研究的同事的判断和讨论为依据的。

应当指出，隐喻的识别（metaphor identification）在隐喻应用性研究中是一个非常棘手的问题。例如，Cameron（1999）和Block（1999）都对识别隐喻的具体过程做了详细的讨论，但都没能提供一个客观、操作性强的标准。在实际应用性研究中，学者们大都采用"单边识别法"（unilateral identification），即根据各自研究的需要自行确定标准来识别隐喻（如，Sayce 1953；Brooke-Rose 1958；Drew & Holt 1988；Cortazzi & Jin 1999；Deignan 1999）。此外，文献中即使提及了一些隐喻识别标准，也大都着眼于隐喻的一般性研究，而未考虑到从二语习得角度研究学习者外语隐喻子概念能力时的需要。

在设计好92道题目之后，我们首先以20名英语专业二年级学生为受试进行预实验。预实验的目的是依据该实验的结果从92道预实验题目中挑选出一定数量的题目用于正式实验。正式实验题目的挑选主要遵循三条标准：一是要求受试有能力产出每一道题目预期的各个隐喻、非隐喻答案所涉及的词汇表达，二是要求每一道题目所允许的隐喻答案和非隐喻答案在数量上相当，三是要求每一道题目所允许的隐喻、非隐喻两类答案在感情色彩、语体色彩、词频等通用程度（colloquiality）方面相当。我们首先按第一条标准选题。第一步，我们选出了至少有一名受试提供了某一个预期答案的题目，接下来，我们请担任受试班级课程、对受试熟悉的三位老师评定其余各道题目预期答案的难易程度，剔除掉三位老师认为预期答案过难或者预期的隐喻、非隐喻两类答案难度差异过大的题目。我们之所以没有完全根据受试是否提供了预期的每一个答案为标准来选题，原因是我们很难弄清楚到底是因为受试对某些词语的掌握还没有达到可以产出这些词语的程度使他无法提供预实验题目预期的各个答案，还是因为受试无法满足本预实验对他的英语能力（尤其是隐喻子概念能力）的要求而使他无法提供这些预期的答案。按第一条标准，我们一共选中了71道题目。随后，我们按第二条标准对71道题目进一步筛选。由于我们很难做到每一道入选题目的隐喻类、非隐喻类答案个数绝对相等，我们只能使入选题目的两类答案个数尽量相当，并做到所有入选题目的两类答案的个数在总体上相当。经过这一步，我们一共从71道题目中选出了54道题目。最后我们按照第三条标准对54道题目进行挑选。我们的具体做法是先请五名外教在五级量表（5-point scale）

上就54道题目的各个预期答案的通用程度进行评分，然后比较隐喻、非隐喻类答案的得分情况，滤掉两类答案得分差距过大的题目。由于我们也无法绝对保证每一道题目的隐喻、非隐喻类答案通用程度得分完全相等，我们只能做到最终入选的36道题目的两类答案的得分在总体上相当。以上这些做法的目的是保证正式实验中，受试为每一道题目提供隐喻性答案和非隐喻性答案的产出条件是相同的。应当补充一点的是，我们设计预实验题目时预期的答案与预实验结果受试提供的实际答案在一些题目上有出入，主要是受试提供了一些我们没有预想到的答案。在上述选题过程中我们考虑了这一点，并做了相应调整。

我们最终选定的、用于正式实验的题目样题如下（画线处为要求受试填充的部分，MF代表隐喻答案，NonMF代表非隐喻答案，"答案归类"为数据处理时对NonMF和MF的区分示例）：

1. 500 soldiers were commanded to _____ the fire.

    答案归类：put out/extinguish：NonMF

    　　　　　fight：MF

2. At last he realized the _____ between the ideal and the real.

    答案归类：distance/difference：NonMF

    　　　　　gap/divorce：MF

3. The mayor will _____ a business delegation to leave for the USA next month.

    答案归类：lead：NonMF

    　　　　　head：MF

由于进入正式实验的题目为隐喻答案和非隐喻答案提供的产出条件是等同的，我们设想受试提供两类答案的概率应该是一样的。如果受试明显地偏向于提供非隐喻答案即其所提供的隐喻答案的频数远远低于非隐喻答案的频数，那么我们认为这一差别是由受试的隐喻子概念能力不足造成的。因此隐喻答案相对于非隐喻答案的频数将直接反映受试的隐喻子概念能力发展水平。由于本章除了考察中国英语学习者的隐喻子概念能力水平外，还要考察其隐喻子概念能力随英语水平的变化情况，因此我们的实验分为低水平组和高水平组，我们设想隐喻子概念能力与英语水平的关系将反映在低水平组和高水平组的实验结果的差异上。

三、实验对象

本章实验包括低水平组和高水平组两组受试。低水平组受试由国内某外国语大学英语语言文化系英语专业二年级（2003级）三个自然班71名学生（不包括当天缺席的学生）构成，高水平组受试由该外国语大学研究生部一年级（2004级）参加"应用语言学"课程学习的47名研究生（不包括当天缺席的学生）构成。

四、实验程序

实验题目由四位任课教师在正常上课时间内（第一节课或第二节课，两节课之间没有间断）分别发给受试，两组受试均在40分钟内完成。两个实验组分别回收实验答卷71张和47张。除去低水平组无效答卷18张，其有效答卷为53张。高水平组答卷全部有效。

五、实验结果

表9.1为试验数据汇总情况。实验数据由SPSS13.0 for Windows软件系统处理，所采用的统计手段是卡方检验（χ^2）。由于部分实验题目的隐喻答案频数小于5，p值的计算采用了确切概率法。统计过程中，我们一共进行了四种比较：1）低水平组隐喻、非隐喻答案频数差异比较，2）高水平组隐喻、非隐喻答案频数差异比较，3）低、高水平组隐喻答案频数差异比较，4）低、高水平组非隐喻答案频数差异比较。前两种比较为组内比较，后两种比较为组间比较。比较结果见表9.2。从该表可以看出，前三种比较均有显著性差异。其中，1）和2）为极显著，其卡方值分别为99.323和144.357，p值均为0.000。3）为显著，其卡方值为50.567，p值为0.043，但是4）比较（即低、高水平组非隐喻答案频数组间比较）差异不显著，其卡方值为14.215，p值为0.999。

表9.1　实验数据汇总

	人数	题数	MF（频数）	NonMF（频数）	合计（频数）	所占百分比 MF	所占百分比 NonMF
低水平组	53	36	305	1603	1908	16.0%	84.0%
高水平组	47	36	402	1290	1692	23.8%	76.2%

表9.2　隐喻、非隐喻答案频数组内、组间比较结果一览

	组内比较（MF vs. NonMF）		组间比较（LG vs. HG）	
	低水平组（LG）	高水平组（HG）	MF	NonMF
自由度（df）	35	35	35	35
卡方值（χ^2）	99.323	144.357	50.567	14.215
p值（two-sided）	0.000**	0.000**	0.043*	0.999

注：表9.1、表9.2中，MF表示隐喻填充答案，NonMF表示非隐喻填充答案，LG表示低水平组，HG表示高水平组。*表示$p<0.05$，**表示$p<0.01$。

六、讨论

从表9.1可以看出，低、高水平组隐喻答案所占隐喻和非隐喻答案总体频数的比例分别为16.0%和23.8%，非隐喻答案所占总体频数的比例分别为84.0%和76.2%。隐喻答案所占的比例远远低于非隐喻答案所占的比例，离期望比例50%也有很大差距。这种差别从图8.1、图8.2中也可以直观地看出来。表9.2中，卡方检验的结果进一步显示低、高水平组隐喻与非隐喻答案频数在统计上均有极为显著的差异（其p值均为0.000）。这表明，在同等条件下低、高水平组受试均明显倾向于提供非隐喻答案而不提供隐喻答案。根据我们的实验设计，这一差异是由中国英语学习者的隐喻子概念能力发展不足或水平有限造成的。考虑到本研究中的受试是由英语专业的学生构成的，他们开设了听、说、读、写各方面的课程，在课堂时间内有大量接触英语的机会，其英语学习可以说是一种强化训练式的学习，尤其是本实验中的高水平组受试，他们都是经过研究生入

学考试筛选过的英语学习优秀者，其英语水平大体上代表了中国大多数英语学习者所能达到的最高水平，但是其隐喻子概念能力表现（23.8%）却还不到预想的（50%）一半。我们有理由据此认为，中国英语学习者隐喻子概念能力所能达到的水平是很有限的。由于中国英语学习者是以外语课堂为主学习英语的，可以认为，这一实验结果与Danesi（1992）的实验结果相吻合：典型的外语课堂学习者的隐喻子概念能力发展水平很低。

再来看隐喻子概念能力与英语水平的变化关系。表9.1显示，低水平组所提供的隐喻答案占隐喻和非隐喻答案总体的比例为16.0%，高水平组所提供的隐喻答案占隐喻和非隐喻答案总体的比例为23.8%，后者比前者高出了7.8%，这似乎表明高水平组的隐喻子概念能力比低水平组的隐喻子概念能力高。表9.2中，卡方检验的结果证明了这一点，因为高水平组所提供的隐喻答案频数与低水平组所提供的隐喻答案的频数呈显著性差异（$p=0.043<0.05$）。这表明中国英语学习者的隐喻子概念能力随其英语水平的提高而有所发展，隐喻子概念能力与英语水平似乎存在一种正相关。由于尚无文献提到外语课堂环境下学习者的隐喻子概念能力随外语水平的变化关系，我们的这一结论还需要今后进一步检验。与此同时，我们也注意到高水平组所提供的隐喻答案占总体答案的比例只比低水平组高出7.8%，考虑到高水平组受试（研究生一年级）一般[①]都比低水平组受试（本科二年级）在大学环境里多学了三年英语，而整个英语专业本科的学制也不过四年，我们认为7.8%这一差异确实不算大。也就是说，尽管高水平组比低水平组的隐喻子概念能力要高，但是二者的差异相对于两组受试在英语学习时间上的差异还不够大，这似乎表明外语课堂环境下学习者的隐喻子概念能力发展比较缓慢。由于本实验缺乏中等水平组作对比，我们无法具体地描述这一发展速度。

此外，从表9.2中也可以注意到，低水平组与高水平组所提供的非隐喻答案不存在显著性差异（$p=0.999>0.05$），这与两个水平组的隐喻答案呈显著性差异形成鲜明的对比。对此如何解释呢？在心理学上有一个著名的"地板效应"

[①] 该组有部分受试可能是专科（3年）毕业以同等学力资格考取的研究生。

（floor effects），也就是当某一作业任务非常简单、高水平受试与低水平受试都具有远远超出完成该任务所要求的能力时，实验的结果将无法区分高、低水平两类受试。我们认为此处两组受试所提供的非隐喻答案没有显著性差异也正是"地板效应"的体现，它表明两组受试具有远远超出完成"为本实验题目提供非隐喻答案"这一任务所要求的"非隐喻子概念能力"。而另一方面，低、高水平组所提供的隐喻答案存在差异，这无疑表明两点：一是两组受试都还不具备远远超出完成"为本实验题目提供隐喻答案"这一任务所要求的"隐喻子概念能力"[1]，二是低、高水平组受试在隐喻子概念能力方面存在差异。前一点显示，受试隐喻子概念能力的发展滞后于非隐喻子概念能力的发展，因为两个实验组的非隐喻子概念能力发展都已经达到了"远远超出"试验任务需要的程度。后一点支持前边高水平的隐喻子概念能力比低水平组高的结论。简言之，低、高水平组所提供的非隐喻答案不存在显著性差异这一实验结果既支持"学习者的隐喻子概念能力随其外语水平的发展而发展"的结论，又进一步表明"学习者的隐喻子概念能力发展落后于非隐喻子概念能力的发展"。

七、结论

从本章的实验结果我们得出了如下三点结论：

（1）中国英语学习者的隐喻子概念能力发展不足。

（2）中国英语学习者的隐喻子概念能力随英语水平的提高而有所提高。

（3）中国英语学习者的隐喻子概念能力发展滞后于非隐喻子概念能力的发展。

第一点与Danesi（1992）报道的典型的外语课堂学习者隐喻子概念能力发展水平很低的结论大致一致，后两点是本章新得出的结论，在文献中没有提及。

由此可见，在外语课堂环境下，学习者的隐喻子概念能力所能达到的水平

---

[1] 高水平组不可能具备远远超出作业任务需要的隐喻能力，因为前边的实验结果已经表明其隐喻能力发展也是很不够的。

确实有限，其发展速度也比较缓慢。但是根据本文的研究结果，外语课堂学习者的隐喻子概念能力发展虽然比较慢，但它毕竟是在随着学习的进展而有所发展。那么，外语课堂学习者的隐喻子概念能力是否会徘徊在一定水平上呢？其发展速度到底有多慢？熟练的（highly-proficient）中国英语学习者的隐喻子概念能力离英语本族语者到底还存在多大的差距？等等。本章还无法对这些问题都给予一一回答。

　　隐喻子概念能力是一个新提出的概念，相关的实证研究很少。本章尝试从实证角度考察中国英语学习者的隐喻子概念能力，得出了以上三点初步的结论。显然，这只是对隐喻子概念能力可学性问题的一种初步探索，我们认为今后可以从以下几个方面对本研究进行改进：第一，设立以英语本族语者为受试的对照组，从而直接比较中国英语学习者与英语本族语者在隐喻子概念能力方面的差异，第二，在本章研究低、高水平组的基础上增加一个或几个中等水平组，以便更详细地考察中国英语学习者的隐喻子概念能力随其英语水平的动态变化情况。此外，还可以探索新的实验手段。

第十章 第二语言概念能力与第二语言产出中的隐性不地道现象

第一节 第二语言产出中的隐性不地道现象

"不地道"（nonnative-likeness）是二语（外语）教师面对外语学习者不妥帖的用词或表达所经常使用的一个术语。例如（引自CET-6考前培训班学生作文）：

a. I am writing this letter *to reflect some problems* [反映一些问题] I came across recently and appeal to the improvement of the service industry.

b. Besides, college enrollment expansion makes students able to *touch with college education*（使学生能够接触大学教育）in order to improve their *cultural qualities*（提高他们的文化素质）.

a、b句中的斜体加粗部分，我们都称之为"不地道"。之所以被称作"不地道"是因为：第一，英语本族语者不会这样使用英语；第二，这些表达对应的汉语说法在汉语中都可以接受，即它们都带有明显的汉语痕迹。这就是说，"不地道"这一概念与母语紧密相关，它指的是因母语的影响所造成的学习者不符合外语表达规范的外语产出现象。我们不会将与汉语（母语）无关的学习者不符合英语规范的表达如"I am writing this letter to *sing / reported* some problems…"称作"不地道"。之所以如此，是因为能造成学习者不符合外语表达规范的外语产出现象的因素很多，如外语水平、学习策略、交际策略、概括过度以及教学、目的语本身的复杂性等（高远 2002：50），但这些因素都不算影响学习者外语产出的特别因素，就是本族语学习者也会在这些因素的作用下产生错误的表达（而且其表达不会被称作"不地道"）。相比之下，母语因素（以及与母语相关的社会、文化等因素）才是突出影响外语（二语）学习者目的语产出的特别因素。简言之，"不地道"这一概念着眼于母语对学习者外语产出所造成的后果。

从"不地道"的以上内涵出发，再从二语（外语）学习是以本族语者的目的语使用为追求目标这一广阔视野来看，我们认为，"地道/不地道"这一二分概念的价值应当在于它是衡量学习者是否克服了母语影响、做到了像本族语者一样地使用外语的一把标尺。"地道"就意味着学习者克服了母语的影响、产出了与本族语者没有差别的表达；"不地道"就意味着学习者没有能克服母语的影响、所产出的外语表达与本族语者还存有差异。反过来，凡是学习者产出的带有母语痕迹、与本族语者存有差异的表达都叫作"不地道"；凡是学习者产出的没有母语痕迹、与本族语者没有差异的表达都叫作"地道"。也就是，地道/不地道的标准在于学习者外语产出的结果是否带有母语的痕迹、是否与本族语者还存有差异。

依据对地道/不地道的这一阐释，无疑最明显的不地道现象就是a、b所示既带有显眼的母语痕迹又不符合外语表达规范的外语使用现象。这种不地道现象因其带有错误的性质，其不地道性可以说一目了然，它可以称作"显性不地道现象"。显性不地道现象因其经常表现为学习者依据母语对应词的意义误用外语词语，它在文献中多有提及，如Martin（1984），Ringbom（1983），Zughoul（1991），Lennon（1996）。然而，除此之外，是否还存在一种虽带有母语痕迹但却完全符合外语表达规范的外语使用现象呢？也就是说母语对学习者外语产出的影响是否也存在于可接受的、正确的表达之中呢？是否只要不发生显性不地道现象，学习者对外语的使用就做到了与本族语者完全一致？尤其是较少出现显性不地道现象的高水平学习者，其母语是否就不再发生作用，其外语使用是否就真的做到了与本族语者没有差别?

大量研究表明，在学习者能正确使用目的语的地方，母语也还会发生作用并留下某种痕迹；即使是高水平学习者的目的语使用也还与本族语者有差异（这种痕迹或差异从学习者的目的语使用应当朝着本族语者辐合的角度来看无疑也属于一种不地道现象）。这方面的研究大概可以分为四类：

第一，有不少研究显示，不同母语背景的学习者的目的语词汇行为有很大差异。Jarvis（1994）对不同母语背景的英语学习者指称客体和事件的情况进行了考察，其实验材料是卓别林（Chaplin）*Modern Times*的一个剪辑片段。结果发现88%的日本受试用girl来指称该片段中的一位偷面包的妇女，但83%的葡萄牙语受试和77%的韩语受试使用了woman。另外，在指称该妇女和卓别林撞了一个满怀时，38%的韩语受试选用meet，57%的西班牙语受试选用crash，33%的阿拉伯语受试选用accident，25%的汉语受试选用bump，50%的葡萄牙语受试避免使用动词来指称该事件。Biskup（1992）也发现，讲波兰语和德语的英语学习者在将用各自的母语写成的同一文本翻译成英语时采取了不同的翻译策略、选用了不同的词语。既然学习者的目的语词汇行为因母语背景而异，那么一个极大的可能是不同的母语以不同方式影响了学习者的词汇行为（包括错误的和可接受的词汇行为）。这就暗示隐性不地道现象可能客观存在。

第二，还有不少研究显示，学习者的目的语表现与本族语者有很大差异。例如，不少学者都论及学习者相比本族语者常常"过度使用"或"回避"某些目的语结构或形式。[①] Ellis（1997：305）就列举了学习者过度使用意义宽泛的词的现象（Levenston 1979）。类似的研究还包括Hasselgren（1994），McClure（1991）等。关于"回避"的经典研究是Schachter（1974）。该研究发现，讲汉语和日语的英语学习者比美国本族语者（以及讲波斯语、阿拉伯语的学习者）使用少得多的关系从句。既然学习者的目的语行为普遍与本族语者存在很大差异，那么一个可能的解释是：学习者的目的语使用深受母语的影响，在学

---

① "隐性不地道现象"可能与"过度使用"和"回避"有一些关系，但也有不少"过度使用"和"回避"与本文所述"隐性不地道现象"无关（参阅 Ellis 1997：305）。

习者可接受的表达中也还留有母语的影子。如，Jarvis（1994：172）就认为学习者偏爱意义宽泛的词可能与其母语有关。Schachter（1974）也将中、日学习者回避关系从句归因于汉、日语是左分支语言而英语是右分支语言。

第三，有一些研究还表明，学习者的目的语词汇行为与本族语者有很大差异，但与其母语词汇行为有很大的一致性。例如，Jarvis（1998）就发现：讲芬兰语和讲瑞典语的受试用英语指称客体时的选词倾向与英语本族语者受试存在很大差异，但与其用各自的母语指称客体时的选词倾向有较大吻合。如：本族语者在指称 Modern Times 中的"面包车"（bakery truck）时普遍使用 truck，两种学习者则普遍使用 car；本族语者在指称"卓别林从树上摘苹果"时普遍使用 pick，两种学习者则普遍使用 take。Jarvis 的分析显示，两种学习者偏爱 car 和 take 分别与其母语控制组偏爱 auto（芬兰语中与 car 最接近的词）、bil（瑞典语中与 car 最接近的词）和 ottaa（芬兰语中与 take 最接近的词）、ta（瑞典语中与 take 最接近的词）一致。此外，Sjöholm（1995）也发现：在不考虑错误的情况下，"母语中没有短语动词范畴"的讲芬兰语的受试远不如英语本族语者以及"母语中有短语动词范畴"的讲瑞典语的受试喜欢使用短语动词。既然学习者的目的语词汇行为与本族语者不同却又与其母语词汇行为一致，那么母语无疑可视作是造成学习者与本族语者目的语词汇行为差异的最可能因素。显然，母语造成的这种差异既存在于学习者错误的词汇行为中也存在于学习者可接受的词汇行为中，而后者无疑就是本书所说的"隐性不地道现象"。

第四，还有一些学者较明确地表达了学习者可接受的目的语表达也还与本族语者存在差异的观点。Schachter（1974）就指出：一个句子没有错误不等于学习者就达到了本族语水平。Ringbom（1998）说得更明白：有时候学习者即使在使用可接受的二语词语和表达方面也与本族语者和其他母语背景的学习者有相当大的距离。这就暗示，母语可能是造成学习者可接受的表达与本族语者存在差异的根本原因。另外，有关高级学习者的目的语使用很难摆脱母语影响的一些研究或论述（如 Aitchison 1992；Kroll et al. 2002）也可看作是对"隐性不地道现象"假想的支持。

可见，除了显性不地道现象之外，学习者在外语使用中还存在一种虽带有母语痕迹但却符合外语表达规范的不地道现象。这种不地道现象因其符合外语表达规范，其不地道性比较隐秘，它可以称作"隐性不地道现象"。我们设想，显性不地道现象和隐性不地道现象是学习者在朝着"本族语者般使用目的语"目标迈进的过程中母语作用于学习者目的语产出的两种表现，它们体现的是母语对学习者目的语产出的影响越来越弱、越来越隐秘，直至趋近于零（学习者能产出"本族语者般的表达"）。试以下图来表示这种关系：

图10.1　母语对外语学习的影响

注：图中，箭头粗细表示受母语影响的强弱及隐秘程度。

第二节　隐性不地道现象发生的语言概念能力机理

隐性、显性不地道现象都是母语影响学习者目的语使用的结果，然而从上一节开头的例句以及有关隐性不地道现象的文献回顾都可以看出，这种影响主要不是一种形式层面上的影响，它涉及的更多的是语义或者概念。从语言概念能力的角度，我们设想不地道现象所体现的是母语概念系统对学习者外语使用的影响。借用Pavlenko（1998）& Jarvis（1998）新近提出的一个概念，它们可能是一种"概念迁移"（conceptual transfer）。根据心理语言学对言语产出过程的描述，言语产出要经过概念化、形式合成和发声三个阶段才能得到终端的言语表达（Levelt 1989；Levelt, et al. 1999）。由于第二、三个阶段都与概念意义信息的关系不大，我们进一步设想概念迁移应当发生在概念化阶段。也就是说，不地道现象可能是学习者在外语产出过程中按照母语的方式将要表达的经验概念化所导致的。这里的一个假想前提是，不同语言要求讲该语言的人以不同方式将要表达的经验概念化。也就是，一种语言就代表一种特定的经验概念化方式。这一假想建立在一些采用"概念研究法"（the conceptual approach,

Talmy 2000a）分析语言的学者最近的一些论述之上。例如，Kellerman（1995）就指出："不同的语言倾向于使讲该语言的人以不同方式将经验概念化，当二语学习者在使用二语将需要表达的事件'语词化'的时候，他们总是不由自主地去选择有利于他们保持母语视角的语言工具。"Slobin（1996）也做出了类似论述。她说，学习一种语言就是学习一种特定方式的"讲话思维"（thinking for speaking），"每一种语言都训练讲这种语言的人在谈论事件和经验的时候以不同方式去注意这些事件和经验。这种训练从人小的时候开始，到成人学习第二语言的时候要改变过来极端困难"。（p.89）Slobin"讲话思维"的具体含义是："'讲话思维'涉及选择（1）适合于以某种方式将此事件概念化的，以及（2）适合于用该语言编码的客体和事件的那些特征。"（"thinking for speaking" involves picking those characteristics of objects and events that（a）fit some conceptualization of the event, and（b）are readily encodable in the language.）（p.76）由此，我们设想不地道现象主要发生在外语和母语的概念化方式存在差异的地方。

具体而言，当学习者在应当采用外语概念化方式的地方却采用了母语的概念化方式时，就可能造成不地道现象。可以想象，针对某一具体经验域而言，外语与母语在概念化方式上主要存在三种情况：一是两种语言的概念化方式完全一致，二是两种语言的概念化方式完全不同，三是两种语言的概念化方式部分相同、部分不同。在第一种情况下采用母语的概念化方式不会造成终端表达上的任何后果，因为两种语言的概念化方式完全一致（或者说在这一经验域上根本就不存在外语、母语概念化方式之分）。笔者认为，这可能是概念正迁移所发生的地方。在第二种情况下采用母语概念化方式则会造成带有错误性质的终端表达即发生显性不地道现象，因为这是对母语概念化方式的"误用"，是由于学习者不知道应该采取哪一个概念化方式（或选取哪一个词汇概念）来将要表达的经验概念化所造成的[1]。

---

[1] 对经验的"概念化"是借助一种语言现有的词汇"概念"来实现的。一种语言的词汇概念就代表着该语言对要表达的各种经验进行概念化的种种方式。

试以前述"I am writing this letter *to reflect some problems*..."为例做一分析。该句中的不地道现象在于学生误将汉语的"反映问题"说成了"reflect problems"。在汉语中，让上级领导或有关部门了解某些新情况，就好比是让他们从镜子里看镜子所反映的物体。此处，反映情况的人被比作一面镜子，他获知的某些情况被比作是反映到镜子中的某些物体。显然，这是一种隐喻性的概念化方式，它表明讲汉语的人是借助"反映物反映物体"这一自然现象来理解"让上级领导或有关部门了解某些新情况"这一社会行为的。然而讲英语的人却没有以同样的方式来理解这一社会行为，其结果是英语不允许用表示"反映物反映物体"的概念[REFLECT]来对同一经验进行概念化，致使英语无法用"reflect"来表达"让上级领导或有关部门了解某些新情况"这一行为。但中国学生却根据汉语类推，误以为[REFLECT]（汉语[反映]的对等概念）也可用于将"让上级领导或有关部门了解某些新情况"这一经验概念化，其结果是产出了"reflect some problems"这一错误表达。可见，"reflect some problems"这一显性不地道现象是由学习者误用了汉语的"反映"这一隐喻概念化方式所造成的。①

在第三种情况下采用母语概念化方式可分为两种情况。第一，如果学习者采用的是与母语不相同部分的概念化方式，则会导致第二种情况下的显性不地道现象，因为它也是对母语概念化方式的一种"误用"。第二，如果学习者采用的是与母语相同部分的概念化方式，则就有可能发生隐性不地道现象。因为可以设想，尽管在该情况下采用与母语相同部分的概念化方式所产生的终端表达是正确的，但如果学习者总是倾向于采用与母语相同的概念化方式而从不采用其他为外语所特有的概念化方式，这就将造成学习者在终端表达上表现出一种对与母语相同或类似的表达方式的偏好，即显现出一种母语痕迹。例如，对

---

① 匿名审稿人提出，此错误"最终和外语概念没有形成有关"，但其直接原因是学习者的外语词语"reflect"与母语词语"反映"之间存在词汇层面的"词项连接"，笔者对此深表赞同（cf. Kroll & Stewart 1994，"RHM模型"）。此处强调其终极原因是，笔者认为外语词语与母语词语之间的"词项连接"是建立在学习者"将外语词语所代表的概念化方式与对应母语词语所代表的概念化方式简单等同"基础之上的（参阅"语义等同假设"，Ijaz 1986）。

于"下个月,市长将亲自率领一个商业代表团访问美国"中的"率领"这一行为经验,英、汉语都允许一种相似的非隐喻性概念化方式(以下"lead""率领"的用法所体现):①

The mayor will *lead* a business delegation to visit USA in person next month.

下个月,市长将亲自率领一个商业代表团访问美国。

但英语除了这一非隐喻性的概念化方式之外,还允许一种隐喻性概念化方式("*head*"的用法所体现):

The mayor will *head* a business delegation to visit USA in person next month.

如果中国学生总是采用与汉语一致的非隐喻性概念化方式"lead",而很少或从不采用隐喻性的概念化方式"head",其结果就将造成学习者在选词上过分偏好"lead"而表现出一种区别于英语本族语者的汉语痕迹(因为英语本族语者还会较多地使用"head")。

要言之,从语言概念能力理论构想的视角,学习者在外语使用中的不地道现象可能是由于母语的影响使学习者总是倾向于按照母语的概念化方式来将要表达的经验概念化所造成的。具体而言,显性不地道现象可能是由于学习者在外语与母语的概念化方式存在绝对差异的地方误用母语的概念化方式所造成的,而隐性不地道现象则可能是由于学习者在外语允许多种概念化方式的地方偏好与母语相同或类似的那种概念化方式所造成的。

---

① 此处,由于lead的本义就是表达汉语的"率领"的,因此例句中"lead"和"率领"的用法被看作是代表了一种非隐喻性的概念化方式。与此不同,下文中head的本义相当于汉语的"头",其表示"率领"的用法是对本义范畴的一种隐喻性延伸(参见 Taylor 1995: chapt. 7),同时从隐喻性(metaphoricity)的跨语言相对性的角度来看,汉语的"头"没有类似的隐喻延伸性用法,因此例句中"head"的用法被看作是代表了一种英语特有的隐喻性概念化方式。

第三节 隐性不地道现象：基于概念化视角的实证研究

一、关于隐性不地道现象的可操作性假设

基于前述隐性不地道现象发生的机理，我们提出如下可操作性假设：

假设1：隐性不地道现象表现为学习者在存有多种表达方式表达同一意义的地方倾向于采用与母语一致的表达方式来表达该意义。

在假设1的基础上，我们进一步设想，隐性不地道现象是反映学习者外语水平发展接近本族语者程度的一个指标。一个人的外语水平与本族语者越接近，他偏好母语概念化方式及表达的程度就越低，所发生的隐性不地道现象也就越少。反之，一个人的外语水平离本族语者的距离越远，他偏好母语概念化方式及表达的程度就越高，所发生的隐性不地道现象也就越多。也就是说，隐性不地道现象与一个人的外语水平高低成负相关。由此，我们提出关于隐性不地道现象的第二条可操作性假设：

假设2：隐性不地道现象随外语水平的提高而减少。

二、实验研究

1. 实验目的与设计

为验证上述两个有关隐性不地道现象的可操作性假设，我们一共设计了两个不同的实验，每个实验均设低水平组和高水平组，但第一个实验还同时设立了英语母语对照组[①]。两实验的具体设计如下：

实验一：本实验采用句子完形任务，具体做法是给受试提供一个不完整的英语句子，要求受试根据句子上下文的意思填入适当的词或短语，以将该英语句子补充完整。我们设想，受试填入空缺的词或短语必须经历以下几个步骤。

---

① 衷心感谢匿名审稿人提出的关于设立英语母语对照组这一重要意见。理想的做法是实验一和实验二均设英语母语对照组，但由于实验二是采用汉语手段呈现经验的（见下文表述），使该实验很难适用于不懂汉语的英语单语者。笔者希望今后能探索改进该实验设计的方法。

第十章　第二语言概念能力与第二语言产出中的隐性不地道现象

第一，根据对句子上下文的理解"想象"出空缺部分的"经验"，第二，将所"想象"出的经验概念化，第三，经过"形式化"等其他言语产出环节获得终端表达。这就是说，提供空缺部分以外的句子上下文的目的是要借助语言手段给受试呈现一段提示性经验[①]，以使受试激活与该提示性经验相应的经验图式、补足所空缺的那部分经验，从而使我们可以就受试对空缺部分经验的"概念化"方式进行考察。我们精心设计了英语句子的空缺之处：每一个英语句子的空缺之处都允许两类潜在的答案：一类是隐喻性答案（metaphoric filler，简称Mtp），另一类是非隐喻性答案（non-metaphoric filler，简称NMtp），其中，隐喻性答案是英语特有的表达，而非隐喻性答案则是英、汉语共有的表达。我们设想，隐喻性答案代表着英语特有的概念化方式，非隐喻性答案代表着英、汉语共有的概念化方式。每一道题目的隐喻、非隐喻性答案，我们是请5名从事相关研究的同事经过讨论后确定的，确定的标准是：第一，答案是否具有绝对的隐喻性，第二，答案是否具有相对的隐喻性。答案的绝对隐喻性是指该答案所代表的该词的用法就其产生过程而言是不是隐喻性的。根据Taylor（1995：chapters 6-7）的范畴延伸理论，一个词的延伸性用法[②]是以该词的原型用法（即本义）为基础，运用转喻和隐喻两种认知手段对与该原型用法（或本义）相应的概念范畴所作的一种拓展。那么，运用隐喻手段拓展本义范畴所产生的一个词的延伸性用法从根本上讲就应当是隐喻性的，它具有绝对的隐喻性。答案的相对隐喻性是指该答案所代表的该词的隐喻性用法相对于学习者的母语而言是否具有语言特定性。显然，一个词的隐喻延伸性用法虽然具有绝对的隐喻性，但是如果该词在学习者母语中的对应词也具有相同或类似的隐喻延伸性用法，那么这种用法从本研究的角度看就不再具有隐喻性答案的价值。也就是说，采用相对隐喻性标准的目的是排除掉概念化方式与汉语类似或相同的隐喻性答案以保证其对于本研究的意义。

---

① 最理想的呈现经验的方式是采用图片、动画、电影等视觉手段，但这些手段有很大的局限性，尤其难以用于抽象领域。
② 从词源发展的角度看，词的延伸性用法是产生词的引申意义的前提。

与此同时，为了保证受试产出两类答案的条件是等同的，我们对每一道实验题目的两类答案所涉及的具体答案的个数、难易程度和通用程度（colloquiality）都进行了控制。具体做法是：先设计出初步的实验题目（共92道），然后以20名英语专业大二的学生（与正式实验中的低水平组处于相同年级）为受试进行预实验。在结合预实验结果和各道题目设计时预期的各个答案的基础上，首先剔除隐喻、非隐喻两类答案个数差距过大的题目。接下来，结合预实验结果、同时请担任受试班级课程、对受试熟悉的3位老师评定剩余各道题目的难易程度，剔除掉三位老师认为受试很难或无法提供所期望的各隐喻、非隐喻答案的题目。最后，请5名外教在李克特五级量表（Lickert 5-point scale）上就剩余题目的各预期答案在该句子语境下的通用程度进行评分，然后取其平均分。做法是："很常用"计5分，"较常用"计4分，"一般"计3分，"不太常用"计2分，"罕用"计1分。然后分别计算出每道题目的隐喻性答案（若干个）和非隐喻性答案（若干个）的"合计得分"情况，滤掉两类答案"合计得分"差距过大的题目。由于我们无法绝对保证每一道具体题目预期的隐喻、非隐喻性答案的"合计个数"及"合计通用程度得分"完全相等，我们只能做到最终入选的36道题目的两类答案的"个数总和"和"通用程度得分总和"在整体上相当：隐喻性答案77个/311.7分，非隐喻性答案83个/326.8分。入选本实验的样题如下（画线处为要求受试填充的部分；括号内为获取数据时对隐喻、非隐喻答案的区分示例）：

1. Paris is the city where the French government is _____ .

   （NMtp：located   Mtp：seated）

2. 500 soldiers were commanded to _____ the forest fire.

   （NMtp：put out/extinguish   Mtp：fight）

实验二：本实验采用翻译完形任务，具体做法是提供一个汉语句子，并匹以该汉语句子的不完整的英语翻译句子，作业任务是要求受试根据该汉语句子的意思将不完整的英语翻译句子补充完整。我们设想，受试在完成英语翻译句子时必须首先将汉语句子所描述的"经验"概念化，然后再经过其他言语产出环节才能给出空缺部分的英语表达。这就是说，提供汉语句子的目的是要通过语言手段给受试呈现一段经验，以考察受试对该段经验的概念化方式。我们精心设计了汉语句子以及英语翻译句子的不完整之处（即要求受试完形的部分）。具体而言，每一个汉语句子相应的英语翻译句子的不完整之处都允许两类潜在的答案：转喻性答案和非转喻性答案。其中，转喻性答案是英语独有的表达，非转喻性答案则是英语和汉语共有的表达。我们设想，转喻性答案代表着英语特有的概念化方式，非转喻性答案代表着英语、汉语共有的概念化方式。每一道题目的转喻、非转喻性答案，我们是请5名从事相关研究的同事讨论后确定的，确定的标准是看答案是否具体蕴含着"肢体代与肢体有关的社会行为、容器代容器内的东西、客体状态代处于该状态的客体、人体部位代人、特定代一般、行为代行为所产生的结果、特征代具有该特征的客体……"等近邻性关系（contiguity）。与此同时，为了保证受试产出两类答案的条件是等同的，我们对每一道实验题目的所涉及的两类答案的具体个数、难易程度和通用程度进行了控制，具体做法与实验一相同。本实验一共设计了74道初步的实验题目，最后选出的正式实验题目数为33道，该33道题目的转喻、非转喻性答案的"个数总和"以及"通用程度得分总和"分别为51个/224.2分、57个/238.6分。所入选的实验样题如下（画线处为要求受试填充的部分；括号内为获取数据时对转喻、非转喻答案的区分示例）：

1. 他从不在我困难的时候帮助我。

    He never _____ when I was in trouble.

    （NMtn: *helped me*   Mtn: *gave /lent me a hand*）

2. 这次事故导致5人死亡。

    The accident _____.

    （NMtn: *killed 5 people/caused the death of 5 people*   Mtn: *caused/led to 5 deaths*）

由于以上实验设计分别保证了隐喻/非隐喻性答案、转喻/非转喻性答案都有均等的产出机会，受试所提供的两类答案的频数应当是相同的。如果实验结果显示，受试明显地提供了较多的非隐喻性和非转喻性答案，而提供了较少的隐喻性和转喻性答案，则表明受试明显地偏好与汉语相同的概念化方式和表达，由此可以对假设1进行验证。同时，对比低、高水平组的实验结果，将可以对假设2进行检验。

2. 实验对象

本研究包括低水平组（Low Group，LG）、高水平组（High Group，HG）和英语母语对照组三组受试。低水平组由某外国语大学英语语言文化系英语专业二年级三个自然班71名学生（不包括当天缺席的学生）构成。高水平组受试由某外国语大学研究生部一年级参加"应用语言学"课程学习的47名研究生（不包括当天缺席的学生）构成。英语母语对照组由密苏里大学堪萨斯分校（University of Missouri，Kansas City，UMKC）36名二、三年级大学生构成。

3. 实验程序

低、高水平组的实验在国内进行：实验一和实验二的题目由四位任课教师分别在正常上课时间内（第一、二节课，两节课之间没有间断）先后发给受试，两组受试均在40分钟和20分钟内全部完成。两个实验组分别回收实验答卷71份和47份。除去低水平组分别在实验一和实验二的无效答卷18份和13份，低水平组实际有效答卷分别为53份和58份。高水平组在实验一和实验二的答卷全部有效。英语母语对照组的实验（限于实验一）在国外分两次进行，一次20人，一次16人，两批受试互不认识。该组回收实验答卷36份，除去无效答卷4份，实际有效答卷为32份。

4. 实验结果

在获取实验数据时，我们忽略了受试在拼写、语法、大小写等方面的错误。实验数据由SPSS13.0软件系统处理，所采用的统计手段是卡方检验（χ^2）。统计过程中，我们一共进行了四种比较：1）英语母语对照组两种答案频数差异比较（Mtp vs. NMtp）；2）低水平组两种答案频数差异比较（Mtp vs.

NMtp和Mtn vs. NMtn），3）高水平组两种答案频数差异比较（Mtp vs. NMtp和Mtn vs. NMtn），4）低、高水平组隐喻性答案和转喻性答案频数差异比较（Mtp：LG vs. HG和Mtn：LG vs. HG）。前三种比较为组内比较，后一种比较为组间比较。两个实验的数据处理结果如表10.2所示：

表10.1　高低水平组隐喻性答案与转喻性答案频数组内、组间比较结果一览

	Mtp（频数）	NMtp（频数）	Mtn（频数）	NMtn（频数）	组内比较				组间比较: 低组 vs. 高组			
					Mtp vs. NMtp		Mtn vs. NMtn		Mtp		Mtn	
					χ^2	p	χ^2	p	χ^2	p	χ^2	p
对照组	421	638			36.702	.390						
低组	305	1575	241	1629	101.901	0.000**	59.818	0.002**	50.567	0.043*	59.847	0.002**
高组	402	1255	409	1111	148.071	0.000**	87.379	0.000**				

注：*表示有显著差异（$p<0.05$），**表示有极为显著的差异（$p<0.01$）。

从表10.1可以看出，英语母语对照组所提供的Mtp/NMtp频数为421/638，似乎该组提供的NMtp比Mtp多，然而卡方检验的结果表明这种差异不具有显著的统计学意义（$\chi^2=36.702$，$p=0.390>0.05$）；低水平组所提供的Mtp/NMtp和Mtn/NMtn频数分别为305/1575和241/1629，Mtp和Mtn比其NMtp和NMtn少得多，卡方检验的结果进一步证明这种差异均具有极为显著的统计学意义（Mtp vs. NMtp：$\chi^2=101.901$，$p=0.000<0.01$；Mtn vs. NMtn：$\chi^2=59.818$，$p=0.002<0.01$）；高水平组所提供的Mtp/NMtp和Mtn/NMtn频数分别为402/1255和409/1111，Mtp和Mtn比其NMtp和NMtn少得多，卡方检验的结果进一步证明这种差异均具有极为显著的统计学意义（Mtp vs. NMtp：$\chi^2=148.071$，$p=0.000<0.01$；Mtn vs. NMtn：$\chi^2=87.379$，$p=0.000<0.01$）。

从表10.1也可以看出，高水平组（47人）所提供的Mtp总频数为402，低水平组（53）人所提供的Mtp总频数为305，高水平组所提供的Mtp频数比低水平组多，卡方检验的结果证明这种差异具有显著的统计学意义（$\chi^2=50.567$，$p=0.043<0.05$）；高水平组（47人）所提供的Mtn总频数为409，低水平组

（58人）所提供的Mtn总频数为241，高水平组提供的Mtn频数比低水平组多，卡方检验的结果证明这种差异具有极为显著的统计学差异（χ^2=59.847, p=0.002<0.01）。

5. 分析与讨论

英语母语对照组所提供的NMtp和Mtp频数没有显著的统计学差异，这表明实验一的设计保证了受试产出两种答案的条件是均等的，由此我们期望实验一中的低、高水平组所提供的NMtp和Mtp频数没有差异或至少是其差异不具有显著的统计学意义。然而，该实验的低、高水平组组内比较结果显示，两组受试都提供了较多的与汉语表达方式相同的NMtp而提供了较少的与汉语表达方式不同的Mtp，而且这种差异具有显著的统计学意义。这表明，实验一中的两组受试都表现出了对与汉语表达方式相同的答案的偏向。实验二中，由于我们没有设立英语母语对照组，使我们无法确切地检验该实验的设计是否真正保证了受试产出NMtn和Mtn的条件是均等的，这无疑是本研究的一个不足，但是实验一中的英语母语对照组所提供的两种答案没有显著的统计学差异，这在一定程度上说明本研究的实验设计方法具有一定的可靠性。由此，我们期望实验二中的低、高水平组所提供的NMtn和Mtn频数没有差异或其差异不具有显著的统计学意义。然而，该实验的低、高水平组组内比较结果均显示，两组受试都提供了较多的与汉语表达方式相同的NMtn而提供了较少的与汉语表达方式不同的Mtn，而且这种差异具有显著的统计学意义。这表明，该实验中的两组受试都表现出了对与汉语表达方式相同的答案的偏向。综合两个实验的结果，可见：在存在多种表达方式表达同一意义的地方，外语学习者偏向于使用与母语一致的表达方式。由此，假设1得到了证实。这就证明外语学习者在能正确使用目的语的地方也还受到母语的影响，他们所产出的可接受性表达也还带有母语的痕迹，即隐性不地道现象确实存在。

同时，实验一、二的组间比较结果显示，两个实验中的高水平组都比低水平组提供了更多的具有英语特性的Mtp或Mtn，而且这种差异具有显著的统计学意义。这表明，高水平组偏好与汉语表达方式相同的答案的程度降低了，其隐性不地道现象减少了。由此，假设2得到了证实。这就证明隐性不地道现象可以视作是反映学习者外语水平发展接近本族语者程度的一个指标。

基于对语言概念能力的构想，我们认为隐性不地道现象反映了母语概念系统对学习者外语使用的巨大影响以及学习者要完全掌握外语概念系统的难度。Jarvis（1998）指出：尽管学习者在学习二语的过程中会对以母语经验为基础所建立的心理概念（mental concepts）、概念范畴（categories of concepts）和隐喻映射关系（metaphorical-mapping associations）进行某种程度的调整和扩充（modified and augmented），但却不可能完全替代或删除掉它们，这样一来，母语的概念系统就必然会构成一个潜在的、对学习者学习和使用二语发生持续影响的源泉（p.26）。事实上，一些学者认为要掌握外语的概念系统，就必须置身目的语环境，为每一个外语概念获得直接的经验（Pavlenko 1996，引自Kecskes 2000）。他们认为，"在外语环境中生活一年两载或许可以帮助形成一些（单个的）外语概念，但要形成一套较完备的外语概念系统，恐怕八年、十年都难以做到"（蒋楠 2004：384）。可以推想，代表母语概念系统运作方式的母语概念化方式会长期持续地影响学习者的外语产出过程，学习者很难完全摆脱隐性不地道现象。但是，尽管如此，我们的实验结果显示，高水平组的隐性不地道现象比低水平组明显地减少了。这说明虽然掌握外语的概念系统有很大难度，但学习者在这方面却仍然在取得进步，即他们克服母语概念化方式的影响、按照外语概念化方式运作的能力在不断增强。当然，对于学习者外语概念系统发展的速度到底如何，由于本章只设立了高、低两个水平组，因此还无法给予详细回答，今后可通过设立多个水平组对此进行深入研究。

当前，学界很少关注隐性不地道现象，这可能有两个方面的原因。一是学界一直存在这样一个看法：如果学习者产出了一个可以接受的表达，那么他必然已经掌握了该表达（Dulay & Burt 1973，1974）。这一看法容易掩盖在学习者能正确使用外语表达的地方也还可能存在某种由母语造成的与本族语者的差异这一现实。二是发现和识别隐性不地道现象比较困难。正如Ringbom（1978：80-100）所指出的，"将某些类型的错误与母语联系起来相对比较容易，然而我们却没有机会去证实母语在多大程度上影响了那些数量众多的、完好的正确表达"（"It is comparatively easy to link certain types of errors to the mother tongue, whereas we have no chance of ascertaining to what degree the mother tongue has influenced the large number of good and correct expressions"）。笔者认为，研究隐性不地道现象具有十分重要的意义。它既是搞清楚母语能从哪些层面以及在多么深刻的程度上影响外语（二语）学习无法回避的问题，又是研究外语学习者究竟能在多大程度上摆脱母语影响、达到本族语者般的概念流利需要实际回答的问题。可以预见，随着对语言概念能力的深入研究，隐性不地道现象的奥秘也必将得到更多的揭示。

第四节 隐性不地道现象：基于域映现视角的实证研究

一、域映现子概念能力与隐性不地道现象

基于我们对语言概念能力的构想，一切不地道的外语表达都可视作与学习者的外语概念能力不足有关。具体而言，显性不地道现象是学习者在表达目标经验时，由于外语概念能力不足，"别无选择"地按照母语的经验概念化方式，将意欲表达的经验转换成了符合母语要求但不符合外语要求的概念结构，造成母语概念结构被"套上"外语语词结构所致；隐性不地道现象则是学习者在表达目标经验时，由于外语概念能力相对于母语概念能力处于"劣势"，使其总是倾向于选择与母语相同或类似的那种经验概念化方式，导致所产生的概念结构虽符合外语目标语要求但却具有母语偏向性所致。两者的不同之处在于，隐性不地道现象发生于目标经验存在两种或多种潜在概念化方式而且其中至少一种与母语共享的情形下；显性不地道现象则发生于针对同一目标经验，外语与母语所要求的经验概念化方式完全不同的情形下。

从这一"构想"出发，所谓"外语概念能力不足"，主要是指学习者的外语认知结构相对于母语认知结构所处的一种特殊状态。众所周知，母语学习深植于丰富多样的实际生活情境体验之中，这使得学习者母语的静态积累性认知结构中丰含各种"认知域"和"概念范畴"资源，能随时为经验概念化提供所需要的概念性知识；同时，立足于广泛生活需求的大量母语使用实践也使其母语的动态工作性认知结构十分巩固完善，能随时根据静态积累性认知结构所提供的概念性知识的需求，高效地启动"域映现""视角化""详略化"等概念性操作程序，产生出合格的概念结构，从而产生完好的实际表达。然而，对于外语学习，其缺少语境支持，学习者的情境体验与使用实践均比较贫乏，这一方面使他们大脑中的外语静态积累性认知结构所包含的"认知域""概念范畴"等概念性知识资源相对有限，另一方面他们动态工作性认知结构的巩固程度也相对较低，使得他们在表达经验时不时地遭遇概念性知识提取或/和概念性程序启动上的困难或失败。与此同时，存在于他们头脑中的强大的母语认知结构又不断地发生作用与影响，使其总是有意无意地采取与母语相同或类似的方式来对经验进行概念化。三种因素的共同作用，使学习者总是倾向于生成一种"要么与目标语失匹配，要么具有母语偏向性"的"非正常"概念结构，最终导致显性或隐性不地道现象的发生。

作为对人类经验进行概念化操作的核心机制，域映现构成学习者的一种核心子概念能力，其不足也必将导致隐性不地道现象的发生。假定一名中国EFL学习者要用英语表达"一项投资将产生丰厚的利润"这一经验事件。在英语中，本族语讲话人可以有两种方式来概念化该事件。第一，提取静态积累性认知结构中的<金融域>（Finance Domain），并启动动态工作性认知结构中的"域映现"操作程序，将<金融域>的概念蓝图投射到该经验事件上，再启动"视角化""详略化"等其他操作程序，对该概念蓝图进行调整与修正，略去该经验事件中的大量细节，最终保留与[INVESTMENT]、[EARN]、[PROFIT]等概念范畴相关的经验成分，再从静态积累性认知结构中提取这些概念范畴，将这些成分范畴化，最终将该经验事件转换为一个可用语言编码的概念结构，如"……INVESTMENT-EARN-PROFIT……"，从而产生出 *The investment will earn a big profit.* 这样的表达。第二，从静态积累性认知结构中同时提取<金融域>和<农业域>（Farming Domain）两个认知域，启动"域映现"程序，然后将两个认知域的概念蓝图同时投射到该经验事件上，经过概念层面上的整合，并经过视角化、详略化等概念性操作略去不必要的经验细节，再从静态积累性认知结构中分别提取属于<金融域>的[INVESTMENT]、[PROFIT]等概念范畴以及属于<农业域>的[PRODUCE]等概念范畴，经过"范畴化"概念性操作，产生相应的概念结构，最终产生出 The investment will **produce** a big profit. 这样的表达。值得注意的是，在对经验概念化的过程中，即便所采取的"域映现"方式完全相同，但倘若提取使用的概念范畴不同，也会导致所产生的概念结构不同，最终造成实际言语表达的不同。就上例而言，我们可以同样采取<金融域>和<农业域>双重域映现方式，但如果我们提取使用的概念范畴是[HARVEST]或[YIELD]而非[PRODUCE]，则仍将产生不同的表达：The investment will **harvest/yield**（而非 **produce**）a big profit。然而，同样的经验事件对于汉语，则通常需要采取第二种概念化方式，即把<金融域>和<农业域>两个认知域同时投射到该经验事件上，并采用属于<农业域>的[HARVEST]或[PRODUCE]等概念范畴来对该经验事件概念化，因为汉语不允许采用同属<农业域>的[YIELD]概念范畴来概念化该经验事件——在汉语中，我们只能说"投资**产生**（produce）/**收获**（harvest）了巨大利润"，而不能说"投资**出产**了（yield）巨大利润"。设想中国EFL学习者意图用英语表达该经验事件，一方面由于他们的英语认知结构的固化程度还不高，另一方面他们又受到处于优势地位的母语（汉语）认知结构的影响，因而总是倾向于提取与母语共享的<农业域>以及该域的[HARVEST]、[PRODUCE]等概念范畴来概念化该经验事件，而从不提取与汉语不同的<金融域>以及该域的[EARN]概念范畴，或者虽然提取<农业域>但却不提取属于该域的[YIELD]概念范畴，来概念化该经验事件。其结果是：这些学习者在表达此类经验事件时，总是使用 The investment will **harvest/produce** a big profit. 这样的表达，而从不使用 The investment will **yield** a big profit. 这样的表达，于是便发生隐性不地道现象。

概而言之，从域映现子概念能力的视角出发，隐性不地道现象可视为：学习者在目的语允许多种"域映现"操作方式来"概念化"某一目标经验的地方，偏好与母语相同或类似的那种域映现方式所造成的；显性不地道现象则可视为：学习者在目的语与母语的域映现概念性操作方式存在绝对差异的地方，误用母语的概念性操作方式所造成的。域映现与视角化、详略化等概念化核心操作机制一样，是隐性不地道现象发生的重要心理认知源头。下文将立足于此，来开展相关实证研究。

二、实验研究

（一）实验一

1. 实验假设

基于对隐性不地道现象发生机理的上述构想，聚焦于"域映现"这一子概念能力，我们提出如下可操作性假设：在目的语允许多种"域映现"操作方式来"概念化"某种目标经验的地方，由于母语概念能力的影响，学习者会表现出对与母语相同或类似（即"共享"）的那种域映现方式的偏好，从而发生隐性不地道现象。

2. 实验方法

（1）受试

随机选取国内某外国语大学英语专业1—3年级28名硕士研究生，4男，24女[①]，年龄在22—28岁之间，平均年龄24.5岁，母语均为汉语，均在国内外语环境下从小学或初中开始学习英语，均通过TEM 8，裸视或矫正视力正常，右利手，无阅读障碍。

（2）实验材料

共75组正式实验材料，另包括5组练习材料。每组材料均由一个含有"空缺"（blank）的英语句子（简称"英语空缺句"），一个代表英、汉语共享域映现方式的空缺填词（简称"共享填词"，SF），一个代表英语特有的域映现方式的空缺填词（简称"英语特异性填词"，EF），以及一个与SF对应的填充性填词"SFX"和一个与EF对应的填充性填词"EFX"五部分构成。

编写"英语空缺句"时，首先保证所编写的每一个句子的空缺处都允许至

---

① 因外语院校的男性研究生数量较少。

少两类可填入的答案：一类是SF答案，一类是EF答案；同时，对所编写的每一个英语空缺句，都请10名与正式实验受试水平相当但不参加正式实验的英语专业研究生对其难度进行评定，然后根据他们的意见反复修改，直到他们能顺畅地阅读理解这些句子为止。SF与EF两类答案由课题组5名成员集体讨论决定，确定的标准是：（1）SF与EF两类答案均无法找到均可从概念化的角度，理解为是针对同一目标经验采取不同的"域"或者是采取同一"域"内的不同概念范畴，进行"域映现"操作的结果；（2）每个SF答案在汉语中均能找到一个"直译"的汉语对等表达，每个EF答案在汉语中均无法找到一个"直译"的汉语对等表达；（3）每个英语空缺句的SF答案与EF答案均为由1—3个词构成的词或短语；（4）75个英语空缺句的所有SF答案与EF答案在词频、词长（字母数）、通用度（colloquiality）以及相对于受试的"熟悉度"方面总体相当，具体控制方法为：所有SF与EF答案的词频（"短语"则考虑其"中心词"的词频）均控制在最常用的3000词以内[①]；所有SF答案的平均词长为7.32个字母，EF答案的平均词长为6.77个字母[$t(148) = 1.562$, $p = 0.320 > 0.05$]；对于"通用度"，则请5名外教分别就SF与EF答案在"英语空缺句"中的常用程度进行评分，评分标准是：1—罕用、2—不太常用、3—一般、4—较常用、5—很常用，最后所确定的75个SF答案的通用度平均得分3.58分，所确定的75个EF答案的通用度平均得分3.62分[$t(148) = -3.99$, $p = 0.691 > 0.05$]；对于"熟悉度"，则请不参加正式实验的10名同专业英语研究生，按照"1—完全不知道，2—不太知道，3—知道，4—颇为熟悉，5—非常熟悉"的计分原则，就SF与EF答案在"英语空缺句"语境下的熟悉程度进行评分，最后所确定的75个SF答案的熟悉度平均得分为4.01分，75个EF答案熟悉度平均得分3.95分[$t(148) = 0.742$, $p = 0.459 > 0.05$]。

对SFX与EFX的编写，主要参照了SF与EF各自的词频与词长，其他方面则不做要求，所有SFX与EFX均无法填入英语空缺句的空缺处。

最后编成的实验材料样例如下：

---

① 根据《BNC最常用15000词汇排序》确定。

第十章　第二语言概念能力与第二语言产出中的隐性不地道现象 | 215

英语空缺句：I have nothing more to say. He won"t ＿＿＿＿＿ my advice.

备选填词：SF：accept

　　　　　EF：follow

　　　　　SFX：write

　　　　　EFX：build

（3）实验设计与原理

采用单因素受试内2水平重复测量设计，自变量为空缺填词类型，两个水平分别为SF填词与EF填词；因变量为受试判断"空缺填词"能否填入英语空缺句"空缺处"的反应时（RT）与准确率（Accuracy）。

实验要求受试先阅读理解"英语空缺句"，然后判断"空缺填词"能否填入该句子的空缺处。我们设想受试在阅读英语空缺句时，会首先根据对句子上下文的理解在大脑中"构拟"出该句子空缺部分的"经验"，然后启动"域映现"操作程序对该经验进行概念化，生成与空缺处经验对应的概念结构（下称"空缺概念结构"）；当受试接着阅读到SF（/EF/SFX/EFX）等空缺备选填词时，他们会首先"感知"这些备选填词，然后从感知结果中抽取出相应的"语词结构"，再从语词结构中抽取出更深层的概念结构（简称"备选填词概念结构"）；接下来，受试会在工作记忆中将"备选填词概念结构"与先前生成的"空缺概念结构"进行匹配，并根据匹配的成功与否做出能否填入（"Y/N"）的判断决策，最后做出反应。这一心理认知过程可以概括为：阅读英语空缺句，生成"空缺概念结构"→感知SF（/EF/SFX/EFX）备选填词，抽取出"备选填词概念结构"→从工作记忆中提取"空缺概念结构"→将"备选填词概念结构"与"空缺概念结构"匹配，做出"Y/N"判断决策→做出按键反应。

从以上受试完成实验任务的心理认知过程出发，我们对实验结果做出如下预测：受试对SF填词做出判断反应相比EF填词，在反应时及准确率上均存在显著差异。因为：受试在阅读英语空缺句建立"空缺概念结构"时，由于受到母语概念能力的作用与影响，他们会倾向于采取与母语"共享"的域映现方式来对空缺经验进行概念化，从而产生接近于SF的"空缺概念结构"（而不产生接近于EF的"空缺概念结构"），使得受试随后在阅读到SF填词时，能迅速地将SF填词的概念结构与先前生成的贴近SF的"空缺概念结构"进行匹配，从而提高决策判断的速度与准确率；但是，对于EF填词，由于先前生成的与母语贴近的"空缺概念结构"与其相距较远，受试需根据大脑存留的有关整个英语空缺句的记忆，临时"补生成"一个与EF填词更接近的概念结构，以便与EF填词的概念结构进行匹配，这种"临时补生成"会拖慢对EF判断决策的速度，降低其准确率。

3. 实验程序

用E-Prime2.0编写实验程序。首先在屏幕中央呈现白色注视点"+"800ms，随后在屏幕中央随机呈现"英语空缺句"（设置为"无限时间"与"按键消失"），接着呈现800ms空屏，之后随机呈现"备选填词"（SF/EF/SFX/EFX）（依预实验设置为"3000ms"并设置为"按键消失"），最后再随机呈现600~1000ms空屏，进入下一试次。要求受试先认真阅读理解英语空缺句，然后判断所看到的备选填词能否填入先前句子的空缺处。"Yes"按"F"键反应，"No"按"J"键反应。"F""J"两个按键在受试间做了平衡设计。在实验前设有练习，实验中间设有休息。

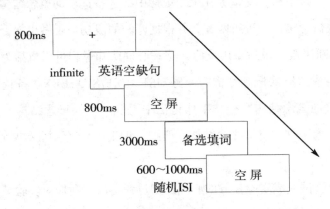

图10.2　实验流程

4. 结果与讨论

采用SPSS16.0对所有28名受试的反应时与准确率数据做配对样本t检验，结

第十章　第二语言概念能力与第二语言产出中的隐性不地道现象

果如表10.2所示。

表10.2　28名受试完成"空缺填词"判断任务的平均反应时与平均准确率（$M\pm SD$）

空缺填词	反应时（ms）	t	p	准确率（%）	t	p
SF	1238.56 ± 257.31			86.38 ± 6.73		
EF	1256.07 ± 281.16	−0.79	0.439	77.95 ± 10.47	5.07	0.000*

可以看出，SF与EF两种空缺填词，在反应时上无显著差异[M_{RT-SF}=1238.56，M_{RT-EF}=1256.07，t（27）= −0.79，p=0.439＞0.05]，在准确率上有显著差异[M_{ACC-SF}=0.8638，M_{ACC-EF}=0.7795，t（27）=5.07，p=0.000＜0.001]。从准确率指标来说，受试表现出了对SF的偏好，可以说发生了隐性不地道现象；从反应时指标来说，受试未表现出对SF的偏好，似乎未发生隐性不地道现象。对此，该做何解释呢？我们认为，这一矛盾结果可能反映了"准确率"和"反应时"作为探测隐性不地道现象的指标在灵敏度上的差异，但其在总体上应解读为"受试发生了隐性不地道现象"。

根据本实验的设计原理，受试完成空缺填词判断任务的核心心理过程是：阅读英语空缺句并建立"空缺概念结构"→阅读SF/EF备选填词并从中抽取出"填词概念结构"→将两者匹配并做出判断决策。相比EF，受试的母语概念能力可能对"迫选"SF的整个过程都发生了促进作用，从而使SF赢得了相对于EF的优势，然而这种优势可能还不足够大，仅在准确率上表现了出来而无法在反应时上表现出来。这就好比两个人同场参加考试（考题相同），虽然同时交了卷（答题速度相当），但考试结果却迥异（答题准确率有很大差异）。

然而，这还只是一种猜想。倘如此，我们设想，如果在受试完成实验任务过程中，加大母语概念能力对SF填词判断作业的影响，那么也将加大SF相对于EF的优势，从而将有可能使这种优势既表现在受试完成任务的准确率上，也表现在其完成任务的反应时上。为此，我们设计了实验二。

（二）实验二

1. 实验假设

由于"反应时"相比"准确率"是探测隐性不地道现象的灵敏度更低的指标，倘若在实验一的基础上加大母语概念能力的影响，SF相比EF的优势将同时表现在受试完成实验任务的准确率和反应时上。

2. 实验方法

实验受试完全同于实验一。实验材料与设计也同于实验一，只是在每组实验材料中增加了一个英语空缺句的"汉语翻译对等句"（简称"汉语翻译句"），并要求受试在阅读"英语空缺句"之前阅读。我们设想，受试对"汉语翻译句"的预先阅读，将诱导其汉语（母语）概念能力的预先启动，从而加大母语概念能力对其后续空缺填词（SF）判断作业任务的影响。具体实验材料样例如下：

汉语翻译句：我无话可说。他从不_____我的建议。
英语空缺句：I have nothing more to say. He won't _____ my advice.
备选填词：SF：accept
　　　　　EF：follow
　　　　　SFX：write
　　　　　EFX：build

3. 实验程序

基本的实验程序整体同于实验一，唯一的不同是受试在完成后续的作业任务之前需先阅读完一个"汉语翻译句"。实验二与实验一相隔约十天。

4. 结果与讨论

采用SPSS16.0对所有28名受试的反应时与准确率数据（见表10.3）做配对样本t检验。

第十章 第二语言概念能力与第二语言产出中的隐性不地道现象 | 219

表10.3 实验二与实验一描述统计结果对比（$M \pm SD$）

实验名称	反应时（ms）		准确率（%）	
	SF	EF	SF	EF
实验二	1213.92 ± 267.21	1288.21 ± 272.03	88.33 ± 7.84	78.28 ± 7.56
实验一	1238.56 ± 257.31	1256.07 ± 281.16	86.38 ± 6.73	77.95 ± 10.47

统计分析结果显示，实验二中SF与EF两种空缺填词，在反应时上有显著差异[M_{RT-SF}= 1213.92，M_{RT-EF}= 1288.21，t（27）= –3.935，p= 0.001＜0.01]，在准确率上也有显著差异[M_{ACC-SF}=0.883，M_{ACC-EF}= 0.783，t（27）= 7.603，p= 0.000＜ 0.001]。这一结果与实验一中SF与EF仅在准确率上有显著差异的结果形成对比，这表明：事先让受试阅读"汉语翻译句"确实诱导了母语概念能力的启动，使其加大了对后续SF备选填词判断任务的影响，导致SF所赢得的相对于EF的优势更大，不仅在准确率上反映了出来，也在反应时上反映了出来。这证实了本实验的假设，反应时相比准确率确实是一个灵敏度更低的反映隐性不地道现象的指标，实验一的结果应该解读为：受试确实发生了隐性不地道现象。

进一步比较受试在实验二与实验一中完成SF、EF填词判断任务的各自情况。EF在两个实验中的反应时结果与准确率均无显著差异[$M_{实验二RT-EF}$= 1288.21，$M_{实验一RT-EF}$= 1256.07，t（27）= 1.176，p= 0.250＞0.05；$M_{实验二ACC-EF}$= 0.7828，$M_{实验一ACC-EF}$= 0.7795，t（27）= 0.237，p= 0.814＞0.05]；SF在两个实验中的反应时结果无显著差异[$M_{实验二RT-SF}$=1213.92，$M_{实验一RT-SF}$=1238.56，t（27）= –0.704，p= 0.488＞0.05]，在两个实验中的准确率有边缘显著差异[$M_{实验二ACC-SF}$= 0.8833，$M_{实验一ACC-SF}$= 0.8638，t（27）= –1.96，p= 0.061]。前者符合我们的实验预期，因为"汉语翻译句"本身就与EF判断任务关联甚少，其阅读不应对EF判断产生促进作用，因而不会造成受试在两次实验上的差异（无论是对于"反应时"还是"准确率"）。然而，为何SF在反应时上跨实验差异"不显著"而在准确率上跨实验差异"边缘显著"呢？我们认为，这一方面进一步证实了"反应时"相比"准确率"是一个灵敏度更低的反映隐性不地道现象的指标，另一方面它可能也反映了本实验中受试以及任务（材料）的特殊性对实验结果的影响。在本研究中，受试是英语水平颇高的研究生，SF（/EF）填词判断任务对他们的难度并不大。可以想见，当SF填词任务对受试挑战性非常有限的时候，让他们预先阅读一个有利于SF判断任务的"汉语翻译句"虽然可能产生一定的"促进"作用，但这种促进作用的"效应空间"会非常有限，不足以造成与实验一在结果上的差异。不过，这一结果也正好从另一个侧面说明本研究所编写的实验材料的难易度很好地达到了实验设计的要求——受试能"顺畅地"阅读理解实验材料并完成SF、EF空缺填词判断作业任务。

（三）总讨论

实验一中，受试对SF与EF两类空缺填词的判断，在准确率上表现出了显著差异，在反应时上未表现出显著差异；实验二中，受试在反应时与准确率上均表现出了显著差异。综合这两个结果，可以认为受试在完成实验任务中确实偏好采用与母语相同或类似的那种"域映现"方式来概念化经验，他们发生了隐性不地道现象。

与姜孟（2006a）相比，本章所采取的是被动迫选型（而非主动产出型）完形任务，着眼点为受试达致完形答案的核心心理操作过程（而非最终的完形结果），但得出了相同的实验结论：优势的母语（概念）能力确实会造成学习者外语使用中发生隐性不地道现象。考虑到本章中的受试是英语水平较高的英—汉语熟练双语者，其两种语言的概念能力应该比较接近，但他们还是发生了隐性不地道现象。这有力地说明，学习者的外语（英语）概念能力的发展似乎受到一定的"瓶颈"限制，很难达到与母语（汉语）概念能力媲美的程度；母语的持续影响使隐性不地道现象几乎成为学习者外语使用的一个"挥之不去"的特征。对于这一"瓶颈"，我们认为它实质上是学习者外语概念能力认知结构中"动态工作性认知结构"发展上的"瓶颈"。根据前文所述，语言概念能力认知结构中的"静态积累性认知结构"是知识性的，发展相对较快；但"动态工作性认知结构"则是程序操作性的，其发展需要大量的语言使用实践的印刻与雕塑。中国EFL学习者由于其学习、使用英语的范围、方式与广度等都比较有限，其大脑结构受到的印刻与雕塑还颇显不足，使域映现、视角化、详略化、范畴化等概念性操作程序无法有效地建立起来，最终影响到他们对英语这一学习目的语的使用。

另一方面，本章也初步展示了从语言概念能力视角探讨隐性不地道现象的可行性、价值与前景。根据本章的构想，人的语言使用是以人深层的语言概念能力为基础的，人的语言概念能力是人为着使用语言的目的而适切地操纵自身概念系统的一种能力，是人的一般概念（认知）能力在语言上的表现；从表达交际经验的角度看，它是言语主体运用所掌握的认知域、概念范畴等资源，对意欲表达的内外部经验进行解读，将其转换为可用语言编码的概念结构的一种心理能力。这一心理能力以域映现、视角化、详略化、范畴化等为其实现经验"概念化"的核心心理操作机制，它们不仅构成语言概念能力的诸种子能力，也成为隐性不地道现象发生的可追溯的心理认知源头。本章实证研究以"域映现"心理操作机制为例，预测：学习者在目的语允许多种"域映现"操作方式来"概念化"某种目标经验的地方，倾向于按照与母语相同或类似（即"共享"）的那种域映现方式来概念化目标经验。这一预测获得了实验结果的支持。这无疑表明，本章对隐性不地道现象发生机理所做的构想，不仅为探究隐性不地道现象提供了切实的蹊径，也为今后的研究预置了很大的空间与前景——我们完全还可以从视角化、详略化等广阔的语言概念能力子能力或核心心理操作机制的角度开展相关研究。可以想见，随着认知科学对人的一般概念认知能力内在机制的更广泛的揭示，语言概念能力的内涵必将进一步拓展，其内在的核心心理操作机制也必将得到更深入的发掘，探讨隐性不地道现象的理论视域也必将大大延展。

姜孟（2006a）曾指出，"地道"地使用外语，是外语学习者企盼，也是外语教师不遗余力地帮助学习者要达到的目标，但现实中外语学习者却总难摆脱"不地道"的外语使用。这背后究竟有何奥秘？如何从理论上做出解释？本章基于前人的研究提出了语言概念能力假设，并据此对"隐性"（包括"显性"）不地道现象的发生机理做了新的阐释，也通过开展反应时实验进一步证实了外语学习者外语使用中隐性不地道现象的存在。我们认为，一切不地道的外语使用都与人的语言概念能力有关，探讨隐性不地道现象（包括语义迁移、概念迁移或母语影响）需要与人的概念系统及其运作方式即概念能力相联系，才能走向深入。今后，还需汲取更加广阔的语言学和认知科学研究成果，拓展、细化现有的理论建构与阐释。在实证研究中，也还需突破"域映现"这一单一的研究视点，从"视角化""详略化"等更广阔的语言概念能力心理操作机制视域来开展实证研究，以获得关于隐性不地道现象的丰富聚敛性证据（converging evidences），也为构拟隐性不地道现象发生的概念能力机理提供更丰富的实证依据。

第十一章 第二语言概念能力与第二语言使用中的隐性概念迁移

第一节 概念迁移

"概念迁移"（conceptual transfer）这一术语最早由美国学者Aneta Pavlenko和Scott Jarvis等提出，用以指"深层的非语言（或超语言）概念表征对学习者或双语者的母语和二语使用的影响"（Jarvis 2000：3）。姜孟（2010）比较全面地介绍了国外概念迁移研究兴起的背景、过程及其对语言迁移研究的意义与价值，认为这一取向的研究反映了当今国际语言迁移研究的新动向与新进展。俞理明、常辉和姜孟（2012）也认为，概念迁移研究堪称自1989年Odlin的《语言迁移：语言学习的语际影响》出版以来语言迁移研究领域里出现的"最为显著的成果"。

一、"概念迁移"的提出

作为语言迁移研究的一种新动态，概念迁移研究出现的标志是"概念迁移"术语的正式提出。早在"概念迁移"提出之前，就有一些学者（e.g. Rivers 1983）模糊地表达了语言迁移可以追溯到概念层次的思想；从实践上看，也有不少研究（e.g. Graham & Belnap 1986；James 1980；Kellerman 1978）已经触及了概念层次的语言迁移现象。然而，这些思想和研究一直没有受到重视，直到最近几年在概念研究法和双语研究取得的基本研究成果的推动下，一些学者才明确承认"母语可以从语言与认知的接口处影响二语"（Kellerman 1995），从概念层次考察母语影响的实证研究也才积极开展起来（e.g. Hinkel 1992；Slobin 1996；Gass & Selinker 1994；Jarvis 1998；cf. Jarvis 2000）。

  在从这一视角出发开展的众多研究中，一些学者先是使用了"基于概念的迁移"（concept-based transfer）、"基于概念的影响"（concept-based influence）等说法（e.g. Hinkel 1992；Jarvis 1997；Pavlenko 1997）。1998年，宾夕法尼亚州Temple University的Aneta Pavlenko在其向美国应用语言学会西雅图年会（AAAL '98, Seattle）递交的论文"SLA and acculturation: Conceptual transfer in L2 learners' narratives"中首次使用了"概念迁移"（conceptual transfer）这一术语（该文后发表于 *Applied Linguistics* 2002/（2）上，更名为"Bidrectional Transfer"）。同年，美国俄亥俄大学语言学系主任Scott H. Jarvis发表了由印地安纳大学语言学俱乐部出版社（IULC Publications）出版的 *Conceptual Transfer in the Interlingual Lexicon* 一书，"conceptual transfer"这一术语首次出现在研究语言迁移的专著中。接下来，Jarvis于2000年在 *Bilingualism: Language and Cognition* 第3期上发表了"Semantic and conceptual transfer"一文。2000年7月Pavlenko和Jarvis共同向在匈牙利布达佩斯召开的第七届国际语用学会议递交了论文"Conceptual transfer: New perspectives on the study of cross-linguistic influence"。该论文目前已收录在2001年安特卫（Antwerp）国际语用学会出版的会议论文集：*Cognition in language use: Selected papers from the 7th International Pragmatics Conference*, Volume 1（E. Németh Ed: 288-301）之中。至此，概念迁移这一术语被正式提出和采用，概念迁移所代表的一个方兴未艾的语言迁移研究新范式也可以说基本确立。目前，Aneta Pavlenko一本新的概念迁移论著 *Bilingualism and Thought* 正式出版。

二、概念迁移研究的基本内涵

  概念迁移研究作为一个研究语言迁移的新范式主要有两个基本的内涵。一是它吸收了"概念研究法"和双语表征研究的一些基本成果，形成了在语言行为、语言习得、语言表征等与语言迁移相关问题上的基本观点；二是它以其在语言行为、语言习得、语言表征等问题上的基本观点为前提，提出了一个解释语言迁移的理论机制并从这一机制出发来开展实际的迁移研究。下面分别以"理论观点"和"范式特点"为题对这两个内涵进行介绍。

（一）理论观点

第一，语言表层结构受制于底层概念结构，外在的语言行为受制于内在的心理概念过程。认知语义学将语义等同于概念，将语义表征等同于概念表征（Talmy 2000a；Jackendoff 1983：95；cf. Langacker 1987：5），它认为"'语义的'仅仅是'概念的'这一类属概念的语言特定形式"（"... 'semantic' simply refers to the specifically linguistic form of the more generic notion 'conceptual'"）（Talmy 2000a：4）。从这一立场出发，认知语义学认为语言的所有要素——包括句法、形态、语音①等都有概念对等物（conceptual counterpart）（Talmy 2000a；Lakoff 1987；Langacker 1987；cf. Jackendoff 1983；Johnson-laird 1983），表层的语言形式是对底层的概念系统的组织，底层概念结构是表层形式结构存在的基本理据。概念迁移研究吸收了这一思想，坚持认为语言表层结构受制于底层概念结构，学习者外在的语言行为取决于内在的心理概念过程（Jarvis 1998：27）。

第二，学习一种语言意味着掌握一种新的概念系统。体验主义（experientialism）认为，不同民族的人尽管都有共同的将经验概念化的概念化能力（conceptualizing capacity），但是由于各民族具体的生活经验、环境和文化等的差异，他们形成了互不相同的概念系统（Lakoff 1987：304-337）。语言作为建立在人类概念系统之上的符号系统，它必然意味着不同民族的语言受不同的概念系统支配，语言之间的任何差异都能找到概念内容和组织上的差异。概念迁移研究吸收了这一思想，坚持认为语言概念系统具有语言特定性，学习一种新的语言除了要学习一种新的形式系统以外，还必须掌握一种新的概念系统。

---

① 语音也被认为具有概念上的意义（conceptual significance），尽管目前对语音的概念意义还不那么清楚（cf. Jarvis 1998：22）。

第三，二语习得的一个基本过程是对先前的母语概念表征系统进行重组。近四十年来，双语研究取得了很大进展，其中一个重要共识便是认为语言在心理上是分形式（形态、书写、语音等）和概念两个层次分别表征的。就双语者而言，其两种语言的形式系统是分两个存储库独立表征的，而概念系统则是混合表征在同一个存储库里的（Potter et al. 1984; Kroll & Stewart 1994; Kroll & Tokowicz 2001; Paradis 1997）。概念迁移研究吸收了这一思想，坚持认为二语习得包括三个基本的过程：一是建立二语的形式表征，二是将二语形式表征映射到已有的母语概念表征上，三是根据所获得的二语经验对母语概念表征进行重组（对原有的母语概念进行修正和扩充、调整原有的二语形式与母语概念之间的联系、产生新的二语概念及建立与对应二语形式的联系等等），以最终建立起一个双语者特有的复合式心理表征系统。概念迁移研究认为，如果学习一种语言仅仅是将新的语言形式映射到一个新的概念系统中的全新的概念上，那么母语影响二语习得过程的可能性就会非常小（Jarvis 1998: 25）。

第四，外在的语言行为差异与内在的心理概念过程差异有关。认知语言学主张一种弱式的"语言相对论"（linguistic relativity），它认为，"我们对概念的使用方式影响我们对经验的理解方式"（Lakoff 1987: 335）。反过来，用不同的语言表达同一经验需要讲话人选择不同的概念来将该经验概念化（Lakoff 1987: 306; cf. Kellerman 1995; Slobin 1996）。这即是说，不同语言在表达同一经验时之所以存在差异乃是因为不同语言选择了不同的概念来进行概念化活动所造成的。概念迁移研究吸收了这一思想，坚持认为语言概念影响基于语言概念的心理活动。语言概念不同，基于语言概念的心理活动的结果也就不同。一切外在的语言行为上的差异都与行为主体内在的心理概念过程上的差异有关（cf. Jarvis 1998: 26-27）。

（二）范式特点

第一，概念迁移研究明确提出了一个能预测双向迁移（bi-directional transfer）的语言迁移机制。如前所述，概念迁移研究认为二语学习者（双语者）的概念表征系统是一个复式的混合表征系统（即两种语言的概念系统经过重组后是表征在同一个知识存储库里的),它设想在这个混合的表征系统内存在三种类型的概念:"基于母语的概念"(L1-based concepts)、"基于二语的概念"(L2-based concepts)和"共享的概念"(shared concepts)。"基于母语的概念"是只和母语形式相联系的母语概念。这类概念的存在是因为二语没有与母语相同或类似的概念因而在二语学习过程中没有二语形式映射到这些母语概念上。当然,也可能是在学习之初有一些二语形式被"错误地"映射到了某些母语概念上,但由于随后的二语经验不支持这些联系,致使这些联系在概念重组中被"习失"掉了(unlearned)。"基于二语的概念"是只和二语形式相联系的概念,它们是学习者在大量接触二语、获得足够经验的基础上产生的新概念。这类概念之所以产生是因为母语没有与二语相似的现成概念(即它们是二语特有的概念)。"共享的概念"则是同时与母语形式和二语形式相联系的概念。这类概念的存在是因为母语的某些概念与二语具有较大的共同性,因而在学习过程中它们与母语形式和二语形式都建立了联系。

由于二语学习者的母语和二语接受一个单一的概念表征系统的服务,概念迁移研究认为,存在于该表征系统内的上述三种概念,不管学习者当前使用的语言如何,它们都具有直接参与学习者当前概念过程的可及性(accessibility)(Jarvis 1998:26)。当学习者在产出二语时,如果有大量的"基于母语的概念"和"共享的概念"参与概念过程,其结果就会使学习者的二语产出受到母语的影响,从而发生母语→二语(L1→L2)方向的迁移现象(为方便起见,下称"正向迁移")。尤其是初、中级二语学习者,其二语经验有限,他们难于对原有的母语概念系统进行充分的重组。这一方面使他们尚无法产生出应有的"基于二语的概念"(即缺乏一些为二语所特有的概念),另一方面也使他们的概念表征系统中存在着过量的"共享的概念"(因为他们尚无法"习失"掉一些在学习之初由于错误地将二语形式映射到母语概念上所产生的"共享的概念")(cf. Jiang 2004),这就使初、中级学习者有很强的依赖母语概念进行概念活动的倾向,他们发生正向迁移的可能性极大。

与此同时,概念迁移研究还根据上述迁移机制预测,当学习者在产出母语时，如果有大量的"基于二语的概念"和"共享的概念"参与其概念过程，其结果就会使学习者的母语产出受到二语的影响，从而发生二语→母语（L1→L2）方向的迁移现象（为方便起见，下称"反向迁移"）。这对于高级二语学习者尤其可能发生，因为一方面高级二语学习者已经建立了大量的"基于二语的概念"，同时这些学习者的共享概念在经过充分重组后已经具有同等的容纳（accommodate）母语和二语经验的能力，使得他们概念表征系统中的"二语性质的概念"与"母语性质的概念"都具有很高的参与概念过程的可及性。

第二，概念迁移研究从母语概念如何影响二语概念过程出发来考察语言迁移现象。概念迁移研究由于设想外在的语言行为都是内在的心理概念活动的结果，它开展实际迁移研究的着眼点是：母语概念会对学习者以二语概念活动为基础的二语产出造成哪些影响和结果。换句话说，概念迁移研究不满足于目前在很大程度上限于对形态、语法、词汇等表层迁移现象的研究，试图以更宽广的眼界从认知、概念等深层次出发探寻更加广泛的迁移现象。例如，Jarvis（1994）和Jarvis（1998）所探讨的迁移现象就比较隐晦，属于认知深层的迁移现象。Jarvis（1994）考察的是不同母语背景的学习者的中介语词汇指称模式（Interlanguage lexical reference patterns）。他的实验对象是母语分别为意大利语、土耳其语、汉语、葡萄牙语、西班牙语、日语、韩语和阿拉伯语的英语学习者，其实验做法是首先给受试看一段从卓别林（Chaplin）的哑剧电影《摩登时代》（Modern Times）剪辑的片段，然后要求受试用笔头复述故事情节，其结果发现88%的日语受试使用girl一词来指称该片段中从运面包的卡车上偷面包的那位年轻妇女，但83%的葡萄牙语受试和77%的韩语受试却使用woman一词来指称同一位妇女。另外，在指称该妇女和卓别林撞了一个满怀这一事件时，韩语受试倾向于选用meet（38%），西班牙语受试倾向于选用crash（57%），阿拉伯语受试倾向于选用accident（33%），汉语受试倾向于选用bump（25%），葡萄牙语受试则倾向于避免使用动词来指称这一事件（50%）。Jarvis（1998）是对Jarvis（1994）的进一步拓展。其研究结果是：相同母语背景的学习者倾向于从同一词汇范围（the same range of lexical options）内选词来指称给定的客体或事件，且倾向于使用相同的原型词（lexical prototype）；不同母语背景的学习者倾向于从不同的词汇范围（the same range of lexical options）内选词来指称给定的客体或事件，且倾向于使用不同的原型词；但是所有受试的二语指称倾向都与他们的母语指称倾向有较大程度的吻合。

第三，概念迁移研究注重考察语言迁移随二语水平的变化关系。根据概念迁移研究对语言习得过程的理解，随着学习者二语水平的提高或其接触二语的经验的增多，其概念重组将更加深入地进行。一方面，学习者将对原有的母语概念进行充分的修正、扩充，使共享概念能容纳二语经验的要求；另一方面，学习者将产生许多新的、为二语独有的概念。其结果是二语概念（包括经过充分重组后的共享概念和二语独有的概念）参与概念活动的可及性大大提高，学习者对母语概念的依赖性大大减弱，从而使母语迁移发生的概率大大降低。正是由于这一迁移机制预测学习者的迁移量（the amount of transfer）与二语水平呈负相关，概念迁移研究重视考察语言迁移随二语水平的变化情况。例如，Jarvis（1998）就同时考察了不同母语背景的受试的词汇指称倾向随其二语水平的变化情况，其结果显示不同母语背景的学习者的词汇指称倾向随其年龄或二语水平的增加而朝着本族语者方向辐合（converge）。

第四，概念迁移研究强调对双语者的双向迁移现象进行研究。由于概念迁移研究所设想的语言迁移机制预测高级二语学习者在发生正向迁移的同时还可能会发生反向迁移，这一研究范式兼顾对学习者的双向迁移（bidirectional transfer）现象进行考察。例如，Pavlenko & Jarvis（2002）就考察了康奈尔大学22名TOEFL分数在600分以上、在美国居留时间达3—8年的俄语—英语双语者（Russian-English bilinguals）的双向迁移情况。他们的做法是先让受试看三分钟长、有音乐背景但无对话的短电影，然后要求受试口头叙述所看电影故事的内容，再通过录音、转写得到受试的若干篇叙述文（narratives）加以分析。其分析结果是：84%的受试至少在语言框（linguistic framing）、语义延伸（semantic extension）、翻译借词（loan translation）、次范畴化

（subcategorisation）、冠词使用和次序6个分析范畴中的某一个范畴上发生了正向迁移（L1→L2 transfer），77%的受试至少在语言框、语义延伸、词汇借用（lexical borrowing）、格标记（case marking）、翻译借词、次范畴化6个分析范畴中的某一个范畴上发生了反向迁移（L2→L1 transfer）。

三、概念迁移研究的进展

纵览概念迁移研究相关文献，S. Jarvis、A. Pavlenko以及E. Hinkel、I. Slobin、S. M. Gass & L. Selinker、I. Kecskes、C.V. Stutterheim等国外一批学者开展了不少研究（详见 姜孟 2010的评述），但根据Jarvis & Pavlenko（2008）的概括，当前国外对概念迁移的研究主要集中在8个"概念域"（conceptual domain），即：物体（OBJECT）、情感（EMOTION）、人称（PERSONHOOD）、性别（GENDER）、数（NUMBER）和运动（MOTION）、时间（TIME）和空间（SPACE），其中，又尤其集中于运动、时间和空间三个概念域。在这八个概念域，学者们的研究重点是通过收集实证语料来获取母语（或二语）的概念表征对二语（或母语）使用发生影响的证据，主要采用故事复述法、指称词汇合适性判断法、指称词汇列举法、接受性词汇测验法、迫选法、图片（/电影）描述法、物体分类法、回忆法、角色扮演法等研究方法，在实验任务方面则多采用语言产出性任务。在国内，除姜孟（2010）之外，似未见到有冠以"概念迁移"名头的论文（更未见有实证性论文）公开发表。尽管如此，姜孟、王德春、俞理明等人的研究或多或少地触及了概念迁移的问题（姜孟 2006a，2006b，2009；姜孟、王德春 2006；俞理明、常辉、姜孟 2012）。例如，姜孟（2006a）运用实证的方法，采用句子完形和翻译完形任务，探讨了外语学习者在外语使用中的隐性不地道现象问题，并将隐性不地道现象的发生归结为母语概念化模式的跨语言影响。该研究，在实质上探讨了语言产出中的概念迁移问题。

然而，整体上国内外的概念迁移研究还十分有限，其主要存在以下两个不足：（1）缺少对概念迁移发生机理的深入探讨；（2）现有研究多涉及语言产出中的概念迁移，未见有研究探讨语言理解（接受）中的概念迁移。下面意图首先对概念迁移发生的机理做一探讨,然后基于该机理提出两项关于外语理解中隐性概念迁移的可操作性假设,最后通过开展反应时实验来验证这两项假设。

第二节 概念迁移发生的语言概念能力机理

基于对语言概念能力的理论构想,我们认为:概念迁移实质上是人的一种语言的概念能力(概念系统及其运作方式)对另一种语言的概念能力(概念系统及其运作方式)发生的影响,是一种语言的概念化模式(即"域映现""视角化""详略化""范畴化"等)对另一种语言的概念化模式发生的影响。针对同一目标经验,讲甲、乙两种语言的人由于各自所依赖的概念性知识不同,往往会选择不同的方式来对该经验进行概念化操作。当双语者或多语者在本应调取与目标语相契合的概念性知识来对目标经验进行概念化操作时,却调取了与目标语不相契合的非目标语的概念性知识,便会导致对目标经验的不适切的概念化操作方式并产生不适切的概念结构,从而导致概念迁移。

之所以如此,是因为尽管语言概念能力所内蕴的概念化程序性操作机制是跨语言共享的,但决定这些程序性机制具体运作方式的概念性知识却是跨语言差异性的。正如Lakoff(1987:304-337)所指出的,讲不同语言的民族的人尽管都具有共同的对经验进行"概念化"的基本能力,但由于各民族具体的生活经验、环境和文化等的差异,他们形成了互不相同的关于世界的概念性知识。正是概念性知识的跨语言差异性,导致了语言概念能力的语言特异性[①]。这意味着,当学习者的目标语概念能力尚有限、其概念系统中的概念性知识仍相对贫乏时,来自母语概念系统的知识便往往不自觉地介入目标语的使用,使学习者往往采取"近母语"的方式来对目标经验进行概念化操作并产生有"母语偏向性"的概念结构,或按照"近母语"的方式来从二语话语中抽取理解话语所需

---

① 语言概念能力的语言特异性意味着,学习一种新的语言除了要学习一种新的形式系统以外,还必须掌握一种新的概念系统及其运作方式,也即要培养一种以新的方式对经验进行概念化的能力。当然,这是从整体而言的,不同语言在经验概念化方式上也会存在许多相似或共享的方面。

的概念结构并进行"近母语"的心理模拟，致使二语（外语）产出与理解中的概念迁移频频发生。

以上对概念迁移发生机理的阐释，使我们能很好地将传统的"语义迁移"（semantic transfer）与新近的"概念迁移"（conceptual transfer）研究统一起来。传统上，一种语言对另一种语言从词汇使用层面上发生的影响被称为词汇语义迁移（lexicosemantic transfer），而从句子使用层面上发生的影响被称为命题语义迁移（propositional semantic transfer）（Odlin 1989；姜孟 2010）。然而，这两种迁移现象从其发生的概念认知根源来看，实质上都是一种"概念迁移"，属于一种语言的概念系统对另一种语言的概念系统发生的影响（当然发生的层面分别是"词汇层面"与"句子层面"）。所谓"语义迁移"与"概念迁移"的区分，只不过是从不同的角度来看待概念系统的跨语言影响而已。从语言与认知的接口即非语言的"概念层面"来看，该影响属于概念迁移；但从其在"语词层面"（包括词汇与句子）上的表现来看，则属于语义迁移。正如Talmy（2000a）所指出的："'语义的'仅仅是'概念的'这一类属概念的语言特定形式。"（"semantic" simply refers to the specifically linguistic form of the more generic notion" conceptual）（*pp.*2-3）也就是说，在本质上，"语义"仅仅是"概念化"的语词编码形式，是被语码化了的概念结构体（参阅Langacker 1999）。

上述阐释，也很好地回答了"语义迁移"与"语言相对论"的联系问题。语言迁移研究领域的领军人物Odlin（1989：71）曾明确指出：语言和思维的关系问题是语义迁移研究的一个根本性问题，它对于探讨母语的语义结构究竟能在多大程度上影响学习者对二语的使用问题至关重要。从以上阐释出发，"语义迁移"与"语言相对论"的内在联系在于它们都相关于人对经验的概念化操作方式，都与人的概念系统及其运作方式的语言特异性紧密相连。此外，以上阐释，也契合于Jarvis（2000）关于"概念迁移"密切相关于人的"非/超语言表征"的思想，因为人的概念系统所属的概念性知识是人脑对经验世界的表征，当然属于"非语言"或"超语言"的范畴。

第三节　外语句子理解中隐性概念迁移假设

根据以上对概念迁移发生机理的阐释，概念迁移既可能发生在外语（二语）产出中，也可能发生在外语（二语）理解中。

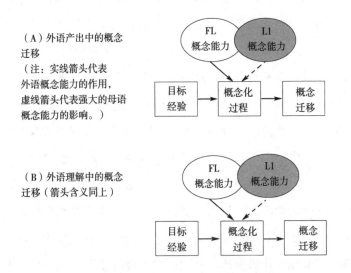

（A）外语产出中的概念迁移
（注：实线箭头代表外语概念能力的作用，虚线箭头代表强大的母语概念能力的影响。）

（B）外语理解中的概念迁移（箭头含义同上）

图11.1　"外语产出中的概念迁移"与"外语理解中的概念迁移"模式图

对于外语言语产出，母语概念能力主要通过作用于目标经验的概念化过程、影响概念结构的生成结果而导致概念迁移（图11.1（A）所示）。言语产出中的概念迁移具体表现为：只要有可能，学习者总是倾向于调用母语的概念能力、采用母语的经验概念化方式（而非外语自己的概念化方式）来表达目标经验。这可分为两种情况：（1）在外语与母语的概念化方式存在绝对差异的地方，误用母语的概念化方式来表达目标经验；（2）在外语允许多种概念化方式的地方，偏好采用与母语相同或类似的那种概念化方式来表达目标经验。前一种情况会导致学习者外语使用中的"显性不地道现象"（实为一种显性概念迁移），后一种情况会导致学习者外语使用中的"隐性不地道现象"（实为一种隐性概念迁移）（姜孟 2006a）。现有的概念迁移实证研究，实际上都可归入这两种情形。

对于外语言语理解，母语概念能力主要通过作用于"实际话语→语词结构

→概念结构→获得理解"(图11.1(B)所示)这一过程中的"概念结构提取"环节、影响心理模拟的结果而导致概念迁移(图11.1(B)所示)。在言语理解中,"概念结构"的提取是关键环节,其提取效率及成败直接决定语言理解的效率与成败。言语理解中的概念迁移具体表现为:只要有可能,学习者总是倾向于调用自己的母语概念能力(而非外语概念能力)来从外语话语中提取所需概念结构,以获得对话语意义的理解。这也可区分为两种情况:(1)在外语与母语的概念化方式存在绝对差异的地方,"调用"母语的概念能力来从外语目标话语中抽取概念结构,会导致学习者错误地理解外语目标话语的意义,因为其所抽取的概念结构无法真正切合外语;(2)在外语与母语共享概念化方式的地方,调用母语概念能力(相比调用外语概念能力)将能更加快速有效地从外语目标话语中抽取出底层的概念结构、获得对话语的理解,因为学习者的母语概念能力相比外语概念能力更巩固、更强大。前一种情况可视作外语理解中的一种"显性概念迁移"(overt conceptual transfer),它表现为学习者不恰当地按照母语的方式来理解外语表达,并因而发生理解错误;后一种情况,可视为外语理解中的一种"隐性概念迁移"(covert conceptual transfer),它表现为学习者虽不恰当地调用了母语的概念能力来理解外语话语,但不会导致错误的理解后果,而只是导致了理解效率上的差异。我们认为,外语理解中的显性概念迁移多发生于外语水平比较低的学习者身上,而隐性概念迁移则多发生于中、高水平的外语学习者身上。本章着眼于外语句子理解中的隐性概念迁移,为此,我们提出如下可操作性假设:

可操作性假设(一):当理解两个意义对等(即所描述的经验事件内容相同)但底层概念化模式(即概念结构)分别与母语共享或为外语所独有的外语表达(句子)时(以下分别简称为"共享表达"和"特异性表达"),由于母语概念能力的介入,学习者对"共享表达"的理解相比对"特异性表达"的理解速度更快,耗时更少。

之所以如此,是因为:对于共享表达,学习者可以凭借母语概念能力来抽取其深层的概念结构以获得理解；对于特异性表达，学习者只能调用外语概念能力来抽取其深层的概念结构以获得理解。由于母语概念能力相比外语概念能力无可比拟的优势，因而使得学习者对"共享表达"的理解相比对"特异性表达"的理解，速度更快、效率更高。试以实例加以说明：

A. Perry knocked the cup against the table.（SMC）
B. Perry knocked the table with the cup.（EMC）
C. 佩里把杯子碰到桌子上了（汉语翻译）。

句子A与B描述的是同一个经验事件的内容成分，在汉语中都译作"佩里把杯子碰到桌子上了"，可看作"意义对等句"；但两个句子的差别在于对该经验事件中的两个"事体"（Being）"cup"与"table"进行了不同的概念组织，即采取了不同的视角来对其进行概念化（Langacker 1987：120；1999：36）。句子A将cup视作"图形"F，而将table视作"背景"G，其概念化模式可标记为：F/G；而句子B则刚好相反，它将cup视作"背景"G，而将table视作"图形"F，其概念化模式可标记为：G/F。相比汉语翻译句"佩里把杯子碰到桌子上了"，句子A与其共享"F/G"的概念化模式（或概念结构），而句子B的概念化模式为"G/F"，与其有很大差异。由此，可以认为，英语句子A属于与母语共享底层概念化模式（或概念结构）的句子，为"共享表达"，标记为"SMC"（L1-L2 Shared Mode of Conceptualization）；英语句子B属于概念化模式具有英语特异性的句子，为"特异性表达"，标记为"EMC"（English-specific Mode of Conceptualization）。根据可操作性假设（一），母语为汉语的英语学习者对句子A的理解相比句子B速度更快、耗时更少。

第四节 中国英语学习者英语句子理解中隐性概念迁移实证研究

一、实验一

1. 实验目的

对上述"可操作性假设（一）"进行验证。

2. 受试

随机选取某外国语大学英语专业硕士二、三年级30名研究生，包括3男，27女[①]，年龄在21—27岁之间，平均年龄24.5岁，母语均为汉语，均在国内外语环境下从小学或初中开始学习英语，均通过TEM 8，裸视或矫正视力正常，右利手，无阅读障碍。

3. 实验材料与设计

采用单因素2水平（句子类型：SMC型句子与EMC型句子）重复测量设计，因变量为受试阅读理解句子的反应时（RT），准确率（Accuracy）用于剔除无效数据时的参考。

实验材料由40组英语理解目标句（40×2）及对应的40组"Y/N问句"（40×2）构成，此外，还包括20组填充句（20×2）及对应的20组"Y/N问句"（20×2）。

英语理解目标句基于40个英语特殊动词编写而成。每个动词均有"V+*N1*+*Prep.1*+*N2*"与"V+*N2*+*Prep.2*+*N1*"两种搭配形式，40组英语理解目标句分别与40个动词的这两种句法搭配形式相对应。基于同一动词的两个句子，因其N1与N2位置互换的特殊句法结构形式，可视为对同一经验事件的不同方式的识解和概念化（Langacker 1987，1999），视角分别为"F（N1）/G（N2）"和"G（N1）/F（N2）"，但两个句子在（概念）意义上则可视为完全对等；同时，这两个句子中，与"V+*N1*+*Prep.1*+*N2*"相对应的英语句子，可直译为一个有相同（或类似）句法结构的汉语句子，即其汉语翻译句可视为与自己共享"F/G"的概念化模式，而与"V+*N2*+*Prep.2*+*N1*"相对应的

[①] 因外语院校男生少、找到相同数量的男性研究生受试有困难。

英语句子，则无法直译为一个句法结构与自己类似的汉语句子，即其汉语翻译句无法视为与自己共享"G/F"概念化模式。为此，与"V+*N1*+*Prep.1*+*N2*"对应的英语句子被称为"概念化模式共享句"（简称SMC型句子），与"V+*N2*+*Prep.2*+*N1*"对应的英语句子被称为"概念化模式英语特异句"（简称EMC型句子）。所有英语理解目标句长度均控制在6—9个单词之间；40个SMC型句子与40个EMC型句子的难易度，经由与正式实验受试水平相当的15名英语研究生在里克特5级量表上评定，难度相当且均为偏易的句子（M_{SMC}= 4.25，M_{EMC}= 4.22，（t（39）= –1.062，p= 0.295＞ 0.05）[①]。"Y/N问句"分别针对每组材料中的SMC型句子与EMC型句子的句意内容而编写，各有一半的句子的答案为"Yes"（20个），另一半的句子的答案为"No"（20个）；设置"Y/N问句"，旨在使受试在实验时认真阅读并理解实验目标句。

填充句（Filler Sentence，FS）基于20个英语普通动词、参照正式实验材料的方式编写而成，但所配对的两个英语填充句（FSA，FSB）并不表达相同的经验内容而仅共享同一"动词"（作为"谓语动词"）；与填充句对应的"Y/N问句"也分别针对FSA与FSB编写，且需做出"Yes"和"No"回答的句子也都各占一半（即各10个）。

实验材料样例：

    SMC句子：Perry knocked the cup against the table. —Did Perry knock the table?（Y/N问句）

    EMC句子：Perry knocked the table with the cup. —Did Perry have a cup?（Y/N问句）

[①] 此外，在遴选材料时，我们还尽可能对SMC型句子中的*Prep.1*（into, onto, on, from, against, to, over, in, with, off）与EMC型句子中的Prep.2（with, of, around, from, against）的长度进行了控制。虽然Prep.1的平均词长（M=3.28）比Prep2的平均词长（M=3.95）要短一些【t(39)=-2.406，p=0.021＜0.05】，但前者的变异性比后者要大一倍（Prep.1的类符/形符比=0.40，Prep.2的类符/形符比=0.80）。同时，考虑到介词无概念实义，我们设想两种句子在介词长度上的这些差异不会影响到实验目的。后文实验一中SMC与EMC无差异的结果证明了这点。

填充材料样例：

FSA句子：Marco paved the path with some bricks. -Was the path made of stones?（Y/N问句）

FSB句子：Macro paved the way for his goal. -Was Marco's goal reached?（Y/N问句）

4. 实验程序

用E-Prime2.0编写实验程序。首先在屏幕中央呈现白色注视点"+"600ms，随后在屏幕中央随机呈现英语理解"目标句"（设置为"无限时长"与"按键消失"），接着呈现800ms空屏，之后随机呈现"Y/N问句"（设置为"无限时长"与"按键消失"），最后再随机呈现600～1000ms空屏，进入下一试次。要求受试尽快阅读理解英语目标句，之后，按键进入"Y/N问句"。"Yes"，按"F"键；"No"，按"J"键；按键"F"与"J"在受试内做了平衡设计。实验前，设有练习；中间，设有休息。实验流程如图11.2所示：

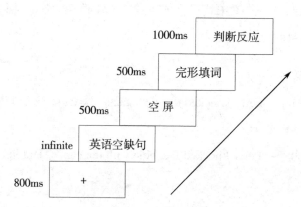

图11.2　实验基本流程图

5. 结果与讨论

删去正确率小于0.80和反应时在M±1.8SD之外的数据，有3个受试的数据被删去，占全部数据的10%。对于有效数据，采用SPSS16.0对其做配对样本t检验（见表11.1）。

第十一章 第二语言概念能力与第二语言使用中的隐性概念迁移

表11.1 阅读SMC型句子与EMC型句子的平均反应时

句子类型	受试数（N）	均值（ms）	标准差（SD）	t	p
SMC	27	2768.31	645.09	−1.248	0.223
EMC	27	2898.85	777.78		

可以看出，受试理解SMC型句子的反应时与理解EMC型句子的反应时无显著差异：M_{SMC}= 2768.31，M_{EMC}= 2898.85，$t(26)$ = −1.248，p= 0.223＞0.05。这表明，受试在理解SMC与EMC两种句子时所调用的均是外语（英语）的概念能力，而并非像"可操作性假设"所预测的那样，受试将调用母语（汉语）的概念能力来理解SMC型句子，而调用外语（英语）的概念能力来理解EMC型句子。也即是说，受试的母语概念能力并未介入对SMC型句子的理解，隐性概念迁移并未发生。

尽管如此，考虑到本实验中的受试为外语水平颇高的英语研究生学习者（均过了TEM8），理解SMC与EMC两种句子的任务对他们的挑战性并不大（因为两种句子的难易度得分均高于4分，属于偏易的句子，如前所述），这一实验结果似乎又在情理之中，因为可以设想：当受试的外语概念能力足以应对实验任务时，他们又岂会多此一举地去动用其母语概念能力？所谓"杀鸡焉用宰牛刀"！

不过，根据本章提出的概念迁移发生的机理，丰富、强大、可及性程度更高的母语概念性知识总是保持着一种介入外语使用（产出与理解）的倾向，这使我们进一步设想：尽管实验一中的句子理解任务难度有限，受试凭借其外语概念能力便足以应对，但倘若在此情况下预先对学习者的母语概念能力进行某种方式的诱导，则其仍可能会介入外语的理解过程，导致概念迁移。为此，我们进一步提出如下可操作性假设：

可操作性假设（二）：当理解两个意义对等但底层概念化模式分别与母语共享或为外语所独有的外语表达（句子）时（分别简称为"共享表达"和"特异性表达"），事先对学习者的母语概念化模式进行诱导或启动，将促进母语概念能力的介入，从而使学习者对"共享表达"的理解相比"特异性表达"速度更快，耗时更少。

同样以前边"（A）Perry knocked the cup against the table.（SMC）/（B）Perry knocked the table with the cup.（EMC）"的例子来加以说明。实验一的结果表明：由于（A）、（B）两个句子的难度均有限，受试对它们的理解均只需调用英语概念能力便足可以完成，结果：学习者对（A）与（B）两个句子的理解在反应时上并无显著差异。然而，根据可操作性假设（二）的预测，倘若在实验中先让受试阅读理解句子（A）与（B）共同的汉语翻译句（C），即"佩里把杯子碰到桌子上了"，然后再让他们分别来理解句子（A）与（B）。由于汉语翻译句（C）与句子（A）共享概念化模式"F/G"，对（C）的预先阅读将会诱发汉语概念系统的启动与运作，促使学习者调用汉语（母语）的概念能力来理解句子（A）；但由于句子（C）并不与句子（B）共享概念化模式（其概念化模式分别为"F/G"与"G/F"），受试仍会调用英语（外语）的概念能力来理解句子（B）；结果由于汉语（母语）概念能力相对于英语（外语）概念能力的强大优势，使学习者对句子（A）的理解相比句子（B）耗时更少、速度更快。

二、实验二

1. 实验目的

验证"可操作性假设（二）"。

2. 实验受试

同于实验一中的27名受试（不包括数据无效的3名受试）。

3. 实验设计、材料与程序

均同于实验一，唯一的不同在于受试在阅读理解实验"目标句"之前先阅读理解一个"汉语启动句"。SMC与EMC的"汉语启动句"为这两种句子共同的"汉语翻译句"，具有"V+*N1*+*Prep.1*+*N2*"的结构形式；填充句FSA与FSB的"启动句"为FSA的"汉语翻译句"。受试对"汉语启动句"的阅读设置为

"无限时间、按键消失"。

实验二在实验一开展后一周进行。

实验材料样例：

汉语启动句：佩里把杯子碰到桌子上了。

SMC句子：Perry knocked the cup against the table. —Did Perry knock the table?（Y/N问句）

EMC句子：Perry knocked the table with the cup. —Did Perry have a cup?（Y/N问句）

填充材料样例：

汉语启动句：马可在家铺地板。

FSA句子：Marco paved the path with some bricks. —Was the path made of stones?（Y/N问句）

FSB句子：Macro paved the way for his goal. —Was Marco"s goal reached?（Y/N问句）

4. 结果与讨论

所有受试的正确率均大于0.80，27名受试的反应时数据视为全部有效。为与实验一的结果比较（见表11.2），我们采用SPSS16.0按照2（句子类型：SMC与EMC）×2（阅读条件：有启动与无启动）方式对两个实验的数据先做重复测量方差分析，再用配对样本t检验做简单效应分析。

表11.2 实验二与实验一反应时结果对比

阅读条件	句子类型	受试数（N）	均值（ms）	标准差（SD）
有启动条件（实验二）	SMC	27	2627.53	510.04
	EMC	27	2804.54	578.17
无启动条件（实验一）	SMC	27	2768.31	645.09
	EMC	27	2898.85	777.78

重复测量的方差分析表明，句子类型主效应边缘显著，F（1）= 3.147，$0.05 < p = 0.088 < 0.10$；阅读条件主效应边缘显著，F（1）= 3.503，$0.05 < p = 0.073 < 0.10$；句子类型与阅读条件交互效应不显著，F（1）= 0.517，$p = 0.479 > 0.10$。

进一步的简单效应分析显示，实验二中（即有启动条件下）SMC型句子与EMC型句子的平均反应时（M_{SMC}= 2627.53，M_{EMC}= 2804.54）有显著差异，t（26）= –2.598，$p= 0.015 < 0.05$，这与实验一中（即无启动条件下）SMC型句子与EMC型句子的平均反应时之间无显著差异的结果形成对照。这一结果表明：让受试预先阅读一个"汉语启动句"，成功地诱导受试调用汉语（母语）的概念能力来理解SMC型句子（但仍采用英语（外语）的概念能力来理解EMC型句子），受试发生了概念迁移。

此外，对比受试在实验二与实验一条件下阅读理解SMC型句子的平均反应时（$M_{SMC实验（二）}$ = 2627.53，$M_{SMC实验（一）}$ = 2768.31），两者存在边缘显著差异[t（26）= –1.750，$0.05< p = 0.092 < 0.10$]；同样对比受试在两种条件下阅读理解EMC型句子的平均反应时（$M_{EMC实验（二）}$ = 2804.54，$M_{EMC实验（二）}$ = 2898.85），两者无显著差异[t（26）= –1.422，$p= 0.167 > 0.05$]。这也表明，实验二中受试对"汉语启动句"的预先阅读，只是促进了对SMC型句子的理解，而未促进对EMC型句子的理解。根据我们的实验设计，这说明受试在理解SMC型句子与EMC型句子时，调用的是不同性质的"概念能力"：前者调用了汉语（母语）的概念能力，后者调用的仍是外语（英语）的概念能力。这即是说，"汉语启动句"成功地诱导了母语（汉语）概念能力对外语（英语）理解过程的介入，促使受试发生了概念迁移。

综上所述，实验二的结果支持"可操作性假设（二）"。

三、总讨论

母语概念系统如何影响二语（外语）的理解，这是目前学界甚少关注的一个问题。我们认为，概念迁移实质上学习者的一种语言的概念能力（概念系统及其运作方式）对另一种语言的概念能力发生的影响。基于此，可操作性假

第十一章 第二语言概念能力与第二语言使用中的隐性概念迁移

设（一）预测，外语学习者的外语概念能力与其母语概念能力在实力上的不对称，将造成其母语概念能力总有一种介入外语句子理解过程的倾向，对于高水平的外语学习者而言，他们在外语句子理解中发生"隐性概念迁移"（相对于"显性概念迁移"）的现象应当比较普遍。但实验一的结果显示，学习者的母语概念能力却并未介入，概念迁移并未如预期的那样发生。对此，我们猜想，这可能是由于实验一中受试的外语（英语）水平较高，实验任务的难度有限，学习者凭借其外语概念能力便足以应对所致。然而，这一猜想究竟是否合理？外语句子理解任务相对于学习者（的外语水平）的难度究竟如何影响学习者的隐性母语概念迁移？由于本研究并未对受试的外语水平以及实验任务的难度梯队进行操纵与控制，因而无法给予明确的回答，这无疑是本研究的一个局限性。

同样，由于学习者居于优势地位的母语概念能力始终对其外语句子理解保持着一种"影响潜势"，可操作性假设（二）预测：倘若事先给学习者的母语概念能力以某种诱导，则即便学习者的外语概念能力足以应对当前的理解任务，他们仍可能调用其母语概念能力来完成此任务，从而导致概念迁移。实验二的结果支持了这一假设。这说明，学习者的母语概念能力对其外语句子理解确实构成一个潜在的"影响源"，处于一种"一触即发"的状态。

比较本章研究与姜孟（2006a）的研究结果，似乎外语句子理解中隐性概念迁移的发生有着不同于外语句子产出的一个特点。姜孟（2006a）的研究显示，对于外语产出，学习者几乎总是倾向于按照母语的概念化模式来对意欲表达的目标经验进行概念化，母语概念能力对外语产出活动的介入频频导致学习者产生出各种显性或隐性不地道的表达，似乎"捕捉"到概念迁移并不困难。然而，根据本研究的结果，在外语理解条件下，学习者母语概念能力的介入却并不那么常见，似乎有一定条件：当学习者的外语概念能力足以应对意欲理解的目标任务时，其母语概念能力必须受到某种方式的诱导，否则便不介入，也就很难"捕捉"到概念迁移。这一结果，与外语学习的两个事实很相契合：（1）学习者的外语接受性能力远大于其外语产出性能力（Hendriks 2013）；

（2）同等条件下，接受性任务对学习者的语言能力提出的要求相比产出性任务要低很多。可以想见，在实际运用外语时，学习者的"产出性能力"本身相对比较有限，但句子产出性任务提出的要求却又颇高，这一矛盾使得他们只好频繁地求助于母语的概念能力来应对目标任务，因而较多地发生概念迁移；但外语理解的情况却正好相反：学习者的接受性能力相对较强大，而句子理解任务提出的要求却又相对比较低，这使得学习者无须求助母语的概念能力来应对目标任务（而仅凭其外语概念能力便足以应对），因而较少发生概念迁移也就不足为奇了。

简言之，学习者的母语概念系统对其外语理解构成一个潜在的"影响源"，母语概念能力对外语句子理解的介入处于一种"一触即发"的状态，隐性概念迁移的发生受到外语句子理解任务的难度、学习者的外语水平以及其母语概念能力是否受到诱导等因素的影响。

概念迁移致力于从人类认知能力的基座——概念系统来揭示语言迁移的深层机理与本质，是二语习得学者获得的关于跨语言影响问题的新认识与新洞见，也从新的角度凸显了二语习得问题与认知科学问题的特殊关联性，研究前景广阔。本研究概述了国内外概念迁移研究的现状，构拟了概念迁移发生的内在机理，着重探讨了外句子语理解中的概念迁移问题。研究表明，外语学习者的母语概念能力对于其外语句子理解构成一个潜在的"影响源"，母语概念迁移的发生处于一种潜势状态，当其外语概念能力足以应对当前任务时，一般不发生隐性概念迁移，但倘若其母语概念能力受到某种诱导，则会发生隐性概念迁移。

然而，本章还只是初步的。首先，本章未能操纵外语句子理解任务的难度梯度、受试的外语水平以及母语概念能力受到诱导的方式等因素，使本章所得出的结论有限。其次，本章对概念迁移发生的心理认知机理的探讨还需细化和更深入的阐释，尤其需更加广泛地借鉴认知科学对人类概念系统研究的最新成果，从视角化、域映现、详略化、范畴化等更加宽广的人类心理认知操作能力的角度，来揭示外语学习者概念迁移的认知本质。

第十二章 语言概念能力视角下隐性不地道现象的ERPs研究

第一节 隐性不地道现象的研究现状

"地道"地使用外语是外语师生孜孜以求的目标,"不地道"的外语使用却又是外语师生经常面临的问题。外语使用中的"不地道现象"究竟是如何发生的?其本质何在?内在机理如何?与学习者的外语能力有何关系?与其母语能力关系又如何?与人的一般认知有怎样的联系?怎样采取有效的教学策略?这些问题一直以来困扰着外语(包括二语)师生,但却一直没有得到应有的深入的研究。

近年来,随着认知语言学对人类语言背后概念系统的关注,二语(外语)学习中的"不地道现象"问题引起了一些学者的关注,他们开始从语言与认知的接口——概念层面来审视不地道的外语使用问题。例如,Danesi(2000:123-156)在论述"概念流利"(conceptual fluency)时就指出,外语学习者缺乏概念流利,将外语的形式映现到母语的概念结构上就会造成外语使用中的不地道现象,他还进一步指出:学习者的隐喻能力不足就会造成其外语表达没有什么错误,也可以接受,但却缺少本族语者的地道性,这实际上论及了外语使用中的"隐性"不地道现象问题(姜孟 2006a)。Kesckes(2000:151)也关注到了不地道的外语使用问题,他认为外语学习者对母语的概念基块(conceptual base)依赖很大,当他们把目的语的形式映射到母语的概念化方式上时,就产生了外语使用中的不地道现象。此外，Jarvis、Pavlenko等学者有关"概念迁移"的研究在事实上也涉及了外语/二语使用中的"不地道"现象问题（Jarvis 1998，2011，2013；Jarvis & Pavlenko 2008）。但总体上国外学者的这些论述都只是"旁涉"外语不地道现象问题，算不上是对该问题的"正式"研究。国内的情况也类似，就笔者所及，尚少见到冠以"不地道"字样的论文及研究报告发表。概而言之，国内外颇缺少对"不地道现象"问题的专题研究。

近年来，笔者所在研究团队着手采用"概念研究法"（Talmy（2000a）），致力于从人的概念认知系统运作的角度来探讨这一问题，发表了一系列论著，取得了对外语"不地道现象"一些新的认识。姜孟和王德春（2006）从探讨外语词汇概念掌握与外语思维关系的角度首次区分了"显性地道现象"（overt nonnativelike phenomenon）和"隐性不地道现象"（covert nonnativelike phenomenon），认为处于"词汇联想"和"母语概念中介"两阶段的学习者可能发生"带有错误性质的"不地道外语使用即发生"显性不地道现象"，而处于"概念自主阶段"的学习者则会发生不带明显错误的不地道外语使用，即发生"隐性地道现象"；他们还将外语不地道现象发生的原因初步归结于学习者对母语经验概念化模式的误用。但该文对外语不地道现象问题的论述算不上系统深入，而且主要限于词汇概念层面的"不地道现象"问题。在此基础上，姜孟（2006a）进一步对外语学习者的"不地道现象"问题做了专题探讨，其主要工作包括：（1）明晰界定外语"不地道"现象的含义与本质，认为："不地道"是指由于母语的影响所造成的学习者不符合外语表达规范的外语产出现象，其实质是母语概念系统对学习者外语使用的影响，是一种"概念迁移"（conceptual transfer）（pp.44-46）；（2）系统综述"隐性不地道现象"相关文献，明确提出"隐性不地道现象假想"，认为：母语的影响既可造成学习者的带"错误"性质的、不可接受的外语表达即"显性不地道现象"，也可造成学习者的带"母语痕迹"但却"可接受的"外语表达即"隐性不地道现象"，二者是学习者在朝着"本族语者般使用目的语"目标迈进的过程中母语作用于学习者目的语产出的两种表现，所体现的是母语对学习者目的语产出的影响越来

第十二章　语言概念能力视角下隐性不地道现象的 ERPs 研究

越弱、越来越隐秘，直至趋近于零（pp.44-45）；（3）构拟外语不地道现象发生的机理并开展相关实证研究，提出：不地道现象是学习者在外语产出过程中由于母语的影响使其总是倾向于按照母语的方式将要表达的经验概念化所致，其中，显性不地道现象是由于学习者在外语与母语的概念化方式存在绝对差异的地方误用母语的概念化方式所致，隐性不地道现象则是由于学习者在外语允许多种概念化方式的地方偏好与母语相同或类似的那种概念化方式所致（pp.46-48）。但是，姜孟（2006a）对"不地道现象"发生机理的构拟还比较初步，比如，该文未对"经验概念化方式"的具体内涵、"经验概念化方式"相关于人的语言能力以及语言能力相关于人的一般（概念）认知能力的内涵等问题作深入阐释。此外，该研究的实证结论也只是基于"句子完形"和"翻译完形"两种主动产出型任务采用测验法获得的，在研究方法上重"终端结果"证据而忽略"过程表现"证据。

最近，姜孟和周清（2015）对外语"不地道"现象问题做出了更系统深入的研究，他们正式提出了"语言概念能力假设"（the Linguistic Conceptual Competence Hypothesis），并立足于这一理论框架来透视外语不地道现象。他们认为，从纵向（即实际话语"由深及表""由里及外"的生成过程）的角度，可将人整体的语言能力划分为语言"概念能力"（conceptual competence）、"语词能力"（verbal comeptence）和"言语外化能力"（articulatory competence）三种子能力。其中，"概念能力"负责将意欲表达的内外部经验转化为可用语词编码的、有意义的概念结构，是言语表达中思想与信息的创新源；"语词能力"负责对概念能力所产生的"概念结构"进行句法、形态、音位等方面的编码，是言语表达中的"语词结构"生成机制；"言语外化能力"负责将语词能力所生成的"语词结构"转化为实际的口头或书面话语，是一种言语（包括有声的或书面的话语）外显机制。在这三种语言子能力中，"概念能力"与"语词能力"是一种建构性的、内部言语能力，不仅是语言使用的创造性的来源，其协同状况更决定着语言使用的地道性程度；"言语外化能力"则是一种执行性的、外部言语能力，与语言使用的创造性无关。对于语言概念能力与人的一般概念认知能力的关系,姜孟和周清(2015)基于当今认知科学的研究成果认为,人的概念性知识表征构成人的概念系统,人概念系统的运作是人的一切在线、离线认知之源,语言概念能力也不例外,它在本质上是人为着语言使用的目的而适切地操纵自身概念系统的一种能力。他们具体将"语言概念能力"界定为:言语主体运用所掌握的认知域、概念范畴等资源,通过域映现、视角化、详略化等一系列心理操作,对意欲表达的内外部经验进行释解,将其转换为可用语言编码的概念结构的一种心理能力(参阅 姜孟 2009)。他们还提出了语言概念能力认知结构假想模型,认为语言概念能力在人脑中以"静态积累性认知结构"和"动态工作性认知结构"为支撑,前者由"认知域"和"概念范畴"等概念性知识构成,可以凭借强化记忆等方式较快地建立起来;后者由域映现、视角化、详略化等概念性操作程序构成,源自知识的运用实践对大脑功能的印刻和雕塑,其建立比较缓慢。两种认知结构的状况直接决定人的语言概念能力的发展程度。

对于外语不地道现象问题,他们从语言概念能力假设出发,提出:一切不地道的外语使用现象的产生都与学习者的母语概念能力强大而其外语概念能力不足有关。具体而言,显性不地道现象是学习者在表达目标经验时,由于其外语概念能力不足,"别无选择"地按照母语的"域映现""视角化""详略化"等经验概念化方式,将意欲表达的经验转换成符合母语要求但不符合外语要求的概念结构,造成母语概念结构被"套上"外语语词结构所致;而隐性不地道现象则是学习者在表达目标经验时,由于外语概念能力相对于母语概念能力处于"劣势",使其总是倾向于选择与母语相同或类似的那种"域映现""视角化""详略化"等经验概念化方式,导致所产生的概念结构虽符合外语目标语要求但却具有母语偏向性所致。除了理论上的构建之外,姜孟和周清(2015)还开展了两项基于E-Prime的反应时实验,采用被动产出型"选择填空"实验任务,从外语"域映现"子概念子能力的角度证实了学习者外语"隐性不地道现象"的发生。

相比姜孟(2006a),姜孟和周清(2015)研究的突出特点,一是构建了有较大包容性和操作性的探究外语不地道现象的宏观理论框架，并在此框架内深入阐释了外语不地道现象的发生机理，二是突破姜孟（2006a）基于完形测验任务通过"结果"指标探究外语隐性不地道现象之不足，而尝试开展行为实验通过"反应时"和"准确率"两项"过程"指标来探测这一现象。尽管如此，姜孟和周清的研究也存在以下不足：第一，该文主要是基于"域映现"概念子能力开展的研究，限于篇幅，论文未能对隐性不地道现象发生的"域映现"概念子能力机理做充分的阐释；第二，该研究在方法上采用的是反应时实验，所获得的是行为学证据，我们设想隐性不地道现象的发生不仅应表现在受试进行实验任务加工的心理操作过程上，还应当能从其加工实验任务的脑神经活动过程中找到证据，即获得电生理学证据的支持。为此，本书拟首先从域映现概念子能力角度提出研究假设，然后通过开展事件相关电位（ERPs）实验来验证研究假设。

第二节 基于"域映现概念子能力"的研究假设

根据姜孟和周清（2015）提出的"语言概念能力假设"，语言概念能力是指"言语主体运用所掌握的认知域、概念范畴等资源，通过域映现、视角化、详略化等一系列心理操作，对意欲表达的内外部经验进行释解，将其转换为可用语言编码的概念结构的一种心理能力"。这一构想假定，语言概念能力作用的对象是人与世界互动所产生的内、外部经验，其作用的目标是对非语言性质的经验进行解读以赋予其意义，其作用的核心机制是域映现（domain mapping）、视角化（perspectivization）、详略化（schematization）、范畴化（categorization）等心理操作，其作用所依赖的心理资源是"认知域"[①]、"概念范畴"等概念性知识，其作用的结果是生成可用语言编码的"概念结

[①] "认知域"在本书意指一种概念性的知识组织结构，相当于Langacker（1987）的"抽象域"（abstract domain）尤其是其"作为图式的域"（domain-as-schema View）的含义，与"图式"（schema）、"框架"（frame）、"脚本"（script）、"场景"（scenario）以及Lakoff（1987）的"ICM"概念也大致相当（参阅 Shen 1999）。

构"（conceptual structure）。在这一作用机制中，"认知域"为经验解读提供"潜在的概念计划（蓝图）"（potential conceptual scheme/blueprint），"域映现""视角化""详略化"等心理操作对潜在的概念计划进行各种规定与限制，以产生实际可操作的概念计划；"范畴化"则依据实际可操作的概念计划，对意欲表达的目标经验进行切分，并以"概念范畴"为心理工具对所切分的各种经验成分进行解读，将其识别为种种与语词相对应的范畴概念，最终将整体经验内容转换成切合语言编码需要的概念结构。也就是说，概念能力是实现对非语言的经验进行语言转换的关键机制（参阅 姜孟 2009）。基于这一假设，"域映现""视角化""详略化"无疑构成语言概念能力最核心的三种子能力。下文主要对"域映现"概念子能力做必要阐述。

Langacker（1987：147）如此定义"域"（domain）："用于描述某一个语义单位的语境被称作域"（A context for the characterization of a semantic unit is referred to as a domain）。他认为，一个概念的定义必须以别的概念存在为前提，在所有的概念构成的概念复杂层级中（hierarchies of complexity），上一层级的概念都构成紧接它们的下一层级概念的"域"。Croft（2002：166）也指出，"域"是为突显一个或多个概念侧面（concept profile）充当基底的语义结构，譬如，"圆"相对于"弧""直径""半径""弦"等概念，就构成一个"域"。Langacker（1987）还进一步区分了"基础域"（basic domain）和"抽象域"（abstract domain）。前者是指不能化简为更为基础的概念结构的"域"，而"抽象域"则是指为定义上一层级概念充当"域"的概念或概念复杂体（conceptual complex）。Langacker（1987：150）明确指出，"抽象域在根本上相当于Lakoff所说的ICM（理想化认知模型）或其他人称之为框架、场景、图式或脚本的东西。"Y. Shen（1999：1634-5）也认为域和图式概念相当："'域'这一概念的主要特征……在于，它就是一种图式，即一种知识组织形式，其构成成分之间存在某种空间—时间相邻性，因而是通过因果、时间、题元和空间关系发生关联的。"基于对"域"概念的这些认识，从本研究出发，我们将"域"定义为：人认识、理解和把握世界的一种概念蓝图与工具，是存在于人大脑中的一种知识组织形式，是一种由各种概念及其复杂关系构成的概念网络。

与"域"紧密相关的是"映现"（mapping）概念。"映现"原本为一个数学术语，意指将一个集合中的元素一一分派给另一个集合中的元素，使其一一对应。基于这一原初含义，认知语言学家借用这一术语来描述人的一种认知操作能力，即将一个"认知域"的结构投射到另一个"认知域上"，以便用前一个认知域来组织和理解后一个认知域。对于"域映现"能力对于人类的重要性，Fauconnier（1997：1）明确指出，"在人类产生、转移、加工意义的独特认知官能中，域映现能力居于核心地位"（mapping between domains are at the heart of the unique human cognitive faculty of producing, transferring, and processing meaning）。基于这些思想，从本研究出发，我们将"域映现"界定为：人为着使用语言的目的，以"域"为认知工具，对意欲表达的目标经验进行识解、阐释，以实现对经验的概念化的核心心理操作过程，是人的一种对经验进行概念化操作的核心概念能力。

从"域映现"概念子能力的角度，可以认为一切不地道的外语表达都与学习者的外语域映现概念子能力不足而母语域映现概念子能力十分强大有关。可以想见，外语学习者的母语学习植耕于广泛丰富的实际生活情境之中，其在母语静态积累性认知结构中构筑起了多种多样的"认知域"等概念性知识资源；同时，学习者基于生存需求的大量母语实践也帮助其建立起了十分巩固完善的动态工作性认知结构，二者的协同作用能有效保障学习者在使用母语表达内外部经验时能随时启动"域映现"（包括"视角化""详略化"等）概念性操作程序，产生出合格的概念结构，从而产生完好的实际话语。然而，学习者的外语学习却往往缺少有效的语境支持，真实情景体验有限，外语使用实践也十分贫乏，这一特殊实际一方面使学习者大脑中的外语静态积累性认知结构不够强大，"认知域"等概念性知识资源不够丰富，另一方面其动态工作性认知结构也不够巩固，使得他们在表达经验时不时地遭遇概念性知识提取或/和概念性程序启动上的困难或失败。与此同时，存在于他们大脑中十分强大的母语认知结构又不断地施加影响，导致学习者总是有意无意地按照与母语相同或类似的概念化方式来对目标经验进行域映现，结果使学习者要么生成一种"与目标语失匹配"、要么生成一种具有"母语偏向性"的非正常概念结构，从而频繁导致显性或隐性不地道现象的发生。

由此，我们提出以下研究假设：

在目的语允许多种"域映现"方式来"概念化"某种目标经验的地方，由于母语域映现概念子能力的影响，学习者会表现出对与母语相同或类似（即"共享"）的那种域映现方式的偏好，从而发生隐性不地道现象。

第三节　基于ERPs的实验研究（实验一）

一、实验假设

在目的语允许多种"域映现"方式来"概念化"某种目标经验的地方，由于母语域映现概念子能力的影响，学习者会表现出对与母语相同或类似（即"共享"）的那种域映现方式的偏好，从而发生隐性不地道现象。

二、研究方法

1. 受试

随机选取某外国大学17名英语专业硕士研究生，包括3男、14女，年龄在22—25岁之间。所有受试母语均为汉语，且通过TEM8，右利手、视力正常或矫正后视力正常，且身心健康，无神经损伤史。实验结束后适当付酬。

2. 实验材料

实验材料改编自姜孟和周清（2015）实验材料，共40组正式实验材料（不包括3组练习材料）。每组材料均由一个含有"空缺"（blank）的英语句子（简称"英语空缺句"）及其五个完形备选项构成；（a）代表英、汉语共享域映现方式的空缺填词（简称"共享填词"，SF）；（b）代表英语特有的域映现方式的空缺填词（简称"英语特异性填词"，EF）；（c）与SF对应的填充假词"$SF_{control}$"；（d）与EF对应的填充假词"$EF_{control}$"；（e）无关填充词

"Filler"。其中，SF填词与EF填词均可从概念化的角度，理解为是针对同一目标经验采取不同的"域"或者是同一"域"内的不同概念范畴，进行"域映现"操作的结果；每个SF填词在汉语中均能找到一个"直译"的汉语对等表达，但每个EF答案均无法找到。40组SF填词与EF填词在词长（字母数）、通用度（colloquiality）以及相对于受试的"熟悉度"方面总体相当（词长：$t(78) = 1.929$，$p = 0.161 > 0.05$，熟悉度：$t(78) = 1.233$，$p = 0.225 > 0.05$，通用度：$t(78) = -3.87$，$p = 0.673 > 0.05$）。$SF_{control}$与$EF_{control}$为相应SF、EF打乱字母顺序而成，但均保证能按英语发音规正常拼读。"Filler"为一个正常的英语词，其词频、词长与SF与EF相当，但均无法对"英语空缺句"合理完形。

实验材料样例如下：

英语空缺句：The mayor himself will _____ a business delegation to leave for U.S.A. next month.

完形备选项：SF：lead

SFcontrol：adel

EF：head

EFcontrol：deha

Filler：leak

3. 实验设计与原理

实验采用单因素两水平受试内设计。自变量为空缺填词类型，共两个水平： SF填词和EF填词。因变量为受试判断两种空缺填词能否填入英语空缺句空缺处的ERPs行为数据（反应时、准确率）和脑电数据（潜伏期、波幅或平均波幅）。

受试在完成实验任务时，我们设想受试会首先根据对句子上下文的理解在大脑中构拟出该句子空缺部分的"经验"，然后启动"域映现"操作程序对该经验进行概念化，生成与空缺处经验对应的概念结构（下称"空缺概念结构"）；当受试接着阅读到SF/EF（$SF_{control}$、$EF_{control}$、Filler）等完形备选项时，他们会首先"感知"这些备选项，然后从感知结果中抽取出相应的"语词结构"，再从语词结构中抽取出更深层的概念结构（简称"完形备选概念结构"）；接下来，受试会在工作记忆中将"完形备选概念结构"与先前生成的"空缺概念结构"进行匹配，并根据匹配的成功与否做出"Y/N"的判断决策，并按键反应。这一心理认知过程可以概括为：阅读英语空缺句，生成"空缺概念结构"→感知SF/EF（SFcontrol、EFcontrol、Filler）完形备选项，抽取出"完形备选概念结构"→从工作记忆中提取"空缺概念结构"→将"完形备选概念结构"与"空缺概念结构"匹配，做出"Y/N"判断决策→做出按键反应。

在这一过程中，我们设想：受试在阅读英语空缺句建立"空缺概念结构"时，由于受到母语概念能力的作用与影响，他们会倾向于采取与母语共享的域映现方式来对空缺经验进行概念化，从而产生接近于SF的"空缺概念结构"（而不产生接近于EF的"空缺概念结构"），使得受试随后在阅读到SF填词时，能迅速地将SF填词的概念结构与先前生成的贴近SF的"空缺概念结构"进行匹配，从而提高决策判断的速度与准确率；但是，对于EF填词，由于先前生成的与母语贴近的"空缺概念结构"与其相距较远，受试需根据大脑存留的有关整个英语空缺句的记忆，临时"补生成"一个与EF填词更接近的概念结构，以便与EF填词的概念结构进行匹配，这种"临时补生成"会拖慢对EF判断决策的速度，降低其准确率。为此，我们预测：受试对SF填词做出判断反应相比EF填词，无论在行为指标上（反应时、准确率）还是在脑电（ERPs）指标上均会表现出明显差异，即发生隐性不地道现象。

三、实验程序

采用E-prime2.0编写实验程序。受试在专用脑电实验间内坐于一张舒适的椅子上，双眼注视屏幕中央。实验要求受试首先对英语空缺句进行理解，然后判断随后出现的完形备选填词能否填入英语空缺句的空缺处。每个Trial的过程如下：出现注视点"+"，提醒受试集中注意；800ms后呈现"英语空缺句"

（无限时间），受试理解完按任意键继续。500ms空屏后，呈现"完形填词"（500ms），之后呈现1000ms空屏，受试做出判断反应。之后，进入下一试次。记录受试做出判断反应的行为数据与脑电数据。实验前设有练习，中间设有休息。

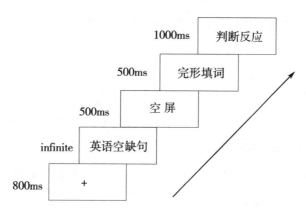

图12.1　实验一流程

四、ERPs的记录与分析

采用Neuroscan ERPs记录与分析系统（Scan 4.3），按国际10～20系统扩展的64导电极帽记录EEG。以位于左眼上下眶的电极记录垂直眼电（VEO）、位于双眼外侧约1.5cm处的左右电极记录水平眼电（HEO）。以双侧乳突为参考电极。滤波带通为0.05～100Hz，采样频率为500Hz，头皮与电极之间阻抗小于5KΩ。

离线分析时，剔除可接受度较低的3名受试的脑电数据，只对剩余14名受试的脑电数据进行分析。分别对SF、EF、$SF_{control}$、$EF_{control}$、Filler等完形备选填词进行EEG叠加。波幅大于±100μV者视为伪迹而自动剔除。分析时程（*epoch*）为-150ms～1200ms，即刺激前150ms至刺激后1200ms。根据已有研究结果与本研究的目的，对N400（250～450ms）的潜伏期（Latency）、峰值（Amplitude）和平均波幅（Mean Amplitude），以及P600（450～850ms）的潜伏期（Latency）、峰值（Amplitude）和平均波幅（Mean Amplitude）进行统计分析。研究者选择了9个电极位置,进行三因素重复测量方差分析,三个因素分别为**完形填词**(SF、EF),**脑区**(前部:F3/FZ/F4;中部:C3/CZ/C4;后部:P3/PZ/P4),**半球**(左侧:F3/C3/P3;中线:FZ/CZ/PZ;右侧:F4/C4/P4)。对不满足球形检验的统计效应,采用Greenhouse-Geisser法校正p值。此外,也对$SF_{control}$与$EF_{control}$两种控制填词的脑电数据做了统计分析。

五、实验结果

1. 行为结果

SF与EF两种完形填词在反应时(RT)上无显著差异,$t(13) = -1.406$,$p = 0.183 > 0.05$;但在准确率(ACC)上存在显著差异,$t(13) = 4.516$,$p = 0.001 < 0.01$。两种控制填词($SF_{control}$,$EF_{control}$)在反应时和准确率上均无显著差异($ps > 0.05$)(见表12.1)。

表12.1　实验一行为数据配对样本T检验结果

指标	空缺填词	受试	反应时(ms)	t	sig.
RT	SF	14	774.51 ± 88.50	−1.406	0.183
	EF	14	801.45 ± 69.12		
	$SF_{control}$	14	779.78 ± 85.40	−0.091	0.928
	$EF_{control}$	14	781.41 ± 88.43		
ACC	SF	14	0.81 ± 0.06	4.516	0.001
	EF	14	0.72 ± 0.02		
	$SF_{control}$	14	0.87 ± 0.06	0.119	0.906
	$EF_{control}$	14	0.86 ± 0.05		

2. ERPs结果

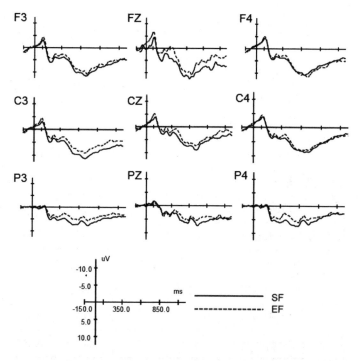

图12.2 实验一中受试加工SF、EF所诱发的ERPs总平均波形

N400（250～450ms）

从图12.2可以直观地看出，在250～450ms时间窗，EF引发了比SF更负的脑电波形。三因素方差分析结果表明，在N400峰值上，完形填词（SF、EF）主效应显著，$F(1, 14)=6.70$，$p=0.021<0.05$，$\eta^2=0.324$，SF诱发的N400峰值小于EF。在N400的潜伏期上，完形填词和脑区交互作用显著，$F(2, 28)=3.84$，$p=0.033<0.05$，$\eta^2=0.215$，进一步分析表明，这种差异主要体现在额区（F3、FZ）和中央区（C3，CZ），$F(1, 14)=10.86$，$p=0.005<0.01$。除此之外，未发现有显著效应（$ps>0.05$）。

$SF_{control}$与$EF_{control}$在N400（250～450ms）峰值、潜伏期及平均波幅上均未发现有显著差异（$ps>0.05$）。

表12.2 实验（一）N400潜伏期、峰值、平均波幅重复测量方差分析结果

指标	因素	df	MS	F	sig.	η^2
潜伏期	完形填词	1	17812	1.91	0.188	0.120
	完形填词*脑区	2	4279	3.84	0.033*	0.215
	完形填词*半球	2	3989	2.25	0.123	0.139
	完形填词*脑区*半球	4	178	0.21	0.933	0.015
峰值	完形填词	1	113	6.70	0.021*	0.324
	完形填词*脑区	2	1	0.70	0.506	0.048
	完形填词*半球	2	1	0.23	0.793	0.016
	完形填词*脑区*半球	4	2	2.48	0.053	0.151
平均波幅	完形填词	1	42	2.63	0.127	0.158
	完形填词*脑区	2	1	0.46	0.633	0.032
	完形填词*半球	2	1	0.08	0.927	0.005
	完形填词*脑区*半球	4	1	0.63	0.645	0.042

注：*$p<0.05$，**$p<0.01$，***$p<0.001$

P600（450~850ms）

从图12.2同样可以直观地看出，在450-850ms时间窗，EF引发了比SF更负的脑电波形。三因素方差分析结果表明，在P600峰值上，完形填词主效应边缘显著，$F(1, 14)=3.92$，$p=0.067>0.05$，$\eta^2=0.219$，SF诱发的P600峰值大于EF；完形填词和脑区交互效应显著，$F(2, 28)=5.41$，$p=0.010<0.05$，$\eta^2=0.297$，且这种差异主要体现在中央区（C3，CZ）和顶区（P3，PZ，P4），$F(1, 14)=11.86$，$p=0.004<0.01$；完形填词、脑区和半球三者交互效应显著，$F(4, 56)=4.08$，$p=0.006<0.01$，$\eta^2=0.226$。在P600潜伏期上，完形填词和半球交互作用显著，$F(2, 28)=3.71$，$p=0.037<0.05$，$\eta^2=0.209$，进一步分析表明，左、中半球（C3，P3，FZ，CZ，PZ）的差异显著大于右半球（F4，C4，P4），$F(1, 14)=6.19$，$p=0.026<0.05$。在450-850ms时间窗的平均波

幅上，完形填词、脑区和半球三者交互效应用显著（差异电极同前），$F(4, 56) = 3.35$, $p = 0.016 < 0.05$, $\eta^2 = 0.193$。除此之外，未发现有显著性效应（$ps > 0.05$）。

$SF_{control}$与$EF_{control}$在P600（450～850ms）峰值、潜伏期及平均波幅上均未发现有显著差异（$ps > 0.05$）。

表12.3　实验（一）P600潜伏期、峰值、平均波幅重复测量方差分析结果

指标	因素	df	MS	F	sig.	η^2
潜伏期	完形填词	1	700	0.25	0.624	0.018
	完形填词*脑区	2	2328	0.62	0.543	0.043
	完形填词*半球	2	15254	3.71	0.037*	0.209
	完形填词*脑区*半球	4	2105	0.58	0.681	0.040
峰值	完形填词	1	3	3.92	0.067*	0.219
	完形填词*脑区	2	21	5.41	0.010**	0.297
	完形填词*半球	2	5	1.40	0.263	0.091
	完形填词*脑区*半球	4	24	4.08	0.006**	0.226
平均波幅	完形填词	1	1	1.01	0.331	0.068
	完形填词*脑区	2	7	1.41	0.261	0.091
	完形填词*半球	2	6	0.90	0.416	0.061
	完形填词*脑区*半球	4	18	3.35	0.016*	0.193

注：*$p < 0.05$，**$p < 0.01$，***$p < 0.001$

六、讨论

行为数据结果表明，受试对SF（英汉共享填词）与EF（英语特异性填词）做出判断反应，在反应时上无显著差异，但在准确率上有显著差异。这与姜孟和周清（2015）的研究结果一致，它总体上表明受试发生了隐性不地道现象。根据本实验的逻辑，受试的母语域映现方式会促进其对SF的加工而不会促进其对EF的加工。受试对SF做出判断反应的准确率显著高于EF这一实验结果，证实了实验前的预测，即母语域映现能力介入了对SF的判断作业，产生了促进作用，发生了隐性不地道现象。然而，实验结果的"准确率"指标并没有支持这一结论，对此如何解释呢？我们仍坚持姜孟和周清（2015）的解释："准确率"与"反应时"两种行为指标在结果指向上的差异可能只是表明，"准确率"是比"反应时"灵敏度更高的用以探测隐性不地道现象的指标。换句话说，可能是由于母语域映现方式促进SF加工所赢得的相对于EF的优势不足够大，才导致该优势仅仅通过"准确率"反映出来而没有通过"反应时"反映出来。

脑电数据的结果也颇支持上述结论。完形填词在N400、P600峰值上的主效应显著或边缘显著，完形填词与脑区交互作用在N400潜伏期上显著，完形填词、脑区与半球的两两交互或三者交互作用在P600峰值显著，完形填词与半球的交互作用在P600潜伏期上显著，完形填词、脑区和半球三者交互作用在P600（450~850ms）平均波幅上显著，这些都表明受试在对SF、EF填词做出判断反应时经历了不同的脑认知神经过程。无论是在250-450ms（N400）时间窗，还是在450~850ms（P600）时间窗，EF都引发了比SF更负的脑电波形。N400、P600是被公认的与词汇语义提取或句子语义整合有关的脑电成分（Kutas & Federmeier 2000，2011；Kolk at al. 2003；Hoeks et al. 2004；Kim & Osterhout 2005）。从本研究出发，我们认为受试加工SF、EF在脑电指标上的差异体现了母语域映现方式对作业任务完成过程发生的影响，母语域映现方式在刺激呈现后250~850ms时间窗内对SF加工产生了促进作用，而未对EF产生促进作用，导致受试在加工SF时只需付出较少的认知资源就可以完成"空缺概念结构"与"备选填词概念结构"的匹配决策过程，而需要付出较多认知资源才能完成对EF的匹配决策过程。可见，母语域映概念子能力介入了对SF的判断反应过程，这无疑表明隐性不地道现象确实发生了。

必须指出的是，SF、EF填词在N400、P600的潜伏期、平均波幅上并未表现出显著的主效应，与脑区、半球的交互效应也并非全域性的，这一方面可能是由于母语域映现方式介入SF加工为SF所赢得的（相比EF）的优势不够大，以致只有在特定的脑区才表现出来，另一方面也可能是实验中的一些潜变量所造成的。但总体上，可以说实验（一）的行为数据结果与脑电数据结果均支持实验前的假设。

第四节　基于ERPs的实验研究（实验二）

一、实验假设

实验一中，受试对SF、EF的加工差异既表现在"准确率"上，也表现在N400、P600等电生理指标上，但却未在"反应时"这一行为指标上体现出来，在N400、P600上也未获得全域性的表现。我们设想，这可能是由于母语域映现概念子能力介入SF加工为SF所赢得的（相比EF的）优势不足够大，致使其无法在"准确率"上表现出来，在N400、P600上也无法获得全域性的表现。为此，我们进一步假定：如果在实验中设法加大母语域映现概念子能力对SF判断作业的影响，从而加大SF相对于EF的优势，那么这种优势将既表现在受试完成实验任务的质量即"准确率"上，也将表现在其完成实验任务的速度即"反应时"上，同时其在受试完成实验任务的脑认知神经过程指标N400、P600上的表现也将更具全域性。

二、实验方法

1.实验受试

完全同于实验一。

2.实验材料

与实验一材料完全相同，只是在每组实验材料前增加了一个与"英语空缺句"对等的"汉语翻译句"。具体实验材料样例如下：

汉语翻译句：下个月，市长将亲自_____一个商业代表团去美国。

英语空缺句：The mayor himself will _____ a business delegation to leave for U.S.A. next month.

完形填词：SF：lead

SFcontrol：adel

EF: head

EFcontrol: deha

Filler: leak

三、实验程序

与实验一的实验程序相同,唯一的不同是受试在阅读英语空缺句之前需要先阅读一个"汉语翻译句"(表12.4)。两次实验相隔约一周,受试事先不知道自己还要参加实验二。

四、ERPs的记录与分析

与实验一相同。

五、实验结果

1. 行为结果

表12.4 实验二行为数据配对样本T检验结果

指标	空缺填词	受试	反应时(ms)	t	$sig.$
RT	SF	14	729.70 ± 82.36	−2.378	0.033
	EF	14	768.25 ± 74.61		
	SF$_{control}$	14	770.95 ± 94.94	0.864	0.403
	EF$_{control}$	14	757.55 ± 84.33		
ACC	SF	14	0.88 ± 0.06	5.747	0.000
	EF	14	0.79 ± 0.04		
	SF$_{control}$	14	0.90 ± 0.06	1.590	0.136
	EF$_{control}$	14	0.88 ± 0.06		

SF与EF两种完形填词在反应时【RT:$t(13) = -2.378$,$p= 0.033 < 0.05$】和准确率上【ACC:$t(13) = 5.747$,$p= 0.000 < 0.001$】均存在显著差异,受试

对SF完形填词的反应时（M_{SF}= 729.70ms，SD= 82.36）短于EF完形填词的反应时（M_{EF}= 768.25ms，SD= 74.61），其准确率（M_{SF}= 0.88，SD= 0.06）高于EF的准确率（M_{EF}= 0.79，SD= 0.04）。两种控制填词（$SF_{control}$，$EF_{control}$）在反应时和准确率上均无显著差异（$ps > 0.05$）（见表12.4）。

2. ERPs结果

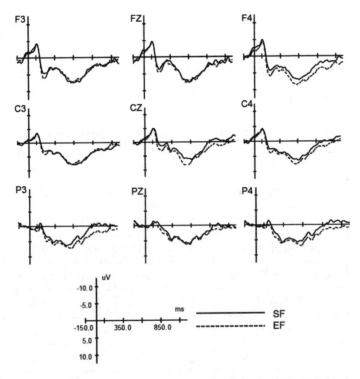

图12.3 实验二中受试加工SF、EF所诱发的ERPs总平均波形

N400（250~450ms）

从图12.3可以直观地看出，在250~450ms时间窗，EF引发了比SF更正的脑电波形（即SF引发了比EF更负的脑电波形）。三因素方差分析结果表明，在N400潜伏期上，完形填词与脑区两者交互效应显著，$F(2, 28)=4.36$，$p= 0.023 < 0.05$，$\eta^2 = 0.237$，且差异体现在中央区（CZ，C4）和顶区（P3，P4），$F(1, 14) = 6.91$，$p= 0.020 < 0.05$；完形填词、脑区和半球三者交互效应显著（F4，CZ，C4，P3，P4），$F(4, 56) = 3.71$，$p= 0.010 < 0.05$，$\eta^2= 0.209$。

在N400峰值上，完形填词和半球两者交互效应显著，$F(2, 28)=9.22$，$p= 0.001 <0.01$，$\eta^2 = 0.397$，且这种差异主要体现在中线（CZ）与右半球（F4，C4，P4），$F(1, 14)=6.74$，$p= 0.021 < 0.05$。在250～450ms时间窗的平均波幅上，完形填词与半球两者交互效应显著（CZ，F4，P4），$F(2, 28) = 4.94$，$p= 0.015<0.05$，$\eta^2=0.261$，完形填词、脑区和半球三者交互效应显著（F4，CZ，C4，P3，P4），$F(4, 56) = 3.00$，$p = 0.026 < 0.05$，$\eta^2 = 0.177$。其他，未发现有显著效应（$ps > 0.05$）。

$SF_{control}$与$EF_{control}$在N400（250～450ms）峰值、潜伏期及平均波幅上均未发现有显著差异（$ps > 0.05$）。

表12.5 实验二N400潜伏期、峰值、平均波幅重复测量方差分析结果

指标	因素	df	MS	F	sig.	η^2
潜伏期	完形填词	1	269	0.03	0.870	0.001
	完形填词*脑区	2	12304	4.36	0.023*	0.237
	完形填词*半球	2	1718	0.86	0.435	0.058
	完形填词*脑区*半球	4	4059	3.71	0.010**	0.209
峰值	完形填词	1	1	0.22	0.649	0.015
	完形填词*脑区	2	1	0.12	0.890	0.008
	完形填词*半球	2	48	9.22	0.001***	0.397
	完形填词*脑区*半球	4	6	1.61	0.185	0.103
平均波幅	完形填词	1	1	0.53	0.478	0.037
	完形填词*脑区	2	1	0.06	0.939	0.004
	完形填词*半球	2	26	4.94	0.015*	0.261
	完形填词*脑区*半球	4	7	3.00	0.026*	0.177

注：*$p < 0.05$，**$p < 0.01$，***$p < 0.001$

P600（450～850ms）

从图12.3同样可以直观地看出，在450～850ms时间窗，EF引发了比SF更正的脑电波形（即SF引发了比EF更负的脑电波形）。三因素方差分析结果表明，在P600潜伏期上，完形填词与脑区两者交互效应显著，$F(2, 28)=5.64$，$p= 0.009 < 0.01$，$\eta^2= 0.287$，且这种差异主要体现在中央区（CZ，C4）和顶区（P3，P4），$F(1, 14) = 9.45$，$p= 0.008< 0.01$。在P600峰值上，完形填词主效应边缘显著，$F(1, 14) = 3.27$，$p= 0.092< 0.10$，$\eta^2= 0.189$；完形填词与半球交互效应显著（F3，F4，C3，C4），$F(2, 28) = 4.53$，$p= 0.020 < 0.05$，$\eta^2= 0.244$。在450～850ms时间窗的平均波幅上，完形填词主效应显著，$F(1, 14) = 5.14$，$p= 0.040 < 0.05$，$\eta^2= 0.269$，EF比SF诱发了更正的ERPs波形。其他，未发现有显著效应（$ps > 0.05$）。

$SF_{control}$与$EF_{control}$在P600（450～850ms）峰值、潜伏期及平均波幅上均未发现有显著差异（$ps > 0.05$）。

表12.6　实验二P600潜伏期、峰值、平均波幅重复测量方差分析结果

指标	因素	df	MS	F	sig.	η^2
潜伏期	完形填词	1	2653	0.19	0.671	0.013
	完形填词*脑区	2	14671	5.64	0.009**	0.287
	完形填词*半球	2	2	0.00	0.999	0.000
	完形填词*脑区*半球	4	2647	1.38	0.253	0.090
峰值	完形填词	1	46	3.27	0.092	0.189
	完形填词*脑区	2	1	0.13	0.876	0.009
	完形填词*半球	2	6	4.53	0.020*	0.244
	完形填词*脑区*半球	4	1	1.23	0.309	0.081
平均波幅	完形填词	1	65	5.14	0.040**	0.269
	完形填词*脑区	2	1	0.15	0.860	0.011
	完形填词*半球	2	2	2.18	0.132	0.135
	完形填词*脑区*半球	4	1	1.86	0.129	0.118

注：*$p< 0.05$，**$p< 0.01$，***$p< 0.001$

六、讨论

本实验的行为数据结果表明，受试对SF做出判断反应相比EF准确率更高，速度也更快。在实验一中，受试加工SF与EF的差异仅仅体现在"准确率"上，而在"反应时"上未有体现，但在本实验中这种差异同时体现在了"准确率"和"反应时"上。根据本实验设计原理，这说明受试预先阅读"英语空缺句"对应的"汉语翻译句"确实加大了母语域映现方式对SF加工的干预，使其赢得了相对于EF足够大的优势，使该优势同时在作业速度（"反应时"）与"准确率"上表现了出来，本实验假设从行为数据上获得了支持，这也为姜孟和周清（2015）的发现结果提供了新证据。

本实验的ERPs数据结果也支持本实验假设。受试对SF、EF的加工在P600峰值上有边缘显著差异，在450～850ms时间窗的平均波幅上有显著差异，在N400、P600的潜伏期、峰值或者250～450ms时间窗或450～850ms时间窗的平均波幅上存在与半球、与脑区的两两交互效应或三者间交互效应，这些都表明受试对SF、EF的判断加工经历了不同的脑认知神经过程。根据本实验设计原理，受试加工SF、EF在脑认知神经过程上的差异，应当是由其母语域映现方式"干预"（更确切说，是"促进"）SF的加工所造成的。不仅如此，相比实验一，由于受试预先阅读了"英语空缺句"对应的"汉语翻译句"，母语域映现方式对SF加工产生了更大的"干预"，发挥了更大的"促进"作用。然而，值得一提的是，这种更大的"干预"或"促进"作用并没有如预期那样，表现在SF与EF之间全域性的ERPs波形差异上（潜伏期、峰值及平均波幅），不仅如此，这种波形差异表现还发生了极性反转。第一，与实验一结果相比，SF、EF脑电波形并未在潜伏期、峰值及平均波幅上整齐划一地表现出更明显的差异，它同样只在N400、P600的峰值、潜伏期、平均波幅上或在其与脑区、半球的交互效应上表现出局部的显著差异或边缘显著差异，改言之，其差异波形并不更大。第二，也更重要的是，在实验一中，EF诱发了比SF**更负**的波形，说明受试对EF做出判断反应总体上付出了比SF更多的认知资源，但本实验中，EF却诱发了比SF**更正**的波形，说明受试完成对EF的判断反应总体上付出了比SF更少的认知资源。按理说，本实验中受试对SF加工获得了来自母语"域映现方式"的更大的"促进"作用，这将使受试对SF的加工过程更加轻松，只需要付出更少的认知资源即可完成任务。对此，该做何解释呢？

Debruille（2007）曾提出脑电波幅的大小反映需要抑制的知识量和之前知识激活的强度：激活越多越强，抑制越大，脑电成分波幅就越高。受此启发，我们认为，本实验中，"汉语翻译句"对母语域映现方式的预先诱导，可能促成受试在加工SF时激活、调用了更多更广泛的概念性知识，生成了更清晰、更完整的"空缺概念结构"，最终加速了随后的"完形备选概念结构"与"空缺概念结构"的匹配决策过程。本实验中，受试加工SF的速度更快、准确率更高的事实也确实支持这一点。由此，本实验的一个新发现是，通过"汉语翻译句"预先加大对母语域映现方式的诱导，不仅未使受试在加工SF时更省力，反而使其在加工SF时耗费了更多的认知资源，付出了更大的认知努力。同样值得注意的是，尽管受试在加工SF时承载了更多的脑认知负荷，需要经历更复杂的脑神经认知过程，但其加工效率却更高，因为行为数据结果表明他们在更少的时间内、以更高的准确率完成了更具挑战性的SF判断反应任务。总之，本实验中预先加大母语域映现概念子能力对SF加工的诱导，导致受试对SF的加工更加复杂深刻，反而耗费了更多的认知资源，引发了比EF更负的波形（或EF比SF更正的波形）。当然，这一解释还只是猜测性的，有待今后更多研究的证实。

综上所述，实验二的行为数据结果与脑电数据结果均表明：预先加大对母语域映现方式的诱导引发了受试更明显的外语隐性不地道现象。

第五节 研究结果

本章从概念能力假设出发，认为外语学习者强大的母语域映现概念子能力会使他们在使用外语时倾向于按照母语的域映现方式来概念化目标经验，从而发生隐性不地道的外语使用现象。为验证这一假设，本章开展了两项实验。

实验一的研究结果显示，受试对英汉共享填词SF做出判断反应相比英语特异性填词EF，准确率更高，但在反应速度上并不存在显著差异；同时，加工EF

比加工SF引发了**更负**的脑电波形（也即加工SF比加工EF引发了**更正**的脑电波形）。这表明，受试加工EF承载了更大的认知负荷，而加工SF承载了较小的认知负荷，根据实验设计原理，这是因为母语域映现概念子能力介入了对SF的加工，产生了促进作用，因此受试表现出了对与母语具有相同或类似域映现方式的填词SF的偏好，隐性不地道现象确实发生了。然而，与预期不同的是，受试对SF与EF的加工仅在"准确率"上表现出显著差异，而在"反应时"上未表现出显著差异。对此，我们认为这可能是由于母语域映现概念子能力对SF加工产生的促进作用不够大，其相对于EF的优势还不够明显所致，因为"准确率"可能是比"反应时"更灵敏的探测隐性不地道现象的指标。基于这一假定，我们进一步设想，倘若在完成实验任务过程中设法加大母语域映现概念子能力对SF判断作业的促进作用，使对SF的加工赢得比EF更大的优势，那么受试加工SF与EF的差异将既体现在"准确率"上，也体现在"反应时"上，同时还将体现在它们引发的脑电波形（峰值、潜伏期、平均波幅）差异上。倘若此，这将证明：预先加大对母语域映现方式的诱导，会引发受试更明显的外语隐性不地道现象。实验二的研究结果证实了这一点。实验二的结果显示，在让受试事先阅读一个与"英语空缺句"对应的"汉语翻译句"的条件下，受试对SF做出判断反应相比EF，不仅准确率更高，速度也更快；同时，对SF的加工也引发了相比加工EF**更负**的脑电波形。换言之，在此条件下，受试确实发生了更明显的外语隐性不地道现象。但出乎预期的是，母语域映现概念子能力对SF加工更大的干预（促进）作用，并未像实验一那样以SF与EF之间更大的脑电波形差异形式表现出来，相反，它却以SF、EF脑电波形"极性反转"的方式表现了出来，即：SF反而引发了比EF"更负"（而非"更正"）的脑电波形。这说明，受试加工SF时承载了更大的认知负荷。对此，我们的解释是，对受试母语域映现概念子能力的预先诱导，使受试在加工SF时调动、激活了更多、更广泛的静态积累性认知结构中的概念性知识，使其对SF的加工更加复杂、深刻，反而耗费了更多的认知资源，但其加工效率（反应时、准确率）却更高。综合实验一、二的结果，可以认为，受试在完成实验任务中确实偏好采用与母语相同的域映现方式

第十二章 语言概念能力视角下隐性不地道现象的 ERPs 研究

来概念化目标经验,在他们身上发生了隐性不地道的外语使用现象。

与姜孟和周清(2015)相比,本研究比较深入地阐述了隐性不地道现象发生的域映现概念子能力机理,同时,首次借助认知神经科学脑成像手段开展了两项ERPs实验,在为隐性不地道现象的发生提供行为学证据的同时更为其提供了电生理学证据,母语域映现概念子能力对学习者外语使用发生作用,导致其产生隐性不地道现象的过程,清晰地以N400、P600脑电成分的形式展示了出来,这是本研究的在研究方法上的一个优势与创新点。同时,本研究在姜孟和周清(2015)基础上再次表明,母语的概念系统是二语使用的一个潜在的影响源,母语概念能力始终影响着二语(外语)的学习和使用,即使是高水平的二语(外语)学习者也无法例外。立足概念能力假设,学习者应该不断提高自身整体外语概念能力(包括域映现概念子能力),通过大量语境化的外语输入与输出实践,丰富静态积累性认知结构中的"认知域""概念范畴"等概念性知识,巩固、扩展动态工作性认知结构中概念性操作程序,提升自己的整体的语言概念能力认知结构,从而缩小自身外语概念能力与母语概念能力之间的不对称性。此外,本研究也再次展示了从外语概念能力视角探索外语隐性不地道现象的可行性、必要性与广阔空间。

然而,本研究也存在一些不足。首先,本研究用ERPs手段探讨隐性不地道现象是一次大胆尝试,无先例可循,其原理、方法与实验范式是否可靠还有待今后检验。其次,受试群体限于英语水平较高的研究生受试,其他水平层次的受试未涉及。同时,限于ERP实验本身的特殊性以及研究实际的限制,受试人数也相对有限。最后,对实验二中SF、EF脑电波形"极性反转"现象的解释还只是猜测性的,有待实验验证。此外,本章的研究也仍局限于域映现概念子能力,将来应拓展到"视角化""详略化"等范围更广的语言概念子能力上。

外语隐性不地道现象是不地道的外语使用的重要表现,一直以来未引起学界应有的重视。我们近年来所开展的一列研究表明,外语隐性不地道现象不仅关涉人的纯语词系统,更关涉人的一般概念认知系统。探讨隐性不地道现象,不仅有助于更好地揭示外语学习的本质与内在机理，也有助于从独特的角度窥视人类概念认知系统，揭示人的一般概念能力之谜。目前，对外语隐性不地道现象的研究才刚刚起步，今后还可以大力拓展运用"概念研究法"研究这一问题的视野、路径与方法。此外，还可以从认知科学的站位，在理论上广泛汲取最近的"涉身认知"理论（Embodied Cognition）（Barsalou 2003，2012）的相关成果，在实证研究上广泛借鉴认知科学的行为及脑神经成像研究手段，创新实验设计的原理、方法与范式，开拓外语隐性不地道现象研究的新视域。

第十三章 结 论

第一节 本书的主要发现

本书从认知科学的大视域出发，首先回顾、检视了二语习得的研究现状与不足，然后选择语言的认知性作为整个研究的立足点，在此基础上提出语言认知工具论，进而论证并构建出二语习得概念能力理论模型和二语习得概念能力发展模型；然后，立足于此理论建构，以发展心理语言学最新研究成果为依据，首先探讨了儿童语言概念能力的发展问题；接着深入探讨了二语习得中学习者的概念能力发展问题；再接着，从语言概念能力的全新视角，立足于实验研究，深入探讨了二语（外语）学习者的"隐喻能力"发展问题与"外语（二语）思维"问题；最后，同样立足于新构建的语言概念能力理论框架，基于反应时实验设计，深入探讨了二语学习者二语使用中经常发生的"隐性不地道现象"和"隐性概念迁移"问题。本书主要发现可归纳如下：

第一，现有的第二语言习得研究以乔姆斯基的"语词性知识表征语言能力观"为圭臬，偏重于学习者的"语词能力"，是立足于语言结构性、符号性和生物性的研究，忽视语言的认知性，缺少对二语习得概念性能力及其机制的探讨。

第二，语言是人认知世界和表述世界的工具，具有认知性；语言作为人认知和表述世界的工具，人类心智中必然存在一套以语言范畴资源为依托、借以产生概念结构，建构外在世界的一套概念化机制；习得一种语言蕴含对该语言范畴化、概念化方式的习得，因此，第二语言习得存在一个以"概念能力"发展为核心的概念维度。

第三，语言的认知工具作用表现在语言为人提供了一幅解读世界的概念蓝图，人凭借这副概念蓝图来认识世界；从生命个体成长的角度来看，一个人从出生之日起，便毫无选择地面临学会按这种蓝图来解读世界的任务。儿童学会按语言提供的既定概念蓝图来解读世界，获得世界意义的过程，便是儿童概念能力的发展过程，也即是儿童的概念能力之源。

第四，语言概念能力在本质上也是人概念系统的运作表现，是人为着语言使用的目的而适切地操纵自身概念系统的一种能力；人具有很强的语言概念能力，语言概念能力与非语言概念能力紧密相连；语言概念能力是学习者运用目的语词汇概念资源，通过"域映现""视角化""详略化""范畴化"等心理操作对意欲表达的世界经验进行识解，将其转换为可用语言编码的概念结构的能力。

第五，人的一切在线认知活动（如知觉加工、客体/事件预知、范畴化）和离线认知活动（如语言、思维、社会与文化认知），都是建立在人的概念系统基础之上的，人大脑中的概念性知识是人的基本概念性操作行为的基础，而人的基本概念操作行为又构成高级复杂认知活动。

第六，认知科学需要把认知置于大脑之中，把大脑置于身体中，把身体置于世界中；心与身不可分离，心灵与环境在互动的历史中生成；环境是介入性的、被生成的，可以通过行动呈现。

第七，外语思维在本质上是学习者在外语使用过程中按照外语概念化模式的要求将所要表达的经验概念化。外语思维不是一种可用以避免外语使用不地道现象的随意、可选的外语使用策略。能不能做到用外语思维、可以在多大程度上做到用外语思维，取决于学习者对整个外语概念化模式的掌握情况，同时，学习者一旦掌握了外语在某些体验域上的概念化方式，这些方式就会在使用外语时自动发挥作用，它们将表现为一种非随意的行为和过程。

第八，隐喻能力是一种核心的语言子概念能力；二语学习者的隐喻子概念能力表现出发展不足、滞后于非隐喻子概念能力以及与其二语水平呈正相关等特征。

第九，学习者在二语使用中的不地道现象是由于母语的影响使学习者总是倾向于按照母语的概念化方式来将要表达的经验概念化所造成的；其中，显性不地道现象是由于学习者在外语与母语的概念化方式存在绝对差异的地方误用母语的概念化方式所造成的，而隐性不地道现象则是由于学习者在外语允许多种概念化方式的地方偏好与母语相同或类似的那种概念化方式所造成的；二者反映的是母语对学习者目的语产出的影响越来越弱、越来越隐秘，直至趋近于零。

第十，学习者的母语概念系统对其外语理解构成一个潜在的"影响源"，母语概念能力对外语句子理解的介入处于一种"一触即发"的状态；概念迁移实质上是人的一种语言的概念能力（概念系统及其运作方式）对另一种语言的概念能力（概念系统及其运作方式）发生的影响，是一种语言的概念化模式（即"域映现""视角化""详略化""范畴化"等）对另一种语言的概念化模式发生的影响。

第二节　本书的创新性

本书基于语言认知工具论，提出了二语习得的概念观，其主要的创新之处可归纳如下：

第一，语言本体研究上的创新

长期以来，语言被视为一种符号系统、一种结构体系、一种交际工具、一种思维工具、一种生物器官等，但很少有学者关注到语言作为人的心理工具和认知工具的重要作用及其对语言学研究蕴含的深刻启迪与价值。本书从语言的思维工具功能、世界建构功能、语言的定义等角度详细论证了语言认知工具功能，认为语言是人认知和表述世界的工具，具有认知性。语言的认知工具作用表现在语言为人提供了一幅解读世界的概念蓝图，人凭借这副概念蓝图来认识世界。它对于进一步揭示语言的心智奥秘的启迪在于：一方面，语言是人类概念系统之窗，语言学研究有助于推进对人类心智的研究；另一方面，概念系统是人类语言能力之源，探究语言的本质与内在机理，开拓语言学研究的新视界，可以借助认知科学所获得的关于人类整体概念系统的最新成果。

此外，本书还从语言认知工具论出发，对语言能力进行了新的划分，从纵向的角度将其划分为：概念能力、语词能力和言语外化能力。同时，本书还构建了整个语言能力的认知结构理论模型，认为语言认知结构包括概念性认知结构和语词性认知结构两大部分，概念性认知结构由静态积累性认知结构中的概念性知识和动态工作性认知结构中的概念操作程序两部分内容构成，是语言概念能力的心理认知基础；语词性认知结构由静态积累性认知结构中的语词性知识和动态工作性认知结构中的语词操作程序两部分内容构成，是语词能力的心理认知基础。这无疑是对语言能力本质与内涵的新探讨。

第二，二语习得研究进路上的创新

当前的第二语言习得研究预设乔姆斯基以"语词性知识表征"为核心的"语言能力观"为圭臬，偏重于对学习者的"语词能力"习得研究，是立足于语言结构性、符号性和生物性的研究，忽视语言的认知性，缺少对二语习得概念性能力及其机制的探讨。本书从语言认知工具论出发，着眼于语言的认知属性，提出语言作为人认知和表述世界的工具，人类心智中必然存在一套以语言范畴资源为依托、借以产生概念结构，建构外在世界的一套概念化机制；习得一种语言蕴含对该语言范畴化、概念化方式的习得；将语言概念能力界定为：人为着语言使用的目的而适切地操纵自身概念系统的一种能力；认为语言概念能力是学习者运用目的语词汇概念资源，通过"域映现""视角化""详略化""范畴化"等心理操作对意欲表达的世界经验进行识解，将其转换为可用语言编码的概念结构的能力；主张二语习得研究不仅要探讨二语语词能力的习得，更应探讨二语概念能力的习得。由此，本书成果在二语习得界首次身体力行地倡导了二语习得研究的概念进路，正式提出了"第二语言习得概念观"。

第三，儿童语言习得研究进路上的创新

与二语习得研究一样，发展心理语言学长期以来也一直仅关注儿童语音、词汇、句法、语用等方面的习得，囿于其语言习得的语词能力维度。本书同样基于语言认知工具论，突破了这一传统的研究藩篱，从儿童个体概念的发生与发展、儿童语言概念能力的发生以及儿童语言概念能力发生的基础等方面比较深入地探讨了儿童语言习得中的语言概念能力习得问题，尽管这种研究整体上还是初步的，但本书成果在儿童语言习得研究方面同样是身体力行地倡导了儿童语言习得研究的概念取向，正式提出了"儿童语言习得概念观"。

第四，研究理论视域上的创新

本书以认知科学发展进路为观照，全面梳理第二语言习得诸理论流派思想观点及研究实践，检视其不足，阐释提出第二语言习得"概念观"的意义，同时，对语言的"认知性"进行阐释，并从理论上对第二语言习得概念观进行论证；在理论建构中，广泛借鉴认知科学、认知语言学、心理语言学、发展心理学、语言学、心智哲学、认知人类学等跨学科研究成果，阐释第二语言习得概念观的内涵，构建第二语言习得"概念能力"理论模型，探索二语学习者"二语概念能力"与"语言水平"、隐喻能力、二语（外语）思维、（显性/隐性）概念迁移以及（显性/隐性）不地道现象的关系。这在研究的理论视域上是一个挑战，也是一个创新。

第五，研究方法与手段上的创新

本书在研究方法上兼顾理论与应用，做到创造性的理论建构与创造性的实验研究并重。在理论建构方面，本书开展了大量文献梳理和理论论证工作，在此基础上提出了语言认知工具论，然后从这一立场出发，建构了语言概念能力理论模型、语言能力认知结构理论模型、儿童语言概念能力发展路径模型、二语概念能力发展模型以及学习者二语使用显性/隐性不地道现象发生机理模型、二语使用显性/隐性概念迁移发生机理模型等等。在实验研究方面，本书共开展了7项比较大型的实验研究（此处只报告了5项实验的结果，还有另两项ERPs实验和眼动实验的研究结果还在统计分析与整理中），这些实验无论是在实验原理与实验范式的设计上还是在实验材料的编写、数据的统计分析上都具有很大的难度和相当的开拓性。

在研究手段上，综合运用了问卷、访谈、测验、内省、量表评定、反应时

（RT）、眼动仪、ERPs（事件相关电位）等行为和脑神经成像手段，尤其是反应时、ERPs与眼动仪手段，目前它们在二语习得研究中的应用还比较有限，这对于研究者具有一定挑战性，因此也是本书的一个亮点。

第三节　问题与展望

第二语言习得概念观是二语习得研究的一个新视角，代表着二语习得研究的一个新进路，目前国内外这方面的研究极其有限，可资借鉴的仅为一些间接的研究文献和来自二语习得学科之外的其他研究成果。本书基于哲学、认知心理学以及整个认知科学的大视野来检视二语习得研究的得失，选择从语言认知工具论的角度来探讨人的第二语言概念能力，构建了语言概念能力及语言概念能力认知结构理论模型，探讨了儿童语言概念能力以及二语概念能力的发展，并开展了五项实证研究，探讨了二语隐喻子概念能力、外语思维、（隐性/显性）不地道现象、（隐性/显性）概念迁移等二语教学相关问题，完成了预期的研究内容，达到了预期的研究目标。但由于这是一个比较新、挑战性较大的研究课题，加之研究者学识水平有限，本书还只是在这个方面做了一点初步的尝试性探索，还存在一些局限性。归纳起来，今后的研究还可以从以下几个方面继续深入。

第一，更加深入地探讨语言认知工具性特征的内涵。本书仅从语言的思维工具功能、世界建构功能以及当前有关语言定义的角度论证了语言的认知属性，论证主要依据前人的思辨性研究，所引证的实证性研究成果还非常有限，将来还需深入挖掘语言作为人类认知工具的内涵。

第二，进一步夯实、细化对语言概念能力理论模型及其认知结构基础理论模型的建构。本书所构建的语言概念能力理论模型包括了域映现、视角化、详略化等核心机制，但这些核心机制的内在次机制又如何呢？比如，域映现可以细分为图式映现、隐喻映现和转喻映现三个次级机制，但对"视角化"和"详略化"还可以做怎样的划分呢？这直接关系到对语言子概念能力研究能否进一步深入的问题。同样，本书所建构的语言概念能力认知结构基础理论模型对概念性操作程序和语词性操作程序次级机制的探讨也还非常有限，亟需借鉴认知心理学和认知神经科学的研究成果做进一步的深化与拓展。

第三，运用多种手段大量开展对二语学习者二语概念能力发展模式、路径、特征及其相关因素的实证研究。由于本书对二语习得概念能力的研究具有较大的开拓性，理论建构在整个研究工作中优先性突出。本书虽然围绕隐喻概念子能力、外语（二语）思维、不地道现象、概念迁移等二语习得课题开展了五项实证研究（不包括此处尚来不及报告的ERPs研究和眼动研究各一项），但由于研究内容、研究时限、研究经费等方面的制约，使研究者无法开展更多的有关二语概念能力发展情况方面的实证研究。今后，可以选取不同层次水平的二语学习者从域映现、视角化、详略化等多个语言子概念能力的角度来考察其语言概念能力发展整体情况。此外，还可以深入考察语言概念能力（包括其子能力）与传统的听、说、读、写、译或语音、词汇、句法等语词性能力之间的相关关系；也可以深入探讨学习者个体差异因素、课堂教学以及学习者各种外部因素对语言概念能力发展的影响。

第四，积极开展基于二语习得概念观的二语概念词典编撰、二语概念教学与测试等方面的应用研究。二语习得概念观是对传统的聚焦于语词能力习得的二语习得语词观的一种突破，为二语词典编撰、二语教学与测试提供了一种新的理念，在这些领域具有广泛的应用研究前景。今后可以大量开展这方面的研究，促进我国二语词典编撰、二语教学与测试的发展与变革。

二语概念能力事关二语习得的本质与机制，事关二语教学的效率与成败，对其进行深入研究意义重大。本书还只是一种初步尝试，所提出的问题可能比所尝试解决的问题还多，这都有待于今后做更深入的探索。

参考文献

外文文献·专著：

Adjemian, C. (1976). On the nature of interlanguage systems. *Language Learning,* 26(2): 297-320.

Aguiar, A. & Baillargeon, R. (1998). Eight-and-a-half-month-old infants' reasoning about containment events. *Child Development,* 69(3):116-157.

Aitchison, J. (1992). Good birds, better birds, and amazing birds: The development of prototypes. In P. J. L. Arnaud & H. Béjoint (Eds.), *Vocabulary and Applied Linguistics.* London: Macmillan, 71-84.

Akhtar, N & Tomasello, M. (1996). Two-year-olds learn words for absent objects and actions. *British Journal of Development Psychology,* 14(1): 79-93.

Akhtar, N. & Tomasello, M. (1998). Intersubjectivity in early language learning and use. In S. Bråten (Ed.), *Intersubjective Communication and Emotion in Early Ontogeny.* Cambridge: Cambridge University Press, 316-335.

Altarriba, J. & Mathis, K. (1997). Conceptual and lexical development in second language acquisition. *Journal of Memory and Language,* 36(4): 550-568.

Anderson, J. R. (1980). *Cognitive Psychology and its Implications.* San Francisco: W. H. Freeman.

Anderson, J. R. (1983). *The Architecture of Cognition.* Cambridge: Harvard University Press.

Anderson, R. (1979). The relationship between first language transfer and second language overgeneralization: data from the English of Spanish speakers. In R. Andersen (Ed.), The Acquisition and Use of Spanish and English as First and Second languages. Washington, D. C: Teachers of English to Speakers of Other Languages, Inc.

Anderson W. L. & Stageberg N. C. (1962). *Introductory Readings on Language*. New York: Holt, Rinehart and Winston.

Anglin, J. M. (1977). Word, Object, and Conceptual Development. New York: W. W. Norton.

Atkinson, D. (2002). Toward a sociocognitive approach to second llanguage acquisition. *The Modern Language Journal*, (86): 525-545.

Au, T. K. & Markman, E. M. (1987). Acquiring word meaning via linguistic contrast. *Cognitive Development*, 2(3): 217-236.

Ausubel. (1963). *The Psychology of Meaningful Verbal Learning*. New York: Grune &Stratton.

Bachman, L. F. (1990). *Fundamental Considerations in Language Testing*. Oxford: Oxford University Press .

Bacon, F. (1878). *Novum Organum*. Oxford: Clarendon Press.

Bailey, N., Madden, C. & Krashen, S. (1974). Is there a 'natural sequence' in adult second language learning? *Language Learning,* 21 (2): 235-243.

Baillargeon, R. (1995). A model of physical reasoning in infancy. *Advances in Infancy Research*. Norwood: Ablex Publishing, 305-371.

Baldwin, D. A. (1991). Infants' contribution to the achievement of joint reference. *Children Development*, 62(5): 875-890.

Baldwin, D. A. (1993). Early referential understanding: Infants' ability to recognize referential acts for want they are. *Developmental Psychology,* 29(5): 832-843.

Banerjee, M. & Wellman, H. M. (1990). Children's understanding of emotions: A belief-desire perspective. Paper presented at the meeting of the Jean Piaget Society, Philadelphia, PA.

Barrett, M. (1982). The holophrasic hypothesis: Conceptual and empirical issues. *Cognition*, 11(1): 47-76.

Barsalou, L. W., Simmons. W. K, Barbey. A. K. & Christine, D. W. (2003). Grounding conceptual knowledge in modality-specific systems. *Trends in Cognitive Sciences,* 7(2): 84-91.

Barsalou, L. W. (2012). The human conceptual system. In M. J. Spivey, K. Mcrae & M. F. Joanisse (Eds.). The Cambridge Handbook of Psycholinguistics. Cambridge: Cambridge University

Press.

Bartlett, E. J. (1976). Sizingthings up: The acquisition of the meaning of dimensional adjective. *Journal of Child Language,* 3(2): 205-219.

Bates, E. & MacWhinney, B. (1982). Functionalist approaches to grammar. *Language acquisition: The state of the art*, 173-218.

Becker, J. A. (1994). "Sneak-shoes", "sworders" and "nose-beards": A case study of lexical innovation. *First Language,* 14(41):195-211.

Behl-Chadha, G. (1996). Basci-level and superordinate-like categorical representations in early infancy. *Cognition,* 60(2): 105-141.

Beretta, A. (1991). Theory construction in SLA: Complementarity and opposition. *Studies in Second Language Acquisition*, 13(4), 493-511.

Bialystok, E. (1978). A theoretical model of second language learning. *Language Learning,* 28(1): 69-83.

Biskup, D. (1992). L1 influence on learners' renderings of English collocations: A Polish/German empirical study. In P. J. Arnaud & H. Béjoint (Eds.), *Vocabulary and Applied Linguistics.* London: Palgrave Macmillan UK.

Bley-Vroman, R. (1989). What is the logical problem of foreign language learning? In S. Gass & J.Schachter (Eds.), *Linguistic Perspectives on Second Language Acquisition.* Cambridge: Cambridge University Press, 41-68.

Bloch, B. & Trager, G. L. (1942). *Outline of linguistic analysis*. Baltimore (Md.): Linguistic society of America.

Block, D. (2003). *The Social Turn in Second Language Acquisition.* Washington DC: Georgetown University Press.

Block, D. (1999). Who framed SLA research? Problem framing and metaphorica accounts of the SLA research process. In L. Cameron & G. Low (Eds.), *Research and Applying Metaphor.* Cambridge: Cambridge University Press.

Blum, S. & Levenston, E. A. (1978). Universals of lexical simplification. *Language Learning,*

28(2): 399-415.

Bock, J. K. & Levelt, W. J. M. (1994). Language production: Grammatical encoding. In M. A. Gernsbacher (Ed.), *Handbook of Psycholinguistics*. San Diego: Academic Press.

Bock, K. & Griffin, Z. M. (2000). Producing words: How mind meets mouth. In L. Wheeldon (Ed.), *Aspects of Language Production*. London: Psychology Press, 7-47.

Bowerman, M. (1989). Learning a semantic system: What role do cognitive predispositions play? In M. Rice & R. Schiefelbusch (Eds.), *The Teachability of Language*. Baltimore: Brookes, 329-363.

Bowerman, M. & Levinson, S. C. (2001). *Language Acquisition and Conceptual Development*. Cambridge: Cambridge University Press.

Bretherton, I. (1988). How to do things with one word: The ontogensisi of intentional message making in infancy. In M. D. Smith & J. L. Locke (Eds.), *The Emergent Lexican: The Child's Development of a Linguistic Vocabulary*. San Diego: Academic Press, 225-260.

Bretherton, I. & Beeghly, M. (1982). Talking about internal states: The acquisition of an explicit theory of mind. *Developmental Psychology,* 18(6): 906.

Brett, G. S. (1965). A History of Psychology (2nd rev. ed.). (Edited and abridged by R. S. Peters). Cambridge: MIT Press (Original work published 1912-1921).

Brooke-Rose, C. A. (1958). *Grammar of Metaphor*. London: Secker and Warburg.

Brown, R. (1973). *A First Language: The Early Stages*. Cambridge: Harvard University Press.

Brown, H.D. (1973). *Affective Variables in Second Language Acquisition*. Los Angeles: University of California.

Brown, P. (2001). *Learning to talk about motion UP and DOWN in Tzeltal: is there a language-specific bias for verb learning?*. In Language acquisition and conceptual development (pp. 512-543). Cambridge: Cambridge University Press.

Bruner, J. S. (1975). The ontogenesis of speech acts. *Journal of Child Language,* 2(1): 1-19.

Bussmann, H. (1996). *Routledge Dictionary of Language and Linguistics,* translated by G. Trauth & K. Kazzazi, London and New York: Routeledge, 253.

Cameron, L. (1999). Identifying and describing metaphor in spoken discourse data. In L. Cameron & G. Low (Eds.), *Research and Applying Metaphor.* Cambridge: Cambridge University Press.

Caplan, D. (1992). *Language: Structure, Processing, and Disorders.* Cambridge: MIT press.

Carey, S. (1977). Let may never mean more. In R. Campbell & P. Smith (Eds.), *Recent Advances in the Psychology of Language.* New York: Springer New York.

Carey, S. (1978). The child as word learner. In M. Halle, J. Bresnan & G. A. Miller (Eds.), *Linguistic Theory and Psychological Reality.* Cambridge: MIT Press.

Carey, S. & Bartlett, E. (1978). *Acquiring a single new word.* Papers and Reports on Child Language Development (Department of linguistics, Stanford University), 15: 17-29.

Carter, W. R. & Bahde, J. E. (1998). Magical antirealism. *American Philosophical Quarterly,* 35(4), 305-325.

Casasola, M. & Cohen, L. B. (2000). Infants' association of linguistic labels with causal actions. *Developmental Psychology,* 36(2), 155.

CE. (1991). *Collier's Encyclopaedia. Vol. 14.* William D. Halsey (Editorial director). New York: Macmillan Educational Company.

Chao, Y. R. (1968). Language and Symbolic Systems. *Foundations of Language,* 7(3).

Chen, H. C. & Leung, Y. S. (1989). Patterns of lexical processing in a nonnative language. *Journal of Experimental Psychology: Learning, Memory, and Cognition,* 15(2): 316.

Chomsky, N. (1957). *Syntactic Structures.* Mouton: The Hague.

Chomsky, N. (1959). Review of Verbal Behavior by B.F. Skinner. *Language,* 35: 26-58.

Chomsky, N. (1965). *Aspects of the theory of syntax.* Cambridge: MIT Press.

Clark, E. V. (1983). Meanings and concepts. In J. H. Flavell & E. M. Markman (Eds.), P. H. Mussen (Series Ed.), *Handbook of Child Psychology: Vol. 3. Cognitive Development.* New York: Wiley.

Clark, E. V. (1995). Language acquisition: The lexicon and syntax. In J. L. Miller & P. D. Eimas (Eds.), *Speech, language, and communication* (pp. 303–337). Academic Press.

Columbia Encyclopedia. (1975). *The Columbia Encyclopedia (6th ed.).* New York: Columbia

University Press.

Cohen, L. B. & Amsel, G. (1998). Precursors to infants' perception of the causality of a simple event. *Infant Behavior and Development,* 21(4): 713-731.

Cohen, L. B., Amsel, G., Redford, M. A. & Casasola, M. (1998). The development of infant causal perception. In A. Slater (Ed.), *Perceptual Development: Visaual Auditory, and Speech Perception in Infancy.* Hove: Psychology Press.

Corder, S. P. (1967). The significance of learner's errors. *International Review of Applied Linguistics in Language Teaching,* 5(1-4): 161-170.

Corder, S. P. (1971). Idiosyncratic dialects and error analysis. *International Review of Applied Linguistics,* 9(2): 147-160.

Corder, S. P. (1977). Sources of variability in interlanguage. In R. C. Scarcella & R. L. Schlep (Eds.), *Research in second language acquisition: Selected papers of the Los Angeles Second Language Acquisition Research Forum* (pp. 115-132). Rowley, MA: Newbury House Publishers.

Corder, S. P. (1978). 'Simple codes' and the source of the second language learner's initial heuristic hypothesis. *Studies in Second Language Acquisition,* 1(1): 1-10.

Cortazzi, M. & Jin, L. (1999). Bridges to learning: Metaphors of teaching, learning and language. In L. Cameron & G. Low (Eds.), *Researching and Applying Metaphor.* Cambridge: Cambridge University Press, 149-176.

Croft, W. (2002). The role of domains in the interpretation of metaphors and metonymies. In René Dirven and Ralf Pörings (Eds.), *Metaphor and Metonymy in Comparison and Contrast.* Berlin: Mouton De Gruyter.

Crystal, D. (1992). *An Encyclopedia Dictionary of Language and Linguistics.* Oxford (UK), Cambridge (USA): Blackwell, 212.

Crystal, D. (1997). *The Cambridge Encyclopedia of Language (2nd ed).* Cambridge: Cambridge University Press, 430.

Danesi, M. (1988). The development of metaphorical competence: a neglected dimension in second language pedagogy. In A. N. Mancini, P. Giordano & P. R. Baldini (Eds.), *Italiana*. River Forest, IL: Rosary College, 1-10.

Danesi, M. (1991). Revisiting the research findings on heritage language learning: Three interpretive frames. *Canadian modern language review*, 47(4), 650-659.

Danesi, M. (1992). Metaphorical competence in second language acquisition and second language teaching: the neglected dimension. In J. E. Alatis (Ed.). *Georgetown University Round Table on Languages and Linguistics*. Washington: Georgetown University Press, 489-500.

Danesi, M. (1993). Metaphorical competence in second language acquisition and second language teaching: The neglected dimension, language communication and social meaning. In J. E. Alatis (ed.). *Language Communication and Social Meaning*. Washington: Georgetown University Press, 234-254.

Danesi, M. (1994). Recent research on metaphor and the teaching of Italian. *Italica,* 71(4): 453-464.

Danesi, M. (1995). Learning and teaching languages: The role of "conceptual fluency". *International Journal of Applied Linguistics*, 5(1): 3-20.

Danesi, M. (2000). *Semiotics in Language Education*. Berlin: Mouton de Gruyter.

Danesi, M. (2003). Second Language Teaching: A View From the Right Side of the Brain. Dordrecht: Kluwer.

Dauzat, A. (1912). *La Philosophie du Language*. Paris: Earnest Flammarion.

De Villiers, J. G. & de Villiers, P. A. (1973). A cross-sectional study of the acquisition of grammatical morphemes in child speech. *Journal of Psycholinguistic Research,* 2(3): 267-278.

De Groot, A. M. B. & Poot, R. (1997). Word translation at three levels of proficiency in a second language: The ubiquitous involvement of conceptual memory. *Language Learning,* 47 (2): 215-264.

De Groot, A. M. & Hoeks, J. C. (1995). The development of bilingual memory: Evidence from word translation by trilinguals. *Language Learning,* 45(4): 683-724.

Debruille, J. B. (2007). The N400 potential could index a semantic inhibition. *Brain Research Review,* 56(2): 472-477.

Deignan, A. (1999). Corpus-based research into metaphor. In L. Cameron and G. Low (Eds.). *Researching and Applying Metaphor.* Cambridge: Cambridge University Press.

Doughty, C. J. & Long, M. H. (2008). *The Handbook of Second Language Acquisition.* Oxford: Blackwell.

Drew, P. & Holt, E. (1988). Complainable matters: The use of idiomatic expressions in making complaints. *Social Problems,* 35 (4): 398-417.

Dromi, E. (1999). Early lexical development. In M. Barrett (Ed.), *The Development of Language.* New York: Psychology Press, 99-131.

Dirven R. & Verspoor, M.. (1998). *Cognitive exploration of language and linguistics.* Amsterdam: Benjamins Publishing Company.

Dulay, H. & Burt, M. (1973). Should we teach children syntax? *Language Learning,* 23(2): 245-258.

Dulay, H. C. & Burt, M. K. (1974b). Natural sequences in child second language acquisition. *Language Learning,* 24(1), 37-53.

Dulay, H. & Burt, M. (1975). Creative construction in second language learning and teaching. *TESOL,* 75: 21-32.

EA. (1996). *The Encyclopaedia Americana: International Edition, (1st ed: 1829) Vol. 16,* Grolier Inc., USA, 727.

EB. (1997). *Encyclopaedia Britannica (15th ed), Vol III & VII,* Encyclopaedia Britannica Inc, 147.

EL. (1984). *Grand Dictionaire Encyclopedique Larousse. Tome 6. P*aris: Librairie Larousse, 6119-6124.

Ellis, N. C. (1994a). Consciousness in second language learning: Psychological perspectives on the role of conscious processes in vocabulary acquisition. *ALLA Review,* 11: 37-56.

Ellis, N. C. (1996a). Sequencing in SLA: Phonological memory, chunking and points of order. *Studies in Second Language Acquisition,* 18(1): 91-126.

Ellis, N. C. (1996b). Analyzing language sequence in the sequence of language acquisition: Some comments on Major and Ioup. *Studies in Second Language Acquisition,* 18(3): 361-368.

Ellis, N. C. (1997). Vocabulary acquisition: Word structure, collocation, word-class, and meaning. In N. Schmitt & M. McCarthy (Eds.), *Vocabulary: Description, Acquisition and Pedagogy.* Cambridge: Cambridge University Press, 122-139.

Ellis, N. C. (2002a). Frequency effects in language acquisition: A review with implications for theories of implicit and explicit language acquisition. *Studies in Second Language Acquisition,* 24(2): 143-188.

Ellis, N. C. (2002b). Reflections on frequency effects in language acquisition: A response to commentaries. *Studies in Second Language Acquisition,* 24(2): 297-339.

Ellis, N. C. (2003). Constructions, chunking, and connectionism: The emergence of second language structure. In Doughty, C. J., & Long, M. H. (Eds.), *The Handbook of Second Language Acquisition.* Oxford: Blackwell, 63-103.

Ellis, N. C. (2006). Selective attention and transfer phenomena in L2 acquisition: Contingency, cue competition, salience, interference, overshadowing, blocking, and perceptual learning. *Applied Linguistics,* 27 (2): 164-194.

Ellis, R. (1985). *Understanding Second Language Acquisition.* Oxford: Oxford University Press.

Ellis, R. (1994b). *The Study of Second Language Acquisition.* Oxford: Oxford University Press.

Ellis, R. (2008). *The Study of Second Language Acquisition.* Oxford: Oxford University Press, 241.

Fauconnier, G. (1997). *Mappings in thought and language.* Cambridge: Cambridge University Press.

Feldman, R. S. (2006). *Development Across the Lifespan.* Pearson Education, Inc.

Flavell, J. H., Mumme, D. L., Green, F. L. & Flavell, E. R. (1992). Young children's understanding of moral and other beliefs. *Child Development,* 63(4), 960-977.

Flavell, J. H., Miller, P. H. & Miller, S. A. (2001). *Cognitive Development.* New Jersey: Prentice Hall.

Frawley, W. & Lantolf, J. P. (1985). Second language discourse: A Vygotskyan perspective.

Applied linguistics, 6(1), 19-44.

Fries, C. (1945). *Teaching and Learning English as a Foreign Language.* Ann Arbor: University of Michigan Press.

Gardner, M. P. (1985). Mood states and consumer behavior: A critical review. *Journal of Consumer research*, 12(3): 281-300.

Garrett, M. F. (1976). Syntactic processes in sentence production. *New Approaches to Language Mechanisms,* 30: 231-256.

Gass, S. M. & Schachter, J. (Eds.). (1989). *Linguistic Perspectives on Second Language Acquisition.* Cambridge: Cambridge University Press.

Gass, S. (1988). Integrating research areas: A framework for second language studies. *Applied Linguistics,* 9(2): 198-217.

Gass, S. (1997). *Input, Interaction and the Second Language Learner.* Mahwah: Lawrence Erlbawm. Georgetown University Press.

Gass, Susan M. & Selinker, L. (1994). *Second Language Acquisition: An Introductory Course.* Hillsdale: Erlbaum.

Gelman, S. (1988). The development of induction within natural kind and artifact categories. *Cognitive Psychology,* 20(1): 65-95.

Gelman, S. A. & O'Reilly, A. W. (1988). Children's inductive inferences within super ordinate categories: The role of language and category structure. *Child Development*, 59: 876-887.

Gelman S. A. & Wellman H. M. (1991). Insides and essences: early understandings of the nonobvious. *Cognition* 38:213–244.

Gelman, S. A. & Kremer, K. E. (1991). Understanding natural cause: Children's explanations of how objects and their properties originate. *Child Development,* 62(2): 396-414.

Giacobbe, J. (1992). A cognitive view of the role of L1 in the L2 acquisition process. *Interlanguage studies bulletin (Utrecht)*, 8(3), 232-250.

Giles, H. & Byrne, J. L. (1982). An intergroup approach to second language acquisition. *Journal of Multilingual & Multicultural Development*, 3(1): 17-40.

Givon, T. (1985). Language, function and typology. *Journal of Literary Semantics*, 83-97.

Gullberg, M. & Indefrey, P. (Eds.). (2006). *Second language acquisition and the cognitive neuroscience of language*. Amsterdam, Netherlands: John Benjamins Publishing Company.

Gopnik, A. (1984). The Acquisition of Gone and the Develpment of the Object Concept. *Journal of Child Language*, 11(2):273-292.

Gopnik, A. (1988). Conceptual and Semantic Development as Theory Change: The Case of Object Permanence. *Mind & Language*, 3(3):197-216.

Gopnik, A. & Meltzoff, A. N. (1986). Relations Between Semantic and Cognitive-develpoment in the One-Word Stage-The Specificity Hypothesis. *Child Development*, 57(4):1040-1053.

Graham, R. & Belnap, K. (1986). The acquisition of lexical boundaries in English by native speakers of Spanish. *International Review of Applied Linguistics in Language Teaching*, 24, 275-286.

Habel, C. & Tappe, H. (1999). Processes of segmentation and linearization in describing events. In R. Klabunde and Ch.v. Stutterheim (Eds.). *Processes in Language Production*. Wiesbaden: Deutscher Universitatsverlag, 117-153.

Hamiliton, E. & Cairns, H. (1961). *Plato: The Collected Dialogues, Including the Letters*. Princeton: Princeton University Press, 364.

Harris, M., Jones, D. & Grant, J. (1983). The nonverbal context of mothers' speech to infants. *First Language*, 4(10): 21-30.

Hartmann, R. R. K. & Stork, F. C. (1972). *Dictionary of language and linguistics*.

Hasselgren, A. (1994). Lexical teddy bears and advanced learners: A study into the ways Norwegian students cope with English vocabulary. *International Journal of Applied Linguistics,* 4(2): 237-258.

Hatch, E. (1978). Acquisition of syntax in a second language. *Understanding second and foreign language learning*, 34-70.

Heilbeck, T. H. & Markman, E. M .(1987). Word Learning in Children: An Examnintation of Fast Mapping. *Child Developmet*, 58(4), 1021-1034.

Herrmann, C. (1983). On the word problem for the modular lattice with four free generators. *Mathematische Annalen*, 265, 513-527.

Hermans, D. Bongaerts, T. De Bot, K. & Schreuder, R. (1998). Producing words in a foreign language: Can speakers prevent interference from their first language? *Bilingualism: Language and Cognition,* 1(3): 213-229.

Hinkel, E. (1992). L2 tense and time reference. *TESOL Quarterly,* 26(3): 557-572.

Hjelmslev, L. (1961). *Prolegomena to a theory of language*. Wisconsin: The Regents of the University of Wisconsin.

Hoeks, J. C. Stowe, L. A. & Doedens, G. (2004). Seeing words in context: the interaction of lexical and sentence level information during reading. *Cognitive Brain Research,* 19(1): 59-73.

Hudson, W. (1989). Semantic theory and L2 lexical development. In S.Gass & J. Schachter (Eds.). *Linguistic Perspectives on Second Language Acquisition*. Cambridge: Cambridge University Press, 222-238.

Humboldt, Wilhelm Von. (1836). *On Language: The Diversity of Human Language- structure and Its Influence on the Mental Development of Mankind,* translated by Peter Heath, Cambridge: Cambridge University Press.

Ijaz, I. H. (1986). Linguistic and cognitive determinants of lexical acquisition in a second language. *Language Learning,* 36(4): 401-451.

Inagaki, K. & Sugiyama, K. (1988). Attributing human characteristics: Developmental changes in over-and under attribution. *Cognitive Development,* 3(1): 55-70.

Inagaki, K. & Hatano, G. (1996). Young children's recognition of commonalities between animals and plants. *Child Development,* 67(6): 2823-2840.

Jackendoff, R. (1983). *Semantics and Cognition*. Cambridge: MIT Press. James, C. (1980). Contrastive Analysis. Harlow, Essex: Longman.

James, C. (1980). *Contrastive Analysis*. London: Longman.

Jarvis, S. (1994). *L1 Influence on Interlanguage Lexical Reference*. Unpublished manuscript, Bloomington: Indiana University.

Jarvis, S. (1997). T*he Role of L1-based Concepts in L2 Lexical Reference*. Bloomington: Indiana University.

Jarvis, S. (1998). *Conceptual Transfer in Interlingual Lexicon*. Bloomton: IULC Publications.

Jarvis, S. (2000). Semantic and conceptual transfer. *Bilingualism: Language and Cognition,* 3(1): 19-21.

Jarvis, S. (2002). Topic continuity in L2 English article use. *Studies in Second Language Acquisition,* 24(3): 387-418.

Jarvis, S. (2011). Conceptual transfer: Crosslinguistic effects in categorization and construal. *Bilingualism: Language and Cognition,* 14(1): 1-8.

Jarvis, S. (2013). *Conceptual transfer.* In P. Robinson (Ed.) The Routledge Encyclopedia of SLA. London and New York: Routledge.

Jarvis, S. & Pavlenko, A. (2008). *Crosslinguistic Influence in Language and Cognition*. New York: Routledge.

Jiang, N. (2000). Lexical representation and development in a second language. *Applied linguistics,* 21(1): 47-77.

Jiang, N. (2002). Form-meaning mapping in vocabulary acquisition in a second language. *Studies in Second Language Acquisition,* 24(4): 617-637.

Jiang, N. (2004). Semantic transfer and its implications for vocabulary teaching in a second language. *The Modern Language Journal,* 88(3): 416-432.

Johnson, E. E. (1990). *Interpersonal Perception*. New York: W. H. Freeman.

Kalish, C. (1998). Natural and artifactual kinds: Are children realists or relativists about categories? *Developmental Psychology,* 34(2): 376.

Karmiloff-Smith, A. (1986). Some fundamental aspects of language development after age 5. In Fletcher, P. & Garman, M. (Eds.), *Language Acquisition*. Cambridge: Cambridge University Press.

Kasper, G. & Rose, K. R. (2002). *Pragmatic Development in a Second Language*. Oxford: Blackwell Publishing.

Kecskes, I. (1999). Situation-bound utterances from an interlanguage perspective. In Verschueren, J. (Ed.), *Pragmatics in 1998: Selected Papers from the 6th International Pragmatics Conference.* Antwerp: International Pragmatics Association, 299-310.

Kecskes, I. (2000). Conceptual fluency and the use of situation-bound utterances in L2. *Links & Letters,* 145-161.

Kecskes, I. & Papp, T. (2000). Metaphorical competence in trilingual language production. In J. Cenoz & U. Jessner (Eds.), *English in Europe: The Acquisition of a Third Language.* Clevedon: Multilingual Matters, 99-120.

Kecskes, I. (2000). A cognitive-pragmatic approach to situation-bound utterances. *Journal of pragmatics,* 32(5), 605-625.

Keil, F. C. (1989). *Concepts, Kinds, and Cognitive Development.* Cambridge: MIT Press.

Kellerman, E. (1978). Giving learners a break: Native language intuitions as a source of predictions about transferability. *Working Papers on Bilingualism Toronto,* 15: 59-92.

Kellerman, E. (1995). Crosslinguistic influence: Transfer to nowhere? *Annual Review of Applied Linguistics,* 15: 125-150.

Kempen, G. & Hoenkamp, E. (1987). An incremental procedural grammar for sentence formulation. *Cognitive Science,* 11(2): 201-258.

Kim, A. & Osterhout, L. (2005). The independence of combinatory semantic processing: Evidence from event-related potentials. *Journal of Memory and Language,* 52(2): 205-225.

Kim, K. & Smith, P. K. (1999). Family relations in early childhood and reproductive development. *Journal of Reproductive and Infant Psychology,* 17(2): 133-148.

Klima, E. S. (1966). Syntactic regularities in the speech of children. *Psycholinguistics papers*, 183-207.

Kolk, H. H., Chwilla, D. J., Van Herten, M., & Oor, P. J. (2003). Structure and limited capacity in verbal working memory: A study with event-related potentials. *Brain and Language,* 85(1): 1-36.

Kotovsky, L. & Baillargeon, R. (1994). The development of calibration-based reasoning about collision events in 11-month-old infants. *Cognition,* 67: 311-351.

Kramsch, C. (2002). In search of the intercultural. *Journal of Sociolinguistics,* 6(2): 275-285.

Kovecses, Z. & Szabo, P. (1996). Idioms: A view from cognitive semantics. *Applied Linguistics,* 17(3): 326-355.

Krashen, S. (1977a). Some issues relating to the monitor model. *On TESOL,* 77: 144-158.

Krashen, S. (1977b). The monitor model for adult second language performance. *Viewpoints on English as a Second Language,* 152-161.

Krashen, S. (1978). Individual variation in the use of the monitor. *Second Language Acquisition Research: Issues and Implications,* 175-183.

Krashen, S. D. (1985). *The Input Hypothesis: Issues and Implications.* London: Longman.

Kroll, J. F. & Curley, J. (1988). Lexical memory in novice bilinguals: The role of concepts in retrieving second languages words. In M. Gruneberg, P. Morris, & R. Sykes (Eds.), *Practical Aspects of Memory (Vol. 2).* London: Wiley, 389-395.

Kroll, J. F. & Stewart, E. (1994). Category interference in translation and picture naming: Evidence for asymmetric connections between bilingual memory representations. *Journal of Memory and Language,* 33(2): 49-174.

Kroll, J. F. & Tokowicz, N. (2001). The development of conceptual representation for words in a second language. In J. L. Nicol (Ed.), *One Mind, two languages: Bilingual language processing* (pp. 49-71). Cambridge, MA: Blackwell Publishers.

Kroll, J. F., Michael, E., Tokowicz, N. & Dufour, R. (2002). The development of lexical fluency in a second language. *Second Language Research,* 18(2): 137-171.

Kubovy, M. (1986). *The psychology of perspective and Renaissance art.* CUP Archive.

Kuno, S. (1987). *Functional syntax: Anaphora, discourse and empathy.* Massachusetts: University of Chicago Press.

Kutas, M. & Federmeier, K. D. (2000). Electrophysiology reveals semantic memory use in language comprehension. *Trends in Cognitive Sciences,* 4(12): 463-470.

Lado, R. (1957). *Linguistics Across Cultures: Applied Linguistics for Language Teachers.*

Michigan: University of Michigan Press.

Lakoff, G. (1987). *Women, Fire and Dangerous Things: What Categories Reveal About the Mind.* Chicago: Chicago University Press.

Lakoff, G. & Johnson, M. (1980). Metaphors We Live by. Chicago: University of Chicago Press.

Lakoff, G. & Johnson, M. (1993). *The Contemporary Theory of Metaphor.* A. Ortony (Ed.), Second Edition.

Lakoff, G. & Johnson, M. (1999b). *Philosophy in the Flesh: The Embodied Mind and its Challenge to Western Thought.* New York: Basic Books.

Lambert, W. (1967). A social psychology of bilingualism. *Journal of Social Issues*, 23, 91-109.

Lamendella, J. T. (1979). The neurofunctional basis of pattern practice. *TESOL quarterly*, 5-19.

Langacker, R. W. (1987). *Foundations of Cognitive Grammar: Theoretical Prerequisites (vol. 1).* Standford: Standford University Press.

Langacker, R. W. (1991). *Foundations of Cognitive Grammar: Practical Applications.* Standford: Standford University Press.

Langacker, R. W. (1999). *Grammar and Conceptualization.* Berlin: De Gruyter.

Lantolf, J. P. (2006). Sociocultural theory and second language learning: State of the art. *Studies in Second Language Acquisition,* 28: 67-109.

Lantolf, J. P. & Thorne, S. L. (2006). *Sociocultural Theory and the Genesis of L2 Development.* Oxford: Oxford University Press.

Larsen-Freeman, D. & Long, M. (1991). *Foreign Language Education: Towards a National Research Agenda.* Washington DC: National Foreign Language Center.

Leather, J. (1999). Second-language research: An introduction. *Language Learning*, 49: 1-56.

Lee, W. (1968). Thoughts on contrastive linguistics in the context of language teaching. In J. Alatis (Ed.), *Contrastive Linguistics and Its Pedagogical Implications.* Washington DC: Georgetown University Press.

Legerstee, M. (1991). The role of person and object in eliciting early imitation. *Journal of Experimental Child Psychology,* 51(3): 423-433.

Leibniz, G. W., Remnant, P., Bennett, J. (1982). *New Essays on Human Understanding.* Cambridge: Cambridge University Press, 45-46.

Lempers, J. D., Flavell, E. R. & Flavellm, J. H. (1977). The development in very young children of tacit knowledge concerning visual perception. *Genetic Psychology Monographs,* 95(1): 3-53.

Lennon, P. (1991). Error and the very advanced learner. *IRAL,* 29(1): 31-44.

Lennon, P. (1996). Getting "easy" words wrong at the advanced level. *IRAL,* 34(1): 23-36.

Lenin, V. I. (1916). *Imperialism, the highest stage of capitalism.* Shanghai: Labour Publishing House.

Levelt, W. J. M. (1989). *Speaking: From Intention to Articulation.* Cambridge: MIT Press.

Levelt, W. J. M., Roelofs, A. & Meyer, A. S. (1999). A theory of lexical access in speech production. *Behavioral and Brain Sciences,* 22(1): 1-75.

Levenston, E. A. (1979). Second Language Acquisition: Issues and problems. *Interlanguage Studies Bulletin,* 4(1): 147-160.

Long, M. H. (1993). Assessment strategies for second language acquisition theories. *Applied Linguistics,* 14(3): 225-249.

Mandler, J. M. & McDough, L. (1993). Concept formation in infancy. *Cognition development,* 8(3): 291-318.

Mandler, J. M. & McDough, L. (1996). Drinking and driving don't mix: inductive generation in infancy. *Cognition,* 59(3): 307-335.

Markman, E. M. (1989). *Categorization and Naming in Children: Problems of Induction.* Cambridge: MIT Press.

Martin, M. (1984). Advanced vocabulary teaching: The problem of synonyms. *Modern Language Journal,* 68(2): 130-137.

McArthur, T. (1992). *The Oxford Companion to the English Language.* New York: Oxford University Press.

McClure, E. (1991). A comparison of lexical strategies in L1 and L2 written English narratives. *Pragmatics and Language Learning,* 2(1): 141-154.

McLaughlin, B. (1987). *Theories of Second-Language Learning*. London: Edward Arnold.

Meisel, J. M., Clahsen, H. & Pienemann, M. (1981). On determining developmental stages in natural second language acquisition. *Studies in Second Language Acquisition,* 3(2): 109-135.

Mitchell, R. & Myles, F. (1998). *Second Language Learning Theories*. London: Arnold.

Nation, P. (2001). *Learning Vocabulary in Another Language*. Cambridge: Cambridge University Press.

Nazzi, T. & Bertoncini, J. (2003). Before and after the vocabulary spurt: Two modes of word acquisition? *Developmental Science,* 6(2): 136-142.

Neisser, U. (1967). *Cognitive Psychology*. New York: Appleton-Century Crofts.

Nelson, K. (1988). Constraints on word learning? *Cognitive Development,* 3(3): 45-75.

Nelson, K. (1993). Structure and strategy in learning to talk. *Monographs of the Society for Research in Child Development,* 38(1): 1-135.

Nemser, W. (1971). Approximative systems of foreign language learners. *International Review of Applied Linguistics,* 9(2):115-123.

Norton, B. (1997). Language, identity, and the ownership of English. *TESOL quarterly*, 31(3), 409-429.

Oakes, L. M. & Cohen, L. B. (1990). Infant perception of a causal event. *Cognitive Development,* 5(2): 193-207.

Ochs, E. (1988). *Culture and language development: Language acquisition and language socialization in a Samoan village* (Vol. 10). CUP Archive.

Odlin, T. (2005). Crosslinguistic influence and conceptual transfer: What are the concepts? *Annual Review of Applied Linguistics,* 25(1): 3-25.

Odlin, T. (1989). *Language Transfer.* Cambridge: Cambridge University Press.

Paradis, M. (1997). The cognitive neuropsychology of bilingualism. In A. de Groot & J. Kroll (Eds.), *Tutorials in Bilingualism: Psycholinguistic Perspectives*. Mahwah: Lawrence Erlbaum, 331-354.

Pavlenko, A. (1996). Bilingualism and cognition: concepts in the mental lexicon. In A. Pavlenko

& R. Salaberry (Eds.), *Cornell Working Papers in Linguistics*. Ithaca: Cornell University Press, 49-85.

Pavlenko, A. (1997). *Bilingualism and Cognition*. Unpublished doctoral dissertation, New York: Cornell University.

Pavlenko, A. (1998). *Concepts of Privacy and Personal Space in Russian-English Bilinguals' Narratives*. In Proceedings of the 24th LACUS Forum. Chapel Hill: University of North Carolina.

Pavlenko, A. (1999). New approaches to concepts in bilingual memory. *Bilingualism: Language and Cognition,* 2(3): 209-303.

Pavlenko, A. & Jarvis, S. (2001). Conceptual transfer: New perspectives on the study of cross-linguistic influence. In E. Németh (Ed.), *Cognition in Language Use: Selected Papers from the 7th International Pragmatics Conference, Vol 1*. Antwerp: International Pragmatics Association, 288-301.

Pavlenko, A. & Jarvis, S. (2002). Bidirectional transfer. *Applied Linguistics,* 23(2): 190-214.

Perner, J. (1991). *Understanding the Representational Mind*. Cambridge: MIT Press.

Piaget, J. (1970). *Genetie Epistemology*. NewYork: Columbia University press.

Piaget, J. (1971). *Insights and Illusions of Philosophy*. New York: Meridian Books.

Piaget, J. (1982). Las formas elementales de la dialectica. *Editorial Gedisa*, S.A.

Potter, M. C., So, K. F., Von Eckardt, B. & Feldman, L. B. (1984). Lexical and conceptual representation in beginning and proficient bilinguals. *Journal of Verbal Learning and Verbal Behavior,* 23(1): 23-38.

Potter, S. (1960). *Language in the Modern World (vol. 470)*. Baltimore: Penguin books.

Preston D. R. (1989). *Sociolinguistics and Second Language Acquisition*. Oxford: Blackwell.

Preston, A. E. (1989). The nonprofit worker in a for-profit world. *Journal of labor economics*, 7(4), 438-463.

Quine, W. V. O. (1960). *Word and Object*. Cambridge: MIT Press.

Quinn, P. C. (1999). Development of cognition and categorization of objects and their spatial relations in young infants. In L .balter & C. S. Tamis-Monda (Eds.). *Child Pschology: A Handbook of Contempory Issues.* Philadephia: Psychology Press.

Quinn, P. C. & Eimas, P. D. (1996). Perceptual cues that permit categorical differentiation of animal species by infants. *Journal of Experimental Child Psychology,* 63(1): 189-211.

Radden, G. (1995). Distribution der kasus. In Rüdiger Ahrens, Wolf-Dietrich Bald und Werner Hüllen (Eds.). *Handbuch Englisch als Fremdsprache.* Berlin: Schmidt, 149-151.

Rice, M. L. & Woodsmall, L. (1988). Lessons from television: Children's word learning when viewing. *Child Development,* 59: 420-429.

Ringbom, H. (1978). The influence of the mother tongue on the translation of lexical items. *Interlanguage Studies Bulletin,* 80-101.

Ringbom, H. (1983). Borrowing and lexical transfer. Applied Linguistics, 4: 207-212.

Ringbom, H. (1987). *The Role of the First Language in Foreign Language Learning.* Clevedon: Multilingual Matters.

Ringbom, H. (1998). Vocabulary frequencies in advanced learner English: A crosslinguistic approach. In S. Granger (Ed.), *Learner English on Computer.* Essex: Addison Wesley Longman.

Rivers, W. (1983). *Communicating Naturally in a Second Language.* Cambridge: Cambridge University Press.

Rodriguez-Fornells, A., De Diego Balaguer, R. & Münte, T. F. (2006). Executive control in bilingual language processing. *Language Learning,* 56: 133-190.

Rosengren, K. S., Gelman, S. A., Kalish, C. W. & McCormick, M. (1991). As time goes by: Children's early understanding of growth in animals. *Child Development,* 62(6): 1302-1320.

Rumelhart, D. E., Hinton, G. E. & McClelland, J. L. (1986). A general framework for parallel distributed processing. *Parallel Distributed Processing: Explorations in the Microstructure of Cognition,* 1(45-76): 26.

Sachs, J. (1997). Communication development in infancy. In J. B. Gleason (Eds.), *The Development of Language.* Boston: Allyn and Bacon.

Sayce, R. A. (1953). *Style in French Prose.* Oxford: Clarendo Press.

Schachter, J. (1974). An error in error analysis 1. *Language Learning,* 24(2): 205-214.

Schank, R.C. & Abelson, R.P. (1977). *Scripts, Plans, Goals, and Understanding: An Inquiry Into Human Knowledge Structures (1st ed.).* Psychology Press. https://doi.org/10.4324/9780203781036

Schrödinger, E. (1983). *The present situation in quantum mechanics: A translation of Schrödinger's "Cat Paradox" paper. Quantum theory and measurement,* Princeton University Press, Princeton, New Jersey, 152-167.

Schumann, J. H. (1978a). *The Pidginization Process: A Model for Second Language Acquisition.* Rowley, Mass: Newbury House Publishers, 1-113.

Schumann, J. H. (1978b). The acculturation model of second language acquisition. In R.C. Gingras (Ed.), *Second Language Acquisition and Foreign Language Teaching.* Washington, DC: Center for Applied Linguistics.

Selinker, L. (1969). Language transfer. *General linguistics*, 9(2): 67.

Selinker, L. & Lakshmanan, U. (1992). Language transfer and fossilization: The multiple effects principle. *Language Transfer in Language Learning,* 197-216.

Selinker, L. (1972). Interlanguage. *International Review of Applied Linguistics in Language Teaching,* 9: 209-231.

Sera, M. D. & Connolly, L. M. (1990). Low planes, big worms, and other pairs of terms. Unpublished manuscript.

Shen, Y. (1999). Principles of metaphor interpretation and the notion of 'domain': A proposal for a hybrid model. *Journal of Pragmatics,* 31(12): 1631-1653.

Siegal, M. & Share, D. L. (1990). Contamination sensitivity in young children. *Developmental Psychology,* 26(3): 455.

Singleton, D. (1999). *Exploring the Second Language Mental Lexicon.* Cambridge: Cambridge University Press.

Sjöholm, Kaj. (1995). T*he Influence of Crosslinguistic, Semantic, and Input Factors on the*

Acquisition of English Phrasal Verbs: A Comparison Between Finnish and Swedish Learners at an Intermediate and Advanced Level. Abo: Abo Akademi University Press.

Skehan, P. (1996). A framework for the implementation of task-based instruction. *Applied linguistics*, 17(1), 38-62.

Slobin, D. I. (1978). A case study of early language awareness. *The child's conception of language*, 45-54.

Slobin, D. I. (1996). From "thought and language" to "thinking for speaking." In J.J. Gumperz & S.C. Levinson (Eds.), *Rethinking Linguistic Relativity*. Cambridge: Cambridge University Press.

Slobin, D. I. (1997). Mind, code, and text. Essays on language function and language type: Dedicated to T. *Givon*, 437-467.

Slobin, D. I. (2000). Verbalized events: A dynamic approach to linguistic relativity and determinism. In S. Niemeier & R. Dirven (Eds.), *Evidence for Linguistic Relativity*. Amsterdam: John Benjamins.

Slobin, D. I. (2001). 14 Form-function relations: how do children find out what they are?. *Language acquisition and conceptual development*, 3: 406.

Slobin, D. I. (2003). Language and thought online: Cognitive consequences of linguistic relativity. In D. Gentner & S. Goldin-Meadow (Eds.), *Advances in the Investigation of Language and Thought*. Cambridge, MA: MIT Press.

Slobin D. I. (2006). What makes manner of motion salient:Explorations in linguistic typology, discourse, cognition [A]. In Hickmann M & Robert S (Eds.) . *Space in Languages: Linguistic Systems and Cognitive Categories*[C]. Philadelphia: John Benjamins, 59~81.

Smith, C. L. (1979). Children's understanding of natural language hierarchies. *Journal of Experimental Child Psychology*, 27(3): 437-458.

Smith, M. S. (1994). *Second Language Learning: Theoretical Foundations*. London: Longman.

Skinner, B. F. (1957). Verbal behavior. *Language*, 35(1): 83-99.

Solso, R. L., Haddock, G. R. & Fiore, S. T. (2008/2009). *Cognitive Psychology (8th Edition)*.

Boston, MA: Allyn & Bacon.

Sonaiya, R. (1991). Vocabulary acquisition as a process of continuous lexical disambiguation. *International Review of Applied Linguistics in Language Teaching,* 29(4): 273-284.

Sapir, E. (1951). *Selected Writings.* Berkeley: University of California Press.

Spolsky, B. (1989). *Conditions for Second Language Learning.* Oxford: Oxford University Press.

Strick, G. J. (1980). A hypothesis for semantic development in a second language. *Language Learning,* 30(1): 155-176.

Strömqvist, S. & Verhoeven, L. (2004). Typological and contextual perspectives on narrative development. *In Relating Events in Narrative,* Volume 2 (pp. 3-14). England: Psychology Press.

Swan, M. (1997). The influence of the mother tongue on second language vocabulary acquisition and use. In N. Schmitt & M. McCarthy (Eds.), *Vocabulary: Description, Acquisition and Pedagogy.* Cambridge: Cambridge University Press.

Talmy, L. (2000a). *Toward a Cognitive Semantics: Volume 1: Concept Structuring Systems (vol. 1).* Cambridge: MIT press

Talmy, L. (2000b). *Toward a Cognitive Semantics. Volume 2: Typology and Process in Concept Structuring.* Cambridge: The MIT Press.

Tarone, E. (1979). Interlanguage as chameleon 1. *Language Learning,* 29(1): 181-191.

Tarone, E. (1983). On the variability of interlanguage systems. *Applied linguistics,* 4(2), 142-164.

Taylor, J. R. (1995). *Linguistic Categorisation: Prototypes in Linguistic Theory.* Oxford: Oxford University Press.

Templin, M. C. (1957). *Certain language skills in children: Their development and interrelationships.* Minnesota: University of Minnesota Press.

Thomas, M. (1998). Programmatic ahistoricity in second language acquisition theory. *Studies in Second Language Acquisition,* 20(3): 387-405.

Tomasello, M. & Barton, M. (1994). Acquiring words in non-ostensive contexts. *Developmental Psychology,* 30(5): 639-650.

Tomasello, M. & Farrar, M. J. (1986). Joint attention and early language. *Child Development*, 57(6): 1454-1463.

Toulmin, S. E. (1961). *Foresight and understanding: An enquiry into the aims of science.* Bloomington: Indiana University Press.

Turner, V. (1977). Process, system, and symbol: A new anthropological synthesis. *Daedalus*, 61-80.

Uspensky, B. A. (1973). *Study of Point of View: Spatial and Temporal Form.* Centro internazionale di semioticae di linguistica, Universita di Urbino.

Valeva, G. (1996). "On the notion of conceptual fluency in a second language." In A. Pavlenko & R. Salaberry (Eds.), *Cornell Working Papers in Linguistics. Papers in Second Language Acquisition and Bilingualism.* Ithaca: Cornell University Press.

Vendryes, J. (1925). *Language: a Linguistic Introduction to History.* Translated by Paul Radin, Kegan London: Routledge.

Veresov, N. (1999). Undiscovered Vygotsky: *etudes on the pre-history of cultural-historical psychology*. Lausanne: Peter Lang.

Von Stutterheim, C. (2003). Linguistic structure and information organisation: The case of very advanced learners. *EUROSLA yearbook*, 3(1): 183-206.

Von Stutterheim, C. & Carroll, M. (2005). Subject selection and topic ccontinuity in German and English. *Zeitschrift für Literaturwissenschaft und Linguistik*, 35, 7-27.

Weinreich, U. (1953). *Language in Contact.* New York: Linguistic Circle of New York.

Wellman, H. M. & Gelman, S. A. (1988). Children's understanding of the nonobvious. In R. J. Sternberg (Ed.), *Advances in the Psychology of Human Intelligence (vol.4)*. Mahwah: Lawrence Erlbaum Associates.

White, L. (2003). *Second language Acquisition and Universal Grammar.* Cambridge: Cambridge University Press.

Whitney, W. D. (1875). *The life and growth of language: An outline of linguistic science.* New York: D Appleton & Company.

Whorf, B. L. (1941). *The relation of habitual thought and behavior to language.* London: Macmillan Education UK.

Whorf, B. L. (1956). *Language, Thought, and Reality: Selected Writings.* Cambridge: Technology Press of Massachusetts Institute of Technology.

Wierzbicka, A. (1993). A conceptual basis for cultural psychology. *Ethos,* 21(2), 205-231.

Winner, E. (1982). *Invented worlds: The psychology of the arts.* Cambridge: Harvard University Press.

Woodard, A. L. & Markman, E. M. (1998). Early word learning. In W. Damon (Series Ed.) & D. Kuhn & R. S. Siegler (Vol. Eds.), *Handbook of Child Psychology: vol.2. Cognition*, Chichester: John Wiley & Sons.

Younger, B. A. & Cohen, L. B. (1986). Developmental change in infants' perception of correlations among attributes. *Child Development,* 57: 803-815.

Zahn-Waxler, C. Radke-Yarrow, M., Wagner, E. & Chapman, M. (1992). Development of concern for others. *Developmental Psychology,* 28(1):126-136.

Zughoul, M. R. (1991). Lexical choice: Towards writing problematic word lists. *International Review of Applied Linguistics*, 29(1), 45-60.

Zukow, P. G. Reilly, J. & Greenfield, P. M. (1982). Making the absent present: Facilitating the transition from sensorimotor to linguistic communication. *Children's Language,* 3, 1-90.

中文文献

1. 专著：

爱因斯坦：《爱因斯坦文集》（第一卷），北京：商务印书馆，1976年。

安德森，J.R.：《认知心理学》，杨清等译，长春：吉林教育出版社，1989年。

巴甫洛夫：《巴甫洛夫选集》，吴生林、贾耕等译，北京：科学出版社，1955年。

北京师范大学等：《普通心理学》，西安：陕西人民出版社，1982年。

陈新雄：《语言学辞典》，台北：三民书局，1989年。

陈　原：《社会语言学：关于若干理论问题的初步探索》，香港：商务印书馆香港分馆，1984年。

傅季重：《哲学大辞典·逻辑学卷》，上海：上海辞书出版社，1984年。

高名凯、石安石：《语言学概论》，北京：中华书局，1963年。

高　远：《对比分析与错误分析》，北京：北京航空航天大学出版社，2002年。

海然热：《语言人：论语言学对人文科学的贡献》，张祖建译，北京：生活·读书·新知三联书店，1999年。

赫根汉，B. R.：《心理学史导论》（上下册），郭本禹译，上海：华东师范大学出版社，2004年。

胡明扬：《语言和语言学》，武汉：湖北教育出版社，1985年。

姜　孟：《语义迁移机制的心理认知研究》，成都：四川大学出版社，2009年。

恩斯特·卡西尔：《符号神话文化》，李小兵译，北京：东方出版社，1988a年。

恩斯特·卡西尔：《语言与神话》，于晓等译，北京：生活·读书·新知三联书店，1988b年。

恩斯特·卡西尔：《人论》，甘阳译，北京：西苑出版社，2003年。

伽达默尔：《真理与方法—哲学诠释学原理》，洪汉鼎，译。上海：上海译文出版社，1999年。

克雷奇、克拉奇菲尔德、利维森：《心理学纲要》（上册），北京：文化教育出版社，1980年。

李其维：《破解"智慧胚胎学"之谜：皮亚杰的发生认识论》，武汉：湖北教育出版社，1999年。

李华驹：《大英汉词典》，北京：外语教学与研究出版社，1992年。

刘　伶、黄智显、陈秀珠、岑麒祥：《语言学概要》，北京：北京师范大学出版社，1984年。

刘文英：《漫长的历史源头：原始思维与原始文化新探》，北京：中国社会科学出版社，1996年。

洛　克：《人类理解论》，关文运译，北京：商务印书馆，1959年。

洛　克：《人类理解论.下》，北京：商务印书馆，1981年。

欧阳绛：《思维效率》，福州：福建教育出版社，1990年。

彭耽龄：《普通心理学》，北京：北京大学出版社，2012年。

皮亚杰，J.：《皮亚杰发生认识论文选》，上海：华东师范大学出版社，1991年。

皮亚杰，让：《儿童的心理发展》，傅统先译，济南：山东教育出版社，1982年。

戚雨村等：《语言学百科词典》，上海：上海辞书出版社，1993年。

米德，乔治·H.：《心灵、自我与社会》，赵月瑟译，上海：上海译文出版社，2005年。

申小龙：《中国文化语言学》，长春：吉林教育出版社，1990年。

申小龙：《汉语语法学》，南京：江苏教育出版社，2001年。

斯大林：《斯大林选集》（下卷），北京：人民出版社，1979年。

索绪尔，费尔迪南·德：《普通语言学教程》，岑麒祥等译，北京：商务印书馆，1980年。

涂尔干，爱弥尔：《宗教生活的基本形式》，渠东、汲喆译，上海：上海人民出版社，1999年。

王希杰：《语言学百题》，上海：上海教育出版社，1983年。

王　力：《中国语法理论》，北京：商务印书馆，1943年。

王　寅：《语言哲学研究：21世纪中国后语言哲学沉思录》，北京：北京大学出版社，2014年。

王振宇：《儿童心理发展理论》，上海：华东师范大学出版社，2000年。

汪少华：《语言和交际中的视角化现象》，南京：南京师范大学出版社，2004年。

维果茨基：《思维与语言，维果茨基教育论著选》，余震球选译，2005年。

徐通锵：《语言论：语义型语言的结构原理和研究方法》，长春：东北师范大学出版社，1997年。

杨连瑞、张德禄等：《二语习得研究与中国外语教学》，上海：上海外语教育出版社，2007年。

叶蜚声、徐通锵：《语言学纲要》，北京：北京大学出版社，1981年。

俞理明、常辉、姜孟：《语言迁移研究新视角》，上海：上海交通大学出版社，2012年。

张　静：《语言简论》，郑州：河南人民出版社，1985年。

张全新：《塑造论哲学导引》，北京：人民出版社，1996年。

赵仲牧：《思维的分类与思维的深化》，四川：重庆出版社，1992年。

中国社会科学院语言研究所词典编辑室：《现代汉语词典》（第2版），北京：商务印书馆，1983年。

周农建：《摹本与蓝图》，北京：人民出版社，1988年。

朱智贤：《心理学大词典》，北京：北京师范大学出版社，1989年。

朱智贤、林崇德：《思惟发展心理学》，北京：北京师范大学出版社，1986年。

2. 论文

陈嘉映：《维特根斯坦的哲学观》，《现代哲学》2006年第5期。

迟希新：《试析人类认知结构的基本组成与功能》，《呼伦贝尔学院学报》1999年第2期。

拉　康：《拉康选集》，褚孝泉译，上海：上海三联书店，2001年。

戴炜栋、陆国强：《概念能力与概念表现》，《外国语》2007年第3期。

戴炜栋：《关于二语习得研究学科建设的几个问题—〈二语习得研究与中国外语教学〉序》，《山东外语教学》2008年第6期。

戴昭铭：《语言与世界观》，《学习与探索》1995年第1期。

高丽佳、戴卫平：《刍议乔姆斯基和韩礼德的语言观》，《广西社会科学》2008年第3期。

贺　苗：《日常思维生成机制研究》，黑龙江大学博士论文，2009年。

黄浩森、张昌义：《思维是特殊的信息过程》，《思维科学通讯年》1989年第1期。

鞠　鑫：《认知结构理论研究述评》，《四川教育学院学报》2008年第6期。

姜　孟：《外语学习者在外语使用中的隐性不地道现象——基于中国英语专业学生的实证研究》，《现代外语》2006年第1期a。

姜　孟：《英语专业学习者隐喻能力发展实证研究》，《国外外语教学》2006年第4期b。

姜　孟：《概念迁移：语言迁移研究的新进展》，《宁夏大学学报》2010年第3期。

姜　孟、王德春：《外语思维再思考——论外语思维的"概念化模式"内涵》，《外语研究》2006年第4期。

姜　孟、周　清：《语言概念能力假设与外语学习者的"隐性不地道现象"》，《外语与外语教学》2015年第4期。

姜　孟：《二语习得研究的后现代哲学审视》，《外语学刊》2017年第2期。

蒋　柯：《进化心理学框架下的心理理论》，《心理研究》2008年第4期。

蒋　楠：《怎样认识"用外语思想"》，《现代外语》1988年第1期。

蒋　楠：《外语概念的形成和外语思维》，《现代外语》2004年第1期。

鞠　鑫：《认知结构理论研究述评》，《四川教育学院学报》2008年第6期。

刘小英：《"天赋观念"和"外来观念"在笛卡尔唯理论哲学中的意义》，《求是学刊》2006年第4期。

马正平：《从反映走向与创构、应对的结合——对人类思维概念和分类的当代思考》，《哈尔滨学院学报》（社会科学版）2002年第1期。

宁春岩：《对第二语言习得研究中的某些全程性问题的理论语言学批评》，《外语与外语教学》2001年第6期。

宁春岩、宁天舒：《试论外语教学的自然法则》，《中国外语》2007年第2期。

潘文国：《语言的定义》，《华东师范大学学报》（哲学社会科学版）2001年第1期。

申小龙：《语言：人与世界联系的纽带》，《吉安师专学报》（社会科学版）1999年第1期。

申小龙：《语言的世界观与欧洲语言人文主义》，《井冈山师范学院学报》（社会科学版）2001年第3期。

申小龙：《论汉字的文化定义》，《浙江社会科学》，2002年第6期。

汤建民：《从"思维是什么"到"如何思维"——关于思维分类和思维定义的再思考》，《哈尔滨学院学报》2005年第1期。

申小龙：《论汉字的文化定义》，《浙江社会科学》，2002年第6期。

田　运：《思维是什么》，《北京理工大学学报》（社会科学版）2000年第2期。

王华平：《心灵与世界：一种知觉哲学的考察》，浙江大学博士论文，2008年。

张　雷、张玲燕、李宏利、黄杏琳、莫雷：《朴素物理观和朴素心理观——进化心理学视角》，《心理学探新》2006年第2期。